Katharina Meuer

Legalbewährung nach elektronischer Aufsicht im Vollzug der Freiheitsstrafe

D1666912

Schriftenreihe des Max-Planck-Instituts für
ausländisches und internationales Strafrecht

Kriminologische Forschungsberichte

Herausgegeben von Hans-Jörg Albrecht
und Günther Kaiser

Band K 183

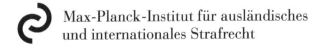

Max-Planck-Institut für ausländisches
und internationales Strafrecht

Katharina Meuer

Legalbewährung nach elektronischer Aufsicht im Vollzug der Freiheitsstrafe

Eine experimentelle Rückfallstudie zum
baden-württembergischen Modellprojekt

Duncker & Humblot · Berlin

Bibliografische Information der Deutschen Nationalbibliothek

Die Deutsche Nationalbibliothek verzeichnet diese Publikation in
der Deutschen Nationalbibliografie; detaillierte bibliografische
Daten sind im Internet über http://dnb.ddb.de abrufbar.

Alle Rechte vorbehalten

© 2019 Max-Planck-Gesellschaft zur Förderung der Wissenschaften e.V.
c/o Max-Planck-Institut für ausländisches und internationales Strafrecht
Günterstalstraße 73, 79100 Freiburg i.Br.
www.mpicc.de
Vertrieb in Gemeinschaft mit Duncker & Humblot GmbH, Berlin
www.duncker-humblot.de
Umschlagphoto: ddpimages/Martin Oeser
Portraitphoto: PicturePeople Fotostudio Hamburg
Lektorat und Satz: Peter Welk (Lektorat Freiburg)
Druck: Stückle Druck und Verlag, Stückle-Straße 1, 77955 Ettenheim
Printed in Germany

ISSN 1861-5937
ISBN 978-3-86113-272-1 (Max-Planck-Institut)
ISBN 978-3-428-15765-5 (Duncker & Humblot)

Vorwort

Am 07.08.2009 trat das baden-württembergische „Gesetz über elektronische Aufsicht im Vollzug der Freiheitsstrafe (EAStVollzG)" in Kraft, das den Einsatz der elektronischen Fußfessel im Vollzug der Freiheitsstrafe im Rahmen eines Modellprojekts in drei verschiedenen Anwendungsbereichen ermöglichte. Die im Gesetz vorgesehene wissenschaftliche Begleitforschung wurde vom Max-Planck-Institut für ausländisches und internationales Strafrecht in Freiburg i. Br. durchgeführt. Die Ergebnisse der ersten Untersuchungsphase zur Implementation und Wirkungsevaluation wurden bereits 2015 veröffentlicht (*Schwedler & Wößner* 2015). Der vorliegende Band stellt die Ergebnisse der vergleichenden Rückfallstudie zum Modellprojekt vor, der sich *Katharina Meuer* in ihrer Dissertation widmete. Sie untersuchte dabei, ob verurteilte Straftäter, die während des Vollzugs der Freiheitsstrafe vollzugsöffnende Maßnahmen unter elektronischer Aufsicht erhielten, ein geringeres Rückfallrisiko aufwiesen als Insassen, die ihre Haftstrafe regulär im Strafvollzug verbüßten. Im Zentrum der Rückfallanalyse standen dabei die beiden Einsatzbereiche elektronisch überwachter Hausarrest und elektronisch überwachter Freigang, da sich – wie in der ersten Projektphase deutlich wurde – für die elektronische Aufsicht im dritten Einsatzbereich – der Vermeidung von Ersatzfreiheitsstrafen – keine geeigneten Teilnehmer finden ließen.

Eine besondere Stärke der vorliegenden Untersuchung ist im theoriegeleiteten Zugang der Analysen zu sehen, der in Studien zur elektronischen Aufsicht häufig zu kurz kommt. Vor allem aber ist das experimentelle Forschungsdesign hervorzuheben, wobei die Untersuchung demonstriert, mit welchen Herausforderungen experimentelle Studien in der Kriminologie einhergehen können. Daneben profitiert die Studie vom Triangulationsansatz, also von der Auswertung qualitativer Daten, welche die quantitative Rückfallanalyse ergänzt. Darüber hinaus nimmt *Katharina Meuer* eine verfassungsrechtliche Betrachtung der elektronischen Überwachung vor. Zwar beziehen sich die Ergebnisse des baden-württembergischen Modellprojekts auf einen klar umgrenzten Einsatzbereich der elektronischen Fußfessel im Vollzug der Freiheitsstrafe. Gleichwohl lassen sich durch die Verknüpfung der empirischen Resultate mit einer rechtlichen Analyse im Zusammenhang mit einer derzeit anhängigen verfassungsrechtlichen Beschwerde zum Einsatz der elektronischen Aufsicht im Rahmen der Führungsaufsicht gem. § 68 Abs. 1 S. 2 StGB generell wichtige Schlussfolgerungen für die rechtlichen Grundlagen des Einsatzes der elektronischen Fußfessel ableiten. Mit dem nun vorliegenden Band finden die Auswertungen des Modellprojekts zum „Gesetz über elektronische Aufsicht im Vollzug der Freiheitsstrafe

(EAStVollzG)" in Baden-Württemberg ihren Abschluss. Insgesamt liefern gerade auch die in diesem Buch dargestellten Ergebnisse wichtige Erkenntnisse für eine theoriegeleitete, evidenzbasierte und bedachte Diskussion über den Einsatz der elektronischen Aufsicht.

Freiburg, im Sommer 2019   *Hans-Jörg Albrecht*

                                                                Gunda Wößner

Danksagung

Am 07.08.2009 trat in Baden-Württemberg das „Gesetz zur elektronischen Aufsicht im Vollzug der Freiheitsstrafe" (EAStVollzG) in Kraft. Dieses Gesetz ermöglichte die Erprobung der elektronischen Aufsicht in drei verschiedenen Anwendungsbereichen als Modellprojekt. Die wissenschaftliche Begleitung wurde vom Max-Planck-Institut für ausländisches und internationales Strafrecht in Freiburg durchgeführt. In einer ersten, von 2010 bis 2014 dauernden Projektphase stand die Erforschung von Implementations- und Wirkungsfragen im Vordergrund. Während dieser Zeit arbeitete ich bereits als studentische wissenschaftliche Mitarbeiterin in diesem Projekt mit.

Mein besonderer Dank gilt meinem Doktorvater Professor Dr. Dr. h.c. mult. *Hans-Jörg Albrecht* für die engagierte Betreuung und die Begutachtung der Dissertation. Ebenso danke ich Professor Dr. *Roland Hefendehl* für die konstruktiven Hinweise in seinem Zweitgutachten, die in die endgültige Fassung der Arbeit eingeflossen sind.

Gleichermaßen möchte ich mich sehr herzlich bei der Projektleiterin Dr. *Gunda Wößner* bedanken. Ihre fortwährende konstruktive Betreuung war essenziell, um nie den roten Faden zu verlieren. Ich wusste ihren fachlichen Rat und die angenehme Arbeitsatmosphäre im Team sehr zu schätzen. Da die vorliegende Arbeit im Rahmen des Gesamtprojektes entstanden ist, möchte ich ausdrücklich darauf hinweisen, dass die Konzeption des Studiendesigns und die Datenerhebung maßgeblich auf die Projektleiterin, Dr. *Gunda Wößner*, und Dr. *Andreas Schwedler*, wissenschaftlicher Mitarbeiter in der ersten Projektphase, zurückzuführen sind. An dieser Stelle möchte ich mich für die vertrauensvolle Überlassung der Daten bedanken.

Großer Dank gilt auch Dr. *Volker Grundies,* der mir mit unentbehrlicher Beratung und Unterstützung in Methodenfragen jederzeit zur Seite stand.

Für die anregenden Diskussionen auf verschiedenen Tagungen und die Unterstützung bei der Durchführung der Rückfalluntersuchung danke ich Professor Dr. *Rüdiger Wulf*. Weiterhin danke ich dem Kriminologischen Dienst Baden-Württemberg, insbesondere Dr. *Joachim Obergfell-Fuchs* und *Bernadette Schaffer*, für die aufwendige Identifizierung geeigneter Probanden zur Realisierung der Zwillingsgruppenanalyse. Darüber hinaus danke ich allen am Modellprojekt beteiligten Akteurinnen und Akteuren.

Großer Dank gilt außerdem *Kira-Sophie Gauder*. Sie war für mich nicht nur in qualitativen Methodenfragen eine unverzichtbare Hilfe. Die gemeinsame Reise zur American Society of Criminology wird mir in ebenso schöner Erinnerung bleiben wie jeder einzelne Tag in unserem Büro.

Bedanken möchte ich mich weiterhin beim gesamten Team für die harmonische Zusammenarbeit und den konstruktiven Austausch. *Selina Stohrer* danke ich außerdem
für ihre Unterstützung bei der qualitativen Analyse.

Darüber hinaus trugen zahlreiche weitere Personen maßgeblich zum Gelingen dieser
Arbeit bei. Ein sportlicher Gruß und ein herzlicher Dank gebühren der EDV-Abtei-
lung. Ebenso danke ich der hervorragend ausgestatteten Bibliothek mit ihren hilfs-
bereiten Mitarbeiterinnen und Mitarbeitern. Weiterhin möchte ich mich beim Lektorat, insbesondere bei *Ulrike Auerbach*, *Katharina John*, *Gabriele Löffler* und *Matthias Rawert* sowie bei *Peter Welk*, Lektorat Freiburg, für die Bearbeitung und For-
matierung des Manuskripts bedanken. Auch *Susanne Knickmeier* danke ich für die
schöne Institutszeit.

Von ganzem Herzen danke ich abschließend *Rita Meuer* und *Dietrich Zeglin* für be-
dingungslosen Rückhalt, mein Leben lang.

Freiburg, im Juli 2019   *Katharina Meuer*

Inhaltsverzeichnis

Vorwort V

Danksagung VII

Inhaltsverzeichnis IX

Abstract XV

Tabellenverzeichnis XVII

Abbildungsverzeichnis XIX

Abkürzungsverzeichnis XXI

Einleitung 1

Kapitel 1
Elektronische Überwachung in Deutschland 7

Kapitel 2
Das baden-württembergische Modellprojekt 11

2.1 **Anwendungsbereiche des baden-württembergischen Modellprojekts** 12

    2.1.1 Elektronisch überwachte Entlassungsvorbereitung (Hausarrest) 12

    2.1.2 Elektronisch überwachter Freigang 13

    2.1.3 Elektronisch überwachte Entlassungsvorbereitung (Ersatzfreiheitsstrafe) 14

2.2 **Experimentelles Studiendesign (Randomisierung)** 14

2.3 **Zusammenfassung der ersten Untersuchungsphase** 17

Kapitel 3
Forschungsstand und kriminalitätstheoretische Betrachtung 21

3.1 **(Internationale) Rückfallstudien zur elektronischen Überwachung** 21

3.2 **Kriminalitätstheoretische Wirkmechanismen der elektronischen Überwachung** 25

3.3 **Allgemeine Rückfallprädiktoren** 31

Kapitel 4
Forschungsmethode und Durchführung der Untersuchung 37

4.1 Fragestellung und Rückfalldefinition 37
4.2 Datenauswertung (Triangulation) 38
    4.2.1 Quantitative Analyse 39
        4.2.1.1 Bundeszentralregisterauszüge und Aktenanalyse 39
        4.2.1.2 Logistische Regression 40
        4.2.1.3 Survival Analysis 42
    4.2.2 Qualitative Analyse 43
        4.2.2.1 Probandeninterviews 43
        4.2.2.2 Auswertungsverfahren 43
4.3 Erweiterung des randomisierten Studiendesigns (Zwillingsgruppen) 45
4.4 Stichprobenbeschreibung 47
    4.4.1 Soziodemografische Merkmale 48
    4.4.2 Delinquenz und Indexhaftzeit 51
    4.4.3 Nachentlassungssituation 54
    4.4.4 Risikoeinschätzung (LSI-R:SV) 54

Kapitel 5
Quantitative Rückfallanalyse 57

5.1 Deskriptive Rückfallstatistik 57
    5.1.1 Elektronisch überwachte Entlassungsvorbereitung (Hausarrest) 58
    5.1.2 Elektronisch überwachter Freigang 60
    5.1.3 Einschlägiger Rückfall 61
5.2 Logistische Regression 61
    5.2.1 Elektronisch überwachte Entlassungsvorbereitung (Hausarrest) 61
    5.2.2 Elektronisch überwachter Freigang 64
    5.2.3 Zusammenfassung 67
5.3 Survival Analysis 68
    5.3.1 Kaplan-Meier-Survivalfunktion 68
        5.3.1.1 Elektronisch überwachte Entlassungsvorbereitung (Hausarrest) 69
        5.3.1.2 Elektronisch überwachter Freigang 70
        5.3.1.3 Geglättete Hazard-Raten 71
        5.3.1.4 Zusammenfassung 73
    5.3.2 Cox-Regression 73
        5.3.2.1 Elektronisch überwachte Entlassungsvorbereitung (Hausarrest) 74
        5.3.2.2 Elektronisch überwachter Freigang 75

5.3.2.3 Multiple-Event-Cox-Regression (Entlassungsvorbereitung und Freigang) 76

5.3.2.4 Multiple-Event-Cox-Regression (Rückfallhaftzeiten) 77

5.3.2.5 Zusammenfassung 77

5.4 Diskussion der quantitativen Rückfallanalyse 77

5.5 Fazit 89

Kapitel 6
Quantitative Zusatzanalyse (Zwillingsgruppen) 91

6.1 Deskriptive Rückfallstatistik 91

6.2 Logistische Regression 94

6.2.1 Elektronisch überwachte Entlassungsvorbereitung (Hausarrest) 94

6.2.2 Elektronisch überwachter Freigang 96

6.3 Survival Analysis 97

6.4 Fazit 100

Kapitel 7
Qualitative Analyse der Probandeninterviews 101

7.1 Selbstkontrolle 101

7.2 Prisonisierung und Resozialisierung 109

7.3 Stigmatisierung 121

7.4 Fazit 125

Kapitel 8
Zusammenfassende Diskussion 129

Kapitel 9
(Verfassungs-)Rechtliche Betrachtung der elektronischen Überwachung 133

9.1 Fallvignette 138

9.2 Prüfungsmaßstab 140

9.3 Einwilligung 141

9.4 Vereinbarkeit der elektronischen Überwachung mit Grund- und Menschenrechten 144

9.4.1 Menschenwürde (Art. 1 Abs. 1 GG) 144

9.4.1.1 Verbot unmenschlicher und erniedrigender Strafe oder Behandlung 145

9.4.1.2 Resozialisierungsanspruch 146

9.4.1.3 Selbstbelastungsfreiheit (nemo tenetur se ipsum accusare) 147

9.4.1.4 Willkürliche Anordnung der elektronischen Aufsicht 149

9.4.1.5 Zwischenergebnis 150

9.4.2 Unverletzlichkeit der Wohnung (Art. 13 GG) 150

9.4.2.1 Betreten der Wohnung 150

9.4.2.2 Datenerhebungsvorgang 153

9.4.2.3 Zwischenergebnis 154

9.4.3 Allgemeines Persönlichkeitsrecht (Art. 2 Abs. 1 i.V.m. Art. 1 Abs. 1 GG) 154

9.4.3.1 Recht auf informationelle Selbstbestimmung 154

9.4.3.2 Gewährleistung der Vertraulichkeit und Integrität informationstechnischer Systeme 160

9.4.3.3 Zwischenergebnis 160

9.4.4 Fernmeldegeheimnis (Art. 10 Abs. 1 GG) 161

9.4.5 Freiheit der Person (Art. 2 Abs. 2 GG, Art. 104 GG; Art. 5 EMRK) 162

9.4.6 Freizügigkeit (Art. 11 Abs. 1 GG) 163

9.4.7 Berufsfreiheit (Art. 12 Abs. 1 GG) 163

9.4.8 Recht auf körperliche Unversehrtheit (Art. 2 Abs. 2 GG) 164

9.4.9 Allgemeiner Gleichheitsgrundsatz (Art. 3 Abs. 1 GG) 165

9.5 Fazit 166

Kapitel 10
Ausblick 169

Literaturverzeichnis 175

Anhang 197

1 EAStVollzG (LT-Drs. Baden-Württemberg 14/4951) 197

2 Alter zum Zeitpunkt des Indexdelikts 202

3 Alter zum Zeitpunkt der ersten Straftat 204

4 Staatsangehörigkeit 206

5 Familienstand 207

6 Schulbildung 207

7 Pathologischer Substanzkonsum 208

8 Psychotherapeutische Behandlung 209

9 Vorstrafenanzahl 209

10 Art des Indexdelikts 211

11 Sanktion für das Indexdelikt 212

12   Strafmaß für das Indexdelikt in Monaten 212
13   Lockerungen vor der Maßnahme 214
14   Vorzeitige Entlassung 215
15   Beschäftigungssituation 215
16   LSI:R-SV Risikoeinschätzung 216
17   Logistische Regression (Entlassungsvorbereitung) 216
18   Logistische Regression (Freigang) 216
19   Survival Analysis (Log-Rank-Test) – Entlassungsvorbereitung 217
20   Survival Analysis (Log-Rank-Test) – Freigang 218
21   Survival Analysis (Wilcoxon-Breslow-Test) – Freigang 218
22   Cox-Regression (Entlassungsvorbereitung [Hausarrest]) 218
23   Cox-Regression (Entlassungsvorbereitung [Hausarrest]) 218
24   Cox-Regression (Freigang) 219
25   Logistische Regression in der Zwillingsgruppenanalyse
      (Entlassungsvorbereitung) 219
26   Logistische Regression in der Zwillingsgruppenanalyse
      (Entlassungsvorbereitung) 220
27   Cox-Regression Endmodell (Entlassungsvorbereitung
      [Hausarrest]) 220
28   Logistische Regression (einjähriger Katamnesezeitraum) –
      Freigang 220
29   Logistische Regression in der Zwillingsgruppenanalyse
      (Freigang) 221
30   Logistische Regression (einjähriger Katamnesezeitraum) –
      Freigang 221
31   Logistische Regression in der Zwillingsgruppenanalyse
      (Freigang) 222
32   Führungsaufsichtsfälle im Bundeslandvergleich (2015) 222
33   Weisungsanordnungen nach Bundesländern
      Januar 2011 – Juli 2015 223
34   Interviewleitfaden 224
35   Kodiersystem MaxQDA 225

Abstract

In July 2009, the state parliament of Baden-Württemberg passed the Act on electronic monitoring during the enforcement of imprisonment. The Act specifically legalized the use of electronic monitoring (EM) for a pilot project that ran from October 2010 until March 2012.

The overall aim of the pilot project was to determine whether EM is a viable alternative sanction for certain target groups. To assess the long-term efficacy of EM, the results presented in this volume analyze the recidivism trajectories of individuals involved in the EM pilot project after it ended.

GPS-based EM is considered to reduce reoffending, first and foremost, because of its deterrent effect: continuous monitoring increases the risk of a crime being detected. Furthermore, it is assumed that EM also reduces recidivism risk situations by stymieing opportunities to commit offences: the supervised persons have a strict schedule that must be adhered to, meaning that they have to stay at home or at work, thereby limiting a possible exposure to criminogenic influences and places. Furthermore, it is expected that the supervised person might internalize this adjustment to a fixed daily routine and, thus, gain a level of lasting self-control. This internalization might explain why EM may reduce recidivism not only while it is in place, but also once the period of monitoring has ended. Lastly, EM aims at reducing or even preventing prisonization and stigmatization through early release from prison or the avoidance of imprisonment altogether. It is posited that this will reduce the likelihood of reoffending after the cessation of EM.

The pilot project was designed as a randomized controlled trial (experimental study). The subjects – who came from five different state prisons – were randomly assigned to an experimental group (whose subjects were electronically monitored) and a control group (where regular prison sentencing practices were applied). The use of EM and its effect with regard to recidivism was investigated in two application fields: early release preparation (house arrest) and electronically monitored work release. A mixed-methods study was conducted by using both a quantitative and a qualitative approach. To measure post-monitoring recidivism, official data from the Federal Central Criminal Register were obtained and evaluated within a follow-up period of three years. In addition, data from official prison files were collected, e.g. concerning the prisoners' family statuses, education, previous convictions, and drug and alcohol abuse. Furthermore, the participants were interviewed at different stages of the project.

The post-EM recidivism rates between the two comparison groups (experimental vs. control) did not significantly differ, neither concerning electronically monitored house arrest nor electronically monitored work release. In order to minimize the influence of possible methodological artefacts (such as the considerable loss of subjects), a second control group was created by means of a matched-pair method. This allowed for additional comparisons to be made between the experimental group of the randomized controlled trial and the matched-pair group. This second analysis confirmed the findings of the randomized study.

The results are discussed within the context of theoretical assumptions, practical implications, and basic rights.

Tabellenverzeichnis

Tabelle 1   Erhebungszeitpunkte (aufgeteilt nach Untersuchungsgruppen) 16

Tabelle 2   Soziodemografische Merkmale 50

Tabelle 3   Art des Indexdelikts 51

Tabelle 4   Delinquenz und Indexhaftzeit 53

Tabelle 5   Nachentlassungssituation 54

Tabelle 6   Übersicht der Rückfallquoten der jeweiligen Treatment- und
Kontrollgruppen 58

Tabelle 7   Anzahl der Rückfalldelikte je Proband (Entlassungsvorbereitung
[Hausarrest]) 59

Tabelle 8   Anzahl der Rückfalldelikte je Proband (Freigang) 60

Tabelle 9   Analyse des Effekts der elektronischen Aufsicht
(Entlassungsvorbereitung) 62

Tabelle 10 Analyse des Effekts einzelner Kovariaten (Entlassungsvorbereitung) 62

Tabelle 11 Multivariate Analyse (Endmodell Entlassungsvorbereitung) 63

Tabelle 12 Analyse des Effekts der elektronischen Aufsicht (Freigang) 64

Tabelle 13 Analyse des Effekts einzelner Kovariaten (Freigang) 65

Tabelle 14 Multivariate Analyse (Endmodell Freigang) 67

Tabelle 15 Multivariate Analyse (Single-Event-Cox-Modell) für die
Entlassungsvorbereitung (Hausarrest) 74

Tabelle 16 Multivariate Analyse (Single-Event-Cox-Modell) für den Freigang 75

Tabelle 17 Multivariate Analyse (Multiple-Event-Cox-Modell) für die
Entlassungsvorbereitung (Hausarrest) 76

Tabelle 18 Multivariate Analyse (Multiple-Event-Cox-Modell) für den Freigang 76

Tabelle 19 Übersicht der Rückfallquoten der jeweiligen Treatment- und
Zwillingsgruppen 92

Tabelle 20 Anzahl der Rückfalldelikte je Proband in der Zwillingsgruppenanalyse
(Freigang) 93

Tabelle 21 Analyse des Effekts der elektronischen Aufsicht in der
Zwillingsgruppenanalyse (Entlassungsvorbereitung) 94

Tabelle 22 Multivariate Analyse in der Zwillingsgruppenanalyse
(Endmodell Entlassungsvorbereitung) 95

Tabelle 23 Analyse des Effekts der elektronischen Aufsicht in der
Zwillingsgruppenanalyse (Freigang) 96

Tabelle 24   Multivariate Analyse in der Zwillingsgruppenanalyse
             (Endmodell Freigang)... 97

Tabelle 25   Anstieg der Führungsaufsichtsfälle im Jahresvergleich (2008–2015)......... 136

Abbildungsverzeichnis

Abbildung 1   Untersuchungsphasen des Modellprojekts 14

Abbildung 2   Überblick über die Untersuchungsgruppen (ohne Ersatzfreiheits-
strafe) 15

Abbildung 3   Ablaufmodell der strukturierten Inhaltsanalyse (angelehnt an
Mayring) 44

Abbildung 4   Entwicklung des Kodiersystems 45

Abbildung 5   Überblick über die erweiterten Untersuchungsgruppen 47

Abbildung 6   Verteilung der Probanden auf die Untersuchungsgruppen 48

Abbildung 7   Risikoeinschätzung nach LSI-R:SV 55

Abbildung 8   Signifikante Unterschiede in der Stichprobe (Treatment- bzw.
Kontrollgruppe) 58

Abbildung 9   Anzahl der Rückfalldelikte nach Sanktion und Gruppenzugehörigkeit (Entlassungsvorbereitung [Hausarrest]) 59

Abbildung 10   Anzahl der Rückfalldelikte nach Sanktion und Gruppen-
zugehörigkeit (Freigang) 60

Abbildung 11   Kaplan-Meier-Überlebensfunktion (Vergleich der Treatment- und
Kontrollgruppen 69

Abbildung 12   Kaplan-Meier-Überlebensfunktion für die Entlassungsvorbereitung
(Hausarrest) 70

Abbildung 13   Kaplan-Meier-Überlebensfunktion für den Freigang 71

Abbildung 14   Geglättete Hazard-Raten der Kaplan-Meier-Überlebensfunktion
für die Treatment- und Kontrollgruppen 72

Abbildung 15   Signifikante Unterschiede in der Stichprobe (Treatment- bzw.
Zwillingsgruppe) 92

Abbildung 16   Kaplan-Meier-Überlebensfunktion (Vergleich der Treatment- und
Zwillingsgruppen) 98

Abbildung 17   Kaplan-Meier-Überlebensfunktion für die Entlassungsvorbereitung
(Hausarrest) 98

Abbildung 18   Kaplan-Meier-Überlebensfunktion für den Freigang 99

Abbildung 19   Mögliche Effekte der elektronischen Aufsicht und der damit
verbundenen Maßnahmen 126

Abbildung 20   Anzahl der Weisungsanordnungen gem.
§ 68b Abs. 1 S. 1 Nr. 12 StGB in Deutschland (2011–2016) 137

Abkürzungsverzeichnis

Abs.	Absatz
AEUV	Vertrag über die Arbeitsweise der Europäischen Union
AIC	Akaike Information Criterion
BeckRS	Elektronische Entscheidungsdatenbank (beck-online)
BGBl.	Bundesgesetzblatt
BGH	Bundesgerichtshof
BIC	Bayesian Information Criterion
BKAG	Gesetz über das Bundeskriminalamt und die Zusammenarbeit des Bundes und der Länder in kriminalpolizeilichen Angelegenheiten
BT-Drs.	Bundestagsdrucksache
BtMG	Betäubungsmittelgesetz
BVerfG	Bundesverfassungsgericht
BVerfGE	Entscheidungen des Bundesverfassungsgerichts
BVerfGG	Gesetz über das Bundesverfassungsgericht
BZR	Bundeszentralregister
BZRG	Bundeszentralregistergesetz
CI	Confidence interval
DUI	Driving under the influence
DWI	Driving while intoxicated
EAStVollzG	Gesetz über elektronische Aufsicht im Vollzug der Freiheitsstrafe
EGMR	Europäischer Gerichtshof für Menschenrechte
EMRK	Europäische Menschenrechtskonvention
EuGH	Gerichtshof der Europäischen Union
EUV	EU-Vertrag
EÜ	Elektronische Überwachung
EV	Entlassungsvorbereitung
FF	Fußfessel
FG	Freigang
Fn.	Fußnote
FreihEntzG	Freiheitsentziehungsverfahrensgesetz
GG	Grundgesetz
GRCh	Charta der Grundrechte der Europäischen Union
GÜL	Gemeinsame Überwachungsstelle der Länder
HEADS	Haft-Entlassenen-Auskunfts-Datei Sexualstraftäter
HCR-20	Historical Clinical Risk Management-20
HR	Hazard Ratio

h.M.	herrschende Meinung
ITT	Intention-to-treat
JGG	Jugendgerichtsgesetz
JVA	Justizvollzugsanstalt
JVollzGB	Justizvollzugsgesetzbuch
K-	Kontrollgruppe
Koef.	Koeffizient
LG	Landgericht
LSI-R:SV	Level of Service Inventory Revised: Screening Version
LT-Drs.	Landtagsdrucksache
M	Mittelwert
m.w.N.	Mit weiteren Nachweisen
n.F.	Neue Fassung
Obs.	Observations
OLG	Oberlandesgericht
OR	Odds Ratio
Rn.	Randnummer
SD	Standarddeviation
StGB	Strafgesetzbuch
StPO	Strafprozessordnung
StVollzG	Strafvollzugsgesetz
T-	Treatmentgruppe
ThUG	Gesetz zur Therapierung und Unterbringung psychisch gestörter Gewalttäter
TKG	Telekommunikationsgesetz
VRAG	Violence Risk Appraisal Guide
Z-	Zwillingsgruppe

Einleitung

„Wenn wir einen zu entlassenden Gefangenen behutsam an die Freiheit gewöhnen, sinkt das Risiko, dass er nach seiner Entlassung wieder Straftaten begeht, weil er sich im Leben in Freiheit nicht zurechtfindet. Dabei hilft die Fußfessel."[1] – Mit diesen Worten des damaligen Justizministers *Ulrich Goll* startete am 01.10.2010 der Modellversuch zur elektronischen Aufsicht im baden-württembergischen Strafvollzug. Aber welche resozialisierenden und kriminalpräventiven Wirkungen können von der elektronischen Überwachung tatsächlich erwartet werden?

Jeremy Bentham entwickelte 1791 die Idee des panoptischen Gefängnisses.[2] Von einem Mittelpunkt aus sollten alle Insassen mühelos einer kontinuierlichen Kontrolle unterworfen werden können, da ihre Zellen kreisförmig um den zentralen Platz des Aufsehers herum angeordnet und somit ständig einsehbar waren.[3] Allein das Gefühl der jederzeitigen Überwachungsmöglichkeit sollte zum Aufbau eines abschreckend wirkenden Machtverhältnisses genügen: „Nie sollst du wissen, wann wir dich beobachten, damit du dich nie unbeobachtet fühlen kannst."[4] *Michel Foucault* übertrug dieses architektonische Prinzip des Panoptikums in den 1970er Jahren auf die Gesellschaft und konstatierte, dass „der perfekte Disziplinarapparat" derjenige wäre, „der es einem einzigen Blick ermöglichte, dauernd alles zu sehen".[5] Dieser „zwingende Blick"[6] kommt mittlerweile immer häufiger im Einsatz moderner elektronischer Technologien zum Ausdruck. Auch *Zygmunt Bauman* zufolge hat sich das Kalkül des „Panoptikum[s] verlagert",[7] da die elektronische Überwachung die Mauern des Gefängnisses entbehrlich mache und somit Kontrolle unabhängig von Raum und Zeit ermöglichen solle.[8] Die elektronische Fußfessel zeige sich somit als Teil einer „post-panoptischen Strategie".[9]

Ausgehend von den USA als Ursprungsland der elektronischen Überwachung Anfang der 1980er Jahre ist die elektronische Fußfessel mittlerweile auf allen Kontinenten und somit auch in Europa spätestens seit Mitte der 1990er Jahre fest in den

---

1   Vgl. www.jum.baden-wuerttemberg.de/pb/,Lde/2006460/?LISTPAGE = 2006140 [06.03. 2018].

2   Auch „panoptisches Modell", da diese Idee nicht nur Gefängnisse, sondern bspw. auch Fabriken und Krankenhäuser umfasst, vgl. *Bentham* 1791, S. 107 ff.

3   *Eigenmann & Rieger-Ladich* 2010, S. 223, S. 229.

4   *Bauman & Lyon* 2014, S. 37.

5   *Foucault* 1994, S. 224.

6   *Foucault* 1994, S. 221.

7   *Bauman & Lyon* 2014, S. 74.

8   *Bauman & Lyon* 2014, S. 15.

9   *Bauman & Lyon* 2014, S. 37.

Rechtsordnungen verankert.[10] Die elektronische Überwachung kommt auf europäischer Ebene mit ca. 13.210 überwachten Personen pro Tag in England und Wales am häufigsten zum Einsatz.[11] In Deutschland fällt die elektronische Aufsicht bisher zahlenmäßig kaum ins Gewicht.[12] So stehen hier ungefähr 113 Personen pro Tag[13] unter elektronischer Überwachung. Ein direkter Zahlenvergleich ist jedoch schwierig, da die Rechtssysteme der jeweiligen Länder ganz unterschiedliche Anforderungen an die Ausgestaltung der elektronischen Überwachung stellen und insbesondere die Einsatzbereiche sowie die damit verknüpften Zielvorstellungen erheblich variieren.

Evidenzbasierte Forschungsarbeiten zur Wirksamkeit der elektronischen Überwachung sind dabei insgesamt selten zu finden.[14] Die bisherige Forschung lässt keine Rückschlüsse auf die Wirksamkeit der elektronischen Aufsicht als alleinstehende Maßnahme zu.[15] Aufgrund dieses Defizits an empirisch fundierten Studien erschien der bisweilen eher zurückhaltende Umgang Deutschlands mit der elektronischen Aufsicht angebracht. Jüngst erlebte die elektronische Überwachung jedoch auch in Deutschland einen Aufschwung. Die infolge des Terroranschlags auf dem Berliner Weihnachtsmarkt im Jahr 2016 seitens der Politik angekündigten sicherheitspolitischen Konsequenzen führten im Frühjahr 2017 zu zwei gesetzlichen Neuerungen bei der elektronischen Überwachung. So billigte der Bundesrat einen Gesetzentwurf zur elektronischen Überwachung von sog. Gefährdern durch eine Modifizierung des Gesetzes über das Bundeskriminalamt (BKAG).[16] Personen, die bisher nur unter dem Verdacht stehen, eine terroristische Straftat verüben zu wollen, können fortan mit einer elektronischen Fußfessel überwacht werden. Bereits seit dem 01.01.2011 ist es außerdem bundesweit möglich, die elektronische Aufenthaltsüberwachung im Rahmen der Führungsaufsicht (zunächst insbesondere für haftentlassene Sexual- und Gewaltstraftäter) gem. § 68b Abs. 1 S. 1 Nr. 12 StGB anzuordnen. Mit dem 53. Gesetz zur Änderung des Strafgesetzbuchs vom 11.06.2017[17] wurde die elektronische Aufenthaltsüberwachung in der Führungsaufsicht durch eine Erweiterung der Katalogstraftaten nun auch auf staatsgefährdende Straftaten wie die Vorbereitung einer schweren staatsgefährdenden Gewalttat, Terrorismusfinanzierung sowie die Unterstützung in- und ausländischer terroristischer Vereinigungen ausgedehnt.[18] Die elek-

---

10   *Albrecht* 2002, S. 84.

11   *Hucklesby & Holdsworth* 2017, S. 177, 182. Stand: 01.09.2015.

12   *Dünkel, Thiele & Treig* 2017a, S. 35.

13   *Hucklesby, Dünkel, Boone, McIvor & Graham* 2016, S. 3. Stand: 11.08.2015.

14   *Albrecht* 2010, S. 40.

15   *Hucklesby et al.* 2016, S. 1.

16   BT-Drs. 18/11163.

17   Siehe BGBl. 2017 Teil I Nr. 37.

18   Weiterhin wurde die zur Anordnung der elektronischen Aufsicht notwendige Mindeststraflänge für diese Taten auf zwei statt drei Jahre gesenkt; www.bundesregierung.de/Content/DE/Artikel/2017/02/2017-02-07-elektronische-fussfessel.html [06.03.2018].

tronische Überwachung stellt sich insbesondere durch diese zwei Gesetzesnovellen immer stärker als Ausdruck des Trends zur „Sicherheit durch Strafrecht" dar.[19]

Erstmals wurde die elektronische Fußfessel in Deutschland allerdings bereits im Jahr 2000 in Hessen als Alternative zum herkömmlichen Freiheitsentzug eingesetzt. Begonnen im Rahmen eines Pilotprojekts im Landgerichtsbezirk Frankfurt am Main, findet die elektronische Überwachung insbesondere als Weisung bei Bewährungsstrafen und zur Vermeidung von Untersuchungshaft bis heute auf Landesebene Anwendung. Mit der durch die Föderalismusreform 2006[20] bedingten Änderung des Art. 74 Abs. 1 Nr. 1 GG ging die ausschließliche Gesetzgebungskompetenz für das Strafvollzugsrecht auf die Länder über.[21] Neun Jahre nach der Einführung der elektronischen Aufsicht in Hessen trat am 07.08.2009 unter der Landesregierung von CDU und FDP in Baden-Württemberg das „Gesetz zur elektronischen Aufsicht im Vollzug der Freiheitsstrafe" (EAStVollzG)[22] in Kraft. Vom 01.10.2010 bis zum 31.03.2012 wurde sie auch in diesem Bundesland im Rahmen eines Modellprojekts auf Landesebene erprobt. Die wissenschaftliche Begleitforschung des baden-württembergischen Modellprojekts wurde vom Max-Planck-Institut für ausländisches und internationales Strafrecht in Freiburg übernommen. Während der Einsatz der elektronischen Aufsicht in Hessen sowie die elektronische Aufenthaltsüberwachung in der Führungsaufsicht nach wie vor andauern, lief das baden-württembergische Modellprojekt am 06.08.2013 aus.[23]

Die GPS-gestützte Überwachung konnte in Baden-Württemberg in drei Bereichen eingesetzt werden. Zum einen ermöglichte sie die vorzeitige Entlassung aus der Haft in den elektronisch überwachten Hausarrest zum Zweck der Entlassungsvorbereitung. Zum anderen konnte der elektronisch überwachte Hausarrest auch zur Vermeidung einer Inhaftierung bei Ersatzfreiheitsstrafen angeordnet werden. Darüber hinaus diente die elektronische Fußfessel der Überwachung von vollzugsöffnenden Maßnahmen wie dem Freigang. Der Einsatz der elektronischen Überwachung in Baden-Württemberg folgte dabei einerseits praktischen Erwägungen: Es wurde eine Verringerung der Gefängnispopulation, eine Entlastung des Personals sowie eine Reduzierung der Haftkosten angestrebt, wobei dennoch dem Sicherheitsinteresse der Gesellschaft Rechnung getragen werden sollte.[24] Andererseits sollte die elektronische Überwachung unter Zuhilfenahme tagesstrukturierender Begleitprogramme primär der Resozialisierung des Gefangenen und somit vor allem der Verhinderung

---

19 *Hassemer* 2006, S. 130.

20 Siehe BGBl. 2006 Teil I Nr. 41, S. 2034.

21 Eingriffe in das Sanktionensystem werden jedoch weiterhin nicht von der Gesetzgebungskompetenz umfasst; siehe LT-Drs. Baden-Württemberg 14/4670, S. 1.

22 Siehe LT-Drs. Baden-Württemberg 14/4670; *Anhang 1.*

23 Vgl. www.welt.de/regionales/stuttgart/article116431070/Stickelberger-beendet-das-Kapitel-Fussfessel.html [06.03.2018]; *Wößner & Schwedler* 2013a, S. 60.

24 *Albrecht* 2002, S. 84–104 ff.

von Rückfalltaten im Sinne der positiven Spezialprävention dienen.[25] Die Rückfallprävention sowie die Rückfallforschung sind für Wissenschaft, Strafrechtspolitik
und Strafrechtspraxis von herausragender Bedeutung.[26] Dabei ist die „Messung des
(spezial- oder general-)präventiven Erfolgs" einer Maßnahme eines der „methodisch
schwierigsten Probleme der Kriminologie".[27] Dies ist jedoch „kein Grund, auf empirische Untersuchungen zu verzichten und stattdessen auf ungesicherte Vermutun-
gen zu vertrauen".[28]

Die vorliegende Dissertation analysiert den Einfluss der elektronischen Überwachung auf das Rückfallverhalten anhand des baden-württembergischen Modellprojekts. Auch wenn das EAStVollzG mittlerweile nicht mehr in Kraft ist, ist die dazu-
gehörige Rückfalluntersuchung insbesondere vor dem Hintergrund des bislang eher
defizitären Forschungsstands zum Resozialisierungspotenzial der elektronischen
Überwachung von großem Gewinn. So lassen sich aus der Studie Erkenntnisse ableiten, die dem Erlass neuer Gesetze zur elektronischen Aufsicht und der allgemeinen
Wirkungsforschung von Sanktionen zugrunde gelegt werden können. Die experimentelle Rückfalluntersuchung, die Gegenstand der vorliegenden Arbeit ist, knüpft
an die 2012 abgeschlossene erste Untersuchungsphase[29] des Modellprojekts an, in
der die psychosozialen Effekte sowie die Implementation der elektronischen Aufsicht in Baden-Württemberg analysiert wurden. In dieser nun zweiten Untersuchungsphase wird der Frage nachgegangen, ob die elektronische Überwachung die
Rückfallquoten positiv beeinflusst und ob ihr ein selbstständiges Resozialisierungspotenzial zugeschrieben werden kann. Nach wie vor ist die Wirksamkeit der elektronischen Überwachung empirisch nicht belegt. Insbesondere mangelt es an evidenz-
basierter Wirkungsforschung über die Implementation der Maßnahme hinaus. Die
vorliegende Studie ist die erste experimentelle Rückfalluntersuchung der GPS-ge-
stützten elektronischen Aufsicht in Deutschland. Sie dient daher der Erweiterung des
Kenntnisstands und ermöglicht eine differenziertere Betrachtung der elektronischen
Überwachung, auch über die Landesgrenzen hinaus. Hinsichtlich sekundär- und ter-
tiärpräventiver Zielvorstellungen und eines unaufhaltsam wachsenden Bedürfnisses
nach Sicherheit und Kontrolle ist das Thema der elektronischen Überwachung aktueller denn je.

Die vorliegende Arbeit gliedert sich in zehn Kapitel. An die *Einleitung* anknüpfend,
wird in *Kapitel 1* der Einsatz der elektronischen Aufsicht in Deutschland beschrieben. In *Kapitel 2* findet sich eine Darstellung des baden-württembergischen Modell-

---

25   Siehe LT-Drs. Baden-Württemberg 14/4670, S. 14.
26   *Albrecht* 2013, S. 403 m.w.N.
27   Bundesministerium der Justiz & Bundesministerium des Innern 2001, S. 444.
28   Bundesministerium der Justiz & Bundesministerium des Innern 2001, S. 444.
29   Dazu ausführlich *Schwedler & Wößner* 2015.

projekts. Die Vorzüge des gewählten experimentellen Studiendesigns werden erläutert und die Ergebnisse der ersten Untersuchungsphase skizziert.

Anschließend wird in *Kapitel 3* die bisherige nationale und internationale Forschung zur Legalbewährung nach elektronischer Überwachung nicht nur zur Vergegenwärtigung des derzeitigen Wissensstands beleuchtet, sondern auch, um Divergenzen oder methodische und praktische Parallelen anderer Studien zur Evaluation und zum Ablauf des baden-württembergischen Modellprojekts aufzuzeigen. Weiterhin wird in diesem Kapitel durch eine Betrachtung der möglichen Wirkmechanismen der elektronischen Aufsicht die Frage untersucht, wieso diese theoretisch überhaupt einen Beitrag zur Rückfallprävention leisten könnte. Außerdem werden bestimmte Prädiktoren herausgearbeitet, die sich in der Rückfallforschung allgemein als bedeutsam erwiesen haben. Sie wurden im vorliegenden Projekt anhand einer ausführlichen Aktenanalyse erhoben, um sie später als Kovariaten in die statistische Auswertung einzuschließen und zu analysieren, ob die elektronische Überwachung gewisse Risikofaktoren beeinflussen kann.

Kapitel 4 fokussiert das methodische Vorgehen der Rückfallanalyse. Zunächst werden die Fragestellung expliziert und der Rückfallbegriff definiert. Die Datenauswertung erfolgte durch die Kombination eines quantitativen und eines qualitativen Forschungsansatzes aus zwei Perspektiven. Folglich werden zur Evaluation des Resozialisierungspotenzials der elektronischen Aufsicht nicht nur die reinen Rückfallraten betrachtet. Durch die qualitative Analyse der Probandeninterviews konnten auch die praktischen Wirkungen der theoretischen Ansätze aus Probandenperspektive beleuchtet werden. Dieses sog. Triangulationsmodell gewährt einen tiefen und detaillierten Einblick in den Forschungsgegenstand. Zusätzlich wurde das experimentelle Studiendesign durch ein quasi-experimentelles erweitert. Die elektronisch überwachten Probanden wurden so mit zwei unterschiedlich gebildeten Kontrollgruppen verglichen: einer randomisierten Kontrollgruppe und einer im Matched-pair-Verfahren gebildeten Zwillingsgruppe. Diese Kombination ermöglicht eine bessere Identifizierung und Berücksichtigung denkbarer Selektionseffekte. Des Weiteren beinhaltet dieses Kapitel die Stichprobenbeschreibung.

Kapitel 5 präsentiert die Ergebnisse der vergleichenden statistischen Analyse zwischen den Probanden unter elektronischer Aufsicht und jenen der randomisierten Kontrollgruppen, die den regulären Strafvollzug durchliefen. Der Einfluss der elektronischen Überwachung und der erhobenen Prädiktoren auf die Legalbewährung, aber auch die Limitierungen der Studie werden anschließend diskutiert. Darüber hinaus werden die Ergebnisse in den aktuellen Forschungsstand eingebettet. Im darauf folgenden *Kapitel 6* werden die Ergebnisse der statistischen Vergleichsanalyse der Treatmentgruppen mit den im Matched-pair-Verfahren gebildeten Zwillingsgruppen dargestellt und diskutiert.

In *Kapitel 7* werden die Probandeninterviews qualitativ analysiert und die Ergebnisse diskutiert. In *Kapitel 8* schließt der empirische Teil der Arbeit mit einer zusammenfassenden Diskussion der Ergebnisse ab, und es werden Schlussfolgerungen zum Einsatz der elektronischen Aufsicht als Instrument zur Resozialisierung und Kriminalprävention gezogen.

Die Rechtmäßigkeitsprüfung der elektronischen Überwachung de lege lata – insbesondere zur seit 2011 anhängigen Verfassungsbeschwerde, welche die elektronische Aufenthaltsüberwachung im Rahmen der Führungsaufsicht betrifft – findet sich in *Kapitel 9*. In *Kapitel 10* schließt die Arbeit mit einem Ausblick zu den aktuellen und zu erwartenden Entwicklungen im Bereich der elektronischen Überwachung ab.

Kapitel 1

Elektronische Überwachung in Deutschland

In Deutschland hat die elektronische Fußfessel nicht nur im der Arbeit zugrunde liegenden baden-württembergischen Modellprojekt Anwendung gefunden. Die elektronische Überwachung wurde erstmals im Jahre 2000 in Hessen zu Haftvermeidungszwecken eingesetzt (sog. Front-door-Variante[30]). Dieses ebenfalls vom Max-Planck-Institut für ausländisches und internationales Strafrecht in Freiburg begleitete Modellprojekt begann am 02.05.2000 im Landgerichtsbezirk Frankfurt am Main und endete am 30.04.2002.[31] Die elektronische Fußfessel blieb darüber hinaus in Gebrauch und wird seit 2004 auch in weiteren hessischen Landgerichtsbezirken eingesetzt.[32] Die elektronische Überwachung in Hessen wird im Rahmen der Strafaussetzung zur Bewährung gem. §§ 56, 56c StGB sowie der Strafrestaussetzung zur Bewährung gem. §§ 57, 56c StGB als Bewährungsweisung angeordnet. Die elektronische Fußfessel kann weiterhin als Maßnahme zur Aussetzung eines Untersuchungshaftbefehls gem. § 116 StPO eingesetzt werden sowie bei einer Begnadigung gem. § 19 Hessische Gnadenordnung.[33] Aus kriminalpräventiver Sicht sollte mit Straftätern, die mangels Eigenverantwortung und Selbstdisziplin nicht in der Lage sind, ihren Tagesablauf zu strukturieren, mithilfe der elektronischen Aufsicht eine kontrollierte Lebensführung trainiert werden.[34] Schnell stellte sich jedoch heraus, dass sich die Resozialisierungsbestrebungen im Anwendungsbereich der Untersuchungshaftvermeidung paradox gestalteten. Da diese Probanden höchstwahrscheinlich eine unbedingte Freiheitsstrafe erwartete, wurde der Fokus der Maßnahme darüber hinaus auf die Vorbereitung der bevorstehenden Inhaftierung gelegt, um die Auswirkungen für den Überwachten sowie seine Angehörigen so gering wie möglich zu halten.[35]

Nicht unerwähnt bleiben soll auch das Pilotprojekt zur elektronischen Fußfessel im offenen Vollzug einer JVA in Bayern im Jahr 2011.[36] Ziel des Einsatzes der elektronischen Aufsicht war es, Entweichungen aus dem offenen Vollzug zu verhindern,

---

30 *Schwedler & Woessner* 2015, S. 2.
31 Zu den Ergebnissen siehe *Mayer* 2004, S. 1.
32 *Mayer* 2004, S. 1.
33 *Mayer* 2004, S. 35.
34 *Albrecht, Arnold & Schädler* 2000, S. 466 f.
35 *Mayer* 2004, S. 50.
36 *Breuer, Endes, Vornholt & Müller* 2013, S. 146.

Auflagen zu überwachen und zur Regulierung des Lebensstils beizutragen.[37] Die Teilnehmerzahl war mit N = 16 jedoch sehr gering, und die Probleme mit der GPS-Technik waren immens. Demzufolge beschloss die Justizverwaltung, die Maßnahme nicht weiterzuverfolgen.[38]

Seit dem 01.01.2011 ist es durch das „Gesetz zur Neuordnung des Rechts der Sicherungsverwahrung und zu begleitenden Regelungen"[39] außerdem bundesweit möglich, die elektronische Aufenthaltsüberwachung als Weisung im Rahmen der Führungsaufsicht gem. § 68b Abs. 1 S. 1 Nr. 12 StGB anzuordnen.[40] Diese Weisung betrifft insbesondere den Personenkreis von hochrückfallgefährdeten Gewalt- und Sexualstraftätern, die häufig im Mittelpunkt der wissenschaftlichen und gesellschaftlichen Diskussion stehen. Die elektronische Aufenthaltsüberwachung muss erforderlich erscheinen, um die unter Führungsaufsicht stehende Person von der Begehung weiterer Straftaten abzuhalten; sie muss mithin spezialpräventive Wirkung erzielen können. Diese soll insbesondere aus dem durch die Überwachung als erhöht empfundenen Entdeckungsrisiko resultieren.[41]

Mit dem 53. Änderungsgesetz zum Strafgesetzbuch vom 11.06.2017[42] wurde der Straftatenkatalog der Führungsaufsicht (§ 66 Abs. 3 S. 1 StGB) ausgeweitet und somit der Anwendungsbereich der elektronischen Aufenthaltsüberwachung im Rahmen der Führungsaufsicht ausgedehnt (gem. § 68b Abs. 1 S. 1 Nr. 12, S. 3 Nr. 2 StGB). In Kraft getreten am 01.07.2017, ermöglicht das Gesetz fortan die Überwachung von Personen nach der Haftentlassung, die wegen der Verübung einer extremistischen oder terroristischen Straftat verurteilt wurden.[43] Hierzu zählen die Vorbereitung einer schweren staatsgefährdenden Gewalttat, Terrorismusfinanzierung sowie die Unterstützung in- und ausländischer terroristischer Vereinigungen. Weiterhin genügt bei Staatsschutzdelikten nun eine Freiheitsstrafe von mindestens zwei anstatt drei Jahren für die Anordnung der elektronischen Aufenthaltsüberwachung.[44] Sie soll auch hier eine kriminalpräventive Wirkung entfalten, indem der Überwachte durch ein erhöhtes Entdeckungsrisiko von der Begehung weiterer Straftaten abgeschreckt werden soll. Praktische Wirkung soll die Überwachung außerdem dadurch

---

37   *Breuer et al.* 2013, S. 150.

38   *Breuer et al.* 2013, S. 148–150.

39   Siehe BGBl. 2010 Teil I Nr. 68, S. 2300.

40   Am 04.06.2011 nahm das BVerfG eine Verfassungsbeschwerde gegen die Anordnung der elektronischen Aufenthaltsüberwachung im Rahmen der Führungsaufsicht an, 2 BvR 916/11. Die elektronische Aufenthaltsüberwachung wird in *Kapitel 9* einer Rechtmäßigkeitsprüfung unterzogen.

41   Siehe BT-Drs. 17/3403, S. 17.

42   Siehe BGBl. 2017 Teil I Nr. 37.

43   Vgl. www.bundesregierung.de/Content/DE/Artikel/2017/02/2017-02-07-elektronische-fussfessel.html [06.03.2018].

44   Vgl. www.bundesregierung.de/Content/DE/Artikel/2017/02/2017-02-07-elektronische-fussfessel.html [06.03.2018].

entfalten, dass die Ausreise zu einem sog. Terrorcamp verhindert werden kann und der Überwachte am Betreten bestimmter Gebiete gehindert wird, die Ziel eines Terroranschlags sein könnten (bspw. Bahnhöfe, Flughäfen).[45]

---

45 Bundestagsdebatte über Fußfesseln und erweiterte Sicherungsverwahrung bei Extremisten vom 17.01.2017; www.youtube.com/watch?v = t-HbTOO_v4Q [17.01.2017].

Kapitel 2

Das baden-württembergische Modellprojekt

Am 07.08.2009 trat das „Gesetz zur elektronischen Aufsicht im Vollzug der Freiheitsstrafe"[46] (EAStVollzG) in Kraft, das die rechtliche Grundlage des baden-württembergischen Modellprojekts zur elektronischen Überwachung darstellte. Die Modellphase mit dem Einsatz der elektronischen Fußfessel begann am 01.10.2010 und endete am 31.03.2012. Mit einer gem. § 16 EAStVollzG vorgesehenen Laufzeit von vier Jahren trat das Gesetz mangels Verlängerung am 06.08.2013 außer Kraft. Das EAStVollzG regelte die rechtlichen Voraussetzungen und die praktische Umsetzung der elektronischen Aufsicht und der damit verbundenen Maßnahmen in Baden-Württemberg. Es enthielt außerdem begleitende Regelungen zum Datenschutz gem. §§ 10 ff. EAStVollzG.

Für die Leitung sowie die Koordination des Modellprojekts war das baden-württembergische Justizministerium verantwortlich. Fünf Justizvollzugsanstalten (JVA) nahmen daran teil: JVA Ulm, JVA Rottenburg, JVA Heimsheim, JVA Stuttgart und JVA Heilbronn. Die gem. § 6 EAStVollzG für jeden Teilnehmer vorgesehene psychosoziale Betreuung während der elektronischen Überwachung übernahm die Neustart gGmbH, die auch für die Bewährungshilfe in Baden-Württemberg zuständig ist. Hierfür wurde die selbständige „Neustart elektronische Aufsicht gGmbH" gegründet.[47]

Im baden-württembergischen Modellprojekt kam die satellitengestützte GPS-Technik zum Einsatz, die seit den 1990er Jahren allmählich die bisherige Radiofrequenztechnik ablöst.[48] Am Beispiel der USA, wo die elektronische Aufsicht vielfach eingesetzt wird, zeigen sich der deutliche Rückgang der Radiofrequenztechnik und der rasante Anstieg der per GPS-Technik überwachten Personen. Während die Nutzung der Radiofrequenztechnik in den USA von 2005 bis 2015 um 25 % sank (von ca. 50.000 auf 37.700 Fälle), vergrößerte sich die Anzahl der per GPS-Technik überwachten Straftäter rapide von rund 2.900 Fällen im Jahr 2005 auf ca. 88.200 im Jahr 2015, also um das Dreißigfache.[49] Die GPS-gestützte Überwachung ist weitreichen-

---

46 Siehe LT-Drs. Baden-Württemberg 14/4951, abgedruckt in *Anhang 1*.

47 Hierzu ausführlich *Schwedler & Wößner* 2015, S. 17 ff.

48 *Wößner & Schwedler* 2013b, S. 131.

49 Vgl. www.pewtrusts.org/en/research-and-analysis/issue-briefs/2016/09/use-of-electronic-offender-tracking-devices-expands-sharply [22.06.2017].

der als die Radiofrequenztechnik und ermöglicht eine Echtzeitfeststellung des Aufenthaltsortes, die Erstellung eines Bewegungsprofils sowie die Festlegung von Gebots- und Verbotszonen.[50] Mithilfe der Radiofrequenztechnik ist hingegen lediglich die An- und Abwesenheit einer Person am Ort der Empfangsstation feststellbar. Die GPS-Überwachung ist somit technisch aufwendiger und dadurch deutlich fehleranfälliger und eingriffsintensiver als die Radiofrequenztechnik. Allerdings eröffnen sich durch die detailliertere Überwachungstechnik und die damit verbundene Festlegungsmöglichkeit von Aus- und Einschlusszonen neue Anwendungsbereiche der elektronischen Aufsicht.

Zum gesetzlich definierten Anwendungsbereich der elektronischen Überwachung in Baden-Württemberg gehörten gem. den §§ 2, 9 EAStVollzG

- der elektronisch überwachte Hausarrest zur Entlassungsvorbereitung (§ 2 Abs. 2 lit. b EAStVollzG),
- elektronisch überwachte Vollzugslockerungen, insbesondere Freigang (§ 9 Abs. 1 EAStVollzG), sowie
- der elektronisch überwachte Hausarrest bei Ersatzfreiheitsstrafen (§ 2 Abs. 2 lit. a EAStVollzG).

2.1   Anwendungsbereiche des baden-württembergischen Modellprojekts

2.1.1   Elektronisch überwachte Entlassungsvorbereitung (Hausarrest)

Der elektronisch überwachte Hausarrest wird auch als elektronisch überwachte Entlassungsvorbereitung bezeichnet. Im Sinne des Gesetzes wird unter Hausarrest gem. § 2 Abs. 1 EAStVollzG „die Anweisung an den Gefangenen" verstanden, „sich während des laufenden Strafvollzuges in einer bestimmten Wohnung aufzuhalten und sie zu bestimmten Zeiten nicht zu verlassen". Die Probanden im elektronisch überwachten Hausarrest befanden sich folglich außerhalb der Räumlichkeiten der Justizvollzugsanstalten in einer festen Unterkunft, meist in der eigenen Wohnung, während die Probanden der Kontrollgruppe im herkömmlichen Strafvollzug verblieben. Die zulässige Höchstdauer der elektronischen Aufsicht zur Entlassungsvorbereitung (Hausarrest) betrug sechs Monate gem. § 2 Abs. 3 EAStVollzG. Die Anordnung und die Intensität der Überwachung sollten sich nach der individuellen Flucht- und Rückfallgefahr des Gefangenen richten sowie nach dem verfassungsrechtlich garantierten Grundsatz der Verhältnismäßigkeit, vgl. § 3 Abs. 1 EAStVollzG.

---

50   *Renzema & Mayo-Wilson* 2005, S. 217.

Gemäß § 4 EAStVollzG war die Zustimmung des Gefangenen (sowie der anderen im Haushalt lebenden volljährigen Personen) zur Überwachung notwendig. Sodann musste der Gefangene über einen geeigneten Wohnraum und eine feste Arbeitsstelle, ein Ausbildungsverhältnis oder eine andere geregelte Tätigkeit mit einem wöchentlichen Umfang von mindestens 20 Stunden verfügen (vgl. § 7 Abs. 1 EAStVollzG). Für jeden Teilnehmer wurde ein individueller Wochenplan erstellt. Dieser gab eine feste Tagesstruktur vor, indem Zeitzonen definiert wurden, in denen sich der Proband an bestimmten Orten aufhalten musste. Der Wochenplan für die Probanden im elektronisch überwachten Hausarrest wurde von der ebenfalls für die psychosoziale Betreuung zuständigen Stelle (Neustart elektronische Aufsicht gGmbH) erstellt. Als Einschlusszonen wurden der Arbeitsort und die Unterkunft festgelegt.

Ebenfalls war eine charakterliche Eignung des Gefangenen dahingehend erforderlich, dass von ihm keine neuen Straftaten oder Fluchtversuche während der Zeit der elektronischen Aufsicht zu befürchten waren. Bei Zuwiderhandlung gegen Anordnungen der zuständigen Stelle, einer erneuten Straftat oder Verstößen gegen den Wochenplan sollte die elektronische Aufsicht gem. § 8 Abs. 1 EAStVollzG abgebrochen werden. Hiervon konnte jedoch abgesehen werden, wenn eine Verwarnung ausreichend war (vgl. § 8 Abs. 2 EAStVollzG). Auch auf eigenen Wunsch des Probanden konnte die Maßnahme jederzeit beendet werden (§ 8 Abs. 3 EAStVollzG). Die elektronische Fußfessel wurde oberhalb des Knöchels mit einem manipulationsfesten Band befestigt und gab in kurzen Intervallen GPS-Signale ab, die mit den individuellen Gebots- und Verbotszonen des personenspezifischen Wochenplans abgeglichen wurden. Bei einem Verstoß wurde ein Alarmsignal ausgelöst und der Überwachte zur Klärung des Vorfalls auf seinem für die Zeit der Überwachung ausgehändigten Mobiltelefon kontaktiert.

2.1.2 Elektronisch überwachter Freigang

Das Gesetz sah gem. § 9 EAStVollZG die Möglichkeit der elektronischen Überwachung im Rahmen von vollzugsöffnenden Maßnahmen vor, insbesondere für den Freigang. Die Probanden des elektronisch überwachten Freigangs verblieben in den Räumlichkeiten der Justizvollzugsanstalt. Sie wurden jedoch anstatt im geschlossenen Vollzug im Freigängerheim untergebracht. § 9 Abs. 2 EAStVollzG erklärt die zuvor genannten Vorschriften des elektronisch überwachten Hausarrests für anwendbar, sodass abgesehen von der geeigneten außervollzuglichen Unterkunft dieselben Voraussetzungen galten. Der Wochenplan für die Probanden im elektronisch überwachten Freigang wurde durch die Sozialdienste der jeweiligen Vollzugsanstalten erstellt.

2.1.3   Elektronisch überwachte Entlassungsvorbereitung (Ersatzfreiheitsstrafe)

Der dritte Anwendungsbereich der elektronischen Fußfessel in Baden-Württemberg war der Hausarrest unter elektronischer Aufsicht als Alternative zum Vollzug der Ersatzfreiheitsstrafe gem. § 2 Abs. 2 lit. a EAStVollzG. Insofern galten dieselben Voraussetzungen wie für den Hausarrest zur Entlassungsvorbereitung.

2.2   Experimentelles Studiendesign (Randomisierung)

Die Begleitforschung zum Modellprojekt der elektronischen Aufsicht im Vollzug der Freiheitsstrafe in Baden-Württemberg gliedert sich in zwei Untersuchungsphasen. In der ersten Phase standen die Implementation und die psychosozialen Wirkungen der elektronischen Aufsicht im Zentrum. In der zweiten Phase schließt sich nun die Rückfalluntersuchung an (vgl. *Abbildung 1*).

Abbildung 1   Untersuchungsphasen des Modellprojekts

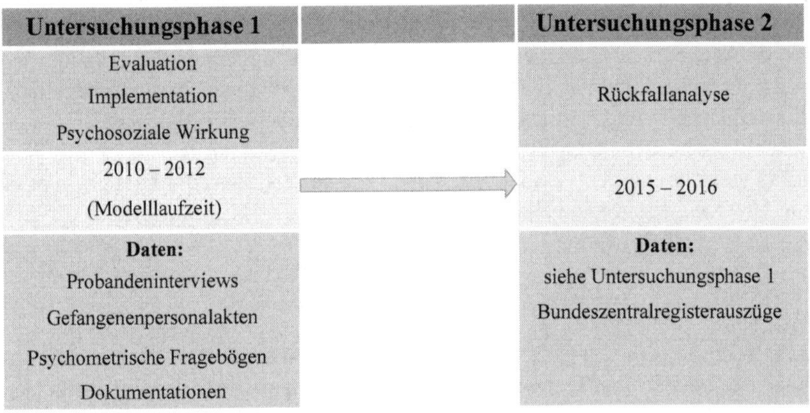

Untersuchungsphase 1		Untersuchungsphase 2
Evaluation Implementation Psychosoziale Wirkung		Rückfallanalyse
2010 – 2012 (Modelllaufzeit)	→	2015 – 2016
Daten: Probandeninterviews Gefangenenpersonalakten Psychometrische Fragebögen Dokumentationen		**Daten:** siehe Untersuchungsphase 1 Bundeszentralregisterauszüge

Das baden-württembergische Modellprojekt zur elektronischen Aufsicht basierte auf einem experimentellen Studiendesign. Um zu überprüfen, ob mögliche kriminalpräventive Wirkungen der elektronischen Überwachung wirklich auf die Maßnahme selbst zurückzuführen sind, war es von großer Bedeutung, dass sich die Probanden in den wesentlichen Merkmalen gleichen. Um dies zu erreichen, wurden sie mittels Blockrandomisierung zufällig der unter elektronischer Aufsicht stehenden Treatmentgruppe oder der Kontrollgruppe zugeteilt, die im regulären Strafvollzug verblieb. Die gemeldeten Probanden wurden dabei über zuvor angelegte Zuweisungslisten zufällig verteilt.[51] Die Randomisierung genießt in der Evaluationsforschung großes Ansehen[52] und wird daher auch als „Goldstandard"[53] bezeichnet. Durch das randomisierte Studiendesign soll insbesondere die interne Validität gesichert werden. In Literatur und Forschung finden sich jedoch Stimmen, die die Fokussierung auf die interne Validität infrage stellen. Sie heben hervor, dass bei kriminologischen Evaluationsfragestellungen die externe Validität im Vordergrund stehen sollte.[54] Mittels der zufälligen Gruppenzuteilung sollen jedoch gerade Störeinflüsse weitestgehend neutralisiert werden, da die Wahrscheinlichkeit einer gleichmäßigen Verteilung der Merkmale durch die Randomisierung erhöht wird. Die beobachteten Effekte können sodann verlässlicher auf die unabhängige Variable zurückgeführt werden.[55]

Abbildung 2   Überblick über die Untersuchungsgruppen (ohne Ersatzfreiheitsstrafe)

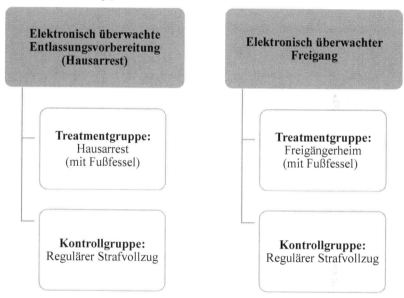

Die Identifikation geeigneter Gefangener für die elektronisch überwachte Entlassungsvorbereitung (Hausarrest) erfolgte mittels gezielter persönlicher Ansprache

---

51   Eine ausführliche Beschreibung des Zuweisungsverfahrens findet sich bereits in der Publikation zur ersten Untersuchungsphase, *Schwedler & Wößner* 2015, S. 25.

52   *Campbell, Stanley & Gage* 1963, S. 13; *Sherman* 2009, S. 6; *Hough* 2010, S. 13; *Farrington* 2003, S. 150.

53   *Hough* 2010, S. 11.

54   *Sampson* 2010, S. 490; *Hough* 2010, S. 14; *Tilley* 2000, S. 203.

55   *Farrington, Gottfredson, Sherman & Welsh* 2002, S. 17.

durch Anstaltsbedienstete oder über allgemeine Informationsveranstaltungen der jeweiligen JVA. Lagen die Einwilligung des Gefangenen und die formellen Voraussetzungen vor, so erging die abschließende Bewilligung durch die Anstaltsleitung. Die für die elektronisch überwachten Vollzugslockerungen geeigneten Probanden wurden ebenfalls von der jeweiligen JVA direkt über das Projekt informiert. Im Rahmen der Ersatzfreiheitsstrafe wurde der Ladung zum Strafantritt ein Begleitschreiben beigefügt, das über die Möglichkeit zur Teilnahme am Modellprojekt informierte. Die Zustimmung des Verurteilten sowie die Bestätigung, dass die formellen Voraussetzungen vorlagen, mussten bis drei Wochen vor Strafantritt an die zuständige JVA gesendet werden. Für den Bereich des elektronisch überwachten Hausarrests bei Ersatzfreiheitsstrafen gingen jedoch im Rahmen des Zuweisungsverfahrens nur drei Probandenmeldungen ein. Die geringe Resonanz führte zum Ausschluss dieses Anwendungsgebiets aus der Rückfallanalyse. Somit ergaben sich nach der Randomisierung zwei Treatment- sowie zwei Kontrollgruppen: jeweils eine im Bereich der elektronisch überwachten Entlassungsvorbereitung (Hausarrest) und im Bereich der elektronisch überwachten Vollzugslockerungen (vgl. *Abbildung 2*). Da sich die Überwachung der Vollzugslockerungen in der Praxis auf den Freigang beschränkte, wird der Anwendungsbereich im Folgenden als elektronisch überwachter Freigang bezeichnet.

Die unterschiedlichen Erhebungszeitpunkte der Längsschnittuntersuchung sind *Tabelle 1* zu entnehmen.[56]

Tabelle 1   Erhebungszeitpunkte (aufgeteilt nach Untersuchungsgruppen)

Gruppen		t_1	t_2 (nur Freigang)	t_3	t_4	t_5
		Fragebogen Aktenanalyse	Fragebogen Interview tel.	Fragebogen Interview Aktenanalyse	Nacherhebung[57]	BZR-Auszüge
Entlassungsvorbereitung	Treatment-gruppe	Vor Beginn der Überwachung	–	Kurz vor Entlassung	6 Monate nach Entlassung	2015
	Kontroll-gruppe	Vor Beginn der Haft	–	Kurz vor Entlassung	6 Monate nach Entlassung	2015
Freigang	Treatment-gruppe	Vor Beginn der Überwachung	Vor Ende der Überwachung	Kurz vor Entlassung	6 Monate nach Entlassung	2015
	Kontroll-gruppe	Nach Zuteilung	–	Kurz vor Entlassung	6 Monate nach Entlassung	2015

---

56   Vgl. hierzu ausführlich *Schwedler & Wößner* 2015, S. 26 ff.

57   Aufgrund des geringen Rücklaufs wurde auf eine Darstellung dieser Ergebnisse (kurzer Fragebogen) bereits in der ersten Untersuchungsphase verzichtet; vgl. *Schwedler & Wößner* 2015, S. 26.

2.3   Zusammenfassung der ersten Untersuchungsphase

Die Ergebnisse der ersten Untersuchungsphase werden im Folgenden überblicksartig dargestellt.[58] Die geplante Teilnehmeranzahl von 150 Probanden konnte trotz der im Laufe des Modellprojekts beschlossenen Projektverlängerung um ein halbes Jahr nicht erreicht werden. Die geringe Nachfrage resultierte insbesondere aus den restriktiven gesetzlichen Teilnahmebedingungen des Modellprojekts, sodass sich nur ein eingeschränkter Personenkreis für das Modellprojekt als geeignet erwies. Gründe hierfür waren zum einen das Einzugsgebiet des für die psychosoziale Betreuung zuständigen Trägers, zum anderen aber auch die strengen formalen Auswahlkriterien (Arbeitsstelle, Strafrestdauer, Flucht-/Missbrauchsgefahr). Weiterhin spielten generelle Anlaufschwierigkeiten eine Rolle, die im Zuge der Einführung neuer Maßnahmen häufig zu beobachten sind.[59] Auch der Regierungswechsel in Baden-Württemberg am 01.05.2011 und die damit verbundenen Ungewissheiten hinsichtlich der Fortführung des Modellprojekts führten zu Verunsicherung und einem Rückgang der Teilnehmervorschläge.[60] Eine weniger restriktive Handhabung der Zulassungskriterien hätte mutmaßlich zu einem deutlichen Anstieg der Probandenzahlen geführt. Dies zeigte sich in der sechsmonatigen Verlängerungsphase des Modellprojekts, in der durch eine Modifizierung der Auswahlkriterien ein deutlicher Probandenanstieg zu verzeichnen war.[61] Allerdings ergaben sich durch diese Zunahme Hinweise auf einen ungebetenen Net-Widening-Effekt. Von einem solchen war auszugehen, wenn Probanden bspw. im Freigang elektronisch überwacht wurden, obwohl sie auch für den regulären Freigang ohne elektronische Überwachung geeignet gewesen wären. Über 80 % der befragten Sozialarbeiterinnen und Sozialarbeiter im Anwendungsbereich des elektronisch überwachten Freigangs sahen die elektronische Fußfessel als entbehrlich an.

Im Anwendungsbereich der elektronischen Fußfessel zur Haftvermeidung bei Ersatzfreiheitsstrafen scheiterte der Einsatz an einer geringen Resonanz. Zum einen fehlte es bei den hinsichtlich der Geldstrafe nicht zahlungsfähigen oder -willigen Probanden häufig an einer festen Arbeitsstelle, die jedoch eine Voraussetzung für die Zulassung zur Maßnahme war. Ferner bietet Baden-Württemberg im Rahmen des Projekts „Schwitzen statt Sitzen" mit der Möglichkeit zur gemeinnützigen Arbeit bereits eine Alternative zur Ersatzfreiheitsstrafe, wodurch die Gruppe potenzieller Projektkandidaten von vornherein stark eingeschränkt war. Weiterhin war bei diesen Adressaten ein höheres Maß an Eigeninitiative erforderlich, da sie sich aktiv bewer-

---

58 Die Ergebnisse der ersten Untersuchungsphase sind ausführlich in der dazugehörigen Publikation *Schwedler & Wößner* 2015 nachzulesen.

59 Vgl. hierzu *Kensey* 2003, S. 93.

60 *Schwedler & Wößner* 2015, S. 96.

61 *Schwedler & Wößner* 2015, S. 105.

ben mussten und es (anders als in den verbleibenden zwei Anwendungsbereichen) keine direkte Ansprache und keinen konkreten Vorschlag seitens der Anstalt gab.[62] Im Zeitraum der Untersuchung wurden 1.286 Verstöße gemeldet. Das ergibt bei zwanzig elektronisch überwachten Gefangenen circa sieben reaktionsbedürftige Meldungen täglich. Knapp 50 % der Verstöße stellten Zonenverletzungen dar. Diese waren nur selten auf die Nichteinhaltung der Vorgaben durch die Probanden selbst zurückzuführen, sondern hingen häufig mit technischen Problemen zusammen. Neben solchen Defekten spielten geringe Akkulaufzeiten eine große Rolle. Derartige, nicht als studienspezifisch einzuordnende technische Probleme werden auch in anderen Untersuchungen beobachtet.[63] Diese Funktionsbeeinträchtigungen belasteten die Probanden insbesondere dann, wenn sie sich zur Wiedererlangung des GPS-Signals nachts nach draußen begeben mussten.

Aufgrund mangelnder empirischer Forschung zu den Wirkmechanismen der elektronischen Aufsicht war von besonderem Interesse, ob die Maßnahme zu einer wiedereingliederungsfördernden Einstellungs- und Verhaltensänderung führte. Als psychologische Wirkmechanismen wurden Selbstkonzept, Kontrollüberzeugungen, soziale Unterstützung und Prisonisierungseffekte untersucht. Hier wurde geprüft, ob Maßnahmen unter elektronischer Aufsicht zur Erfahrung eines höheren Selbstwirksamkeitserlebens bzw. Selbstwertgefühls und zu mehr Autonomie führen, die in der totalen Institution „Gefängnis" eingeschränkt werden. Weiterhin zielte die Maßnahme auf eine Verringerung oder Vermeidung von Prisonierungsschäden ab. Zudem wurde erfasst, ob sich die Probanden unter elektronischer Aufsicht besser sozial unterstützt fühlten, weil sie durch die Maßnahme früher in ihre sozialen Bezüge zurückkehren konnten. Hierfür wurden spezifische psychometrische Fragebögen eingesetzt. Im Ergebnis zeigte sich, dass die Probanden des Modellprojekts von vornherein gute bzw. funktionale Ausprägungen in diesen Bereichen vorwiesen – sofern man die Werte mit den Normierungsstichproben der jeweiligen Tests vergleicht. Somit lag kein Veränderungsbedarf vor. Stellt man die Werte der Probanden vor Beginn der elektronischen Aufsicht den Ausprägungen nach der Maßnahme gegenüber, so werden nur im Bereich der Prisonisierung Veränderungen sichtbar. Die Entlassungsvorbereitungsgruppe im Hausarrest erlebte sogar einen Rückgang der sozialen Unterstützung. In diesem Zusammenhang muss wiederum beachtet werden, dass bei den Probanden bereits zu Beginn ein hohes funktionales Ausgangsniveau vorlag und die Teststärke aufgrund der niedrigen Probandenzahl gering ist. Die Resultate der resozialisierungsfördernden Veränderungen blieben insgesamt hinter den Erwartungen zurück.

Jeder vierte Proband berichtete, dass ihn die permanente Ortungsmöglichkeit und die Angst vor unbeabsichtigten Verstößen und einer daraus resultierenden Rückverle-

---

62   *Schwedler & Wößner* 2015, S. 107.

63   Vgl. hierzu *Armstrong & Freeman* 2011, S. 175.

gung in den geschlossenen Vollzug psychisch sehr belasteten. Diese Einschränkungen und Belastungen durch die elektronische Aufsicht wurden jedoch überwiegend dem Wiedergewinn der Freiheit und der Verkürzung der Haft untergeordnet. So wurde die Maßnahme von den Probanden größtenteils positiv bewertet. Über durch das Tragen der Fußfessel ausgelöste physische Beschwerden berichteten etwa zwei Drittel der Probanden. Allerdings klangen diese im Laufe der Überwachung ab oder es wurden Maßnahmen zur Erhöhung des Tragekomforts ergriffen. Ungefähr zwei Drittel der Probanden verbargen die elektronische Fußfessel bewusst. Eine Angst vor Entdeckung wurde überwiegend dann geäußert, wenn Parallelen zu Sexualstraftätern befürchtet wurden.

Die Probanden des Freigangs empfanden die elektronische Fußfessel insgesamt als deutlich störender als die Probanden im elektronisch überwachten Hausarrest zur Entlassungsvorbereitung. Dies könnte darauf zurückzuführen sein, dass Belastungen umso eher hingenommen werden, je stärker das Maß an wiedergewonnener Freiheit ausfällt. Denn die elektronisch überwachten Freigänger profitierten weniger von der elektronischen Aufsicht als Probanden im elektronisch überwachten Hausarrest. Letztendlich lässt sich sagen, dass die elektronische Überwachung insgesamt von den Probanden sowie anderen Projektbeteiligten als „Mittel zum Zweck" der Abkürzung des geschlossenen Strafvollzugs angesehen wurde. Ein resozialisierender Effekt in der oben beschriebenen Form war nicht zu erkennen.

Kapitel 3

Forschungsstand und kriminalitätstheoretische Betrachtung

3.1 (Internationale) Rückfallstudien zur elektronischen Überwachung

Zur elektronischen Überwachung in Deutschland liegen bislang keine experimentellen Rückfallstudien vor. *Bräuchle*[64] begleitete die Implementation der elektronischen Aufsicht im Rahmen der Führungsaufsicht. Das Forschungsdesign erlaubte jedoch mangels einer vergleichbaren Kontrollgruppe und wegen eines allzu kurzen Beobachtungszeitraums keine validen Rückschlüsse zur tertiärpräventiven Wirkung der elektronischen Aufenthaltsüberwachung. Zwar wurde eine Vergleichsgruppe aus 74 Personen gebildet, die formal den Voraussetzungen der aufenthaltsbezogenen Weisungen gem. § 68b Abs. 1 S. 3 Nr. 1 und 2 StGB entsprach. Jedoch unterschied sie sich von der Treatmentgruppe insofern, als ihre Teilnehmer häufiger einen Schulabschluss vorweisen konnten und weniger Vorstrafen hatten sowie weil die für die Anlasstaten verhängten Freiheitsstrafen der elektronisch überwachten Probanden signifikant länger waren als in der Vergleichsgruppe (M = 83,09 im Vergleich zu M = 67,15 Monaten bei p = ,003).[65] Unter Berücksichtigung dieses Validitätsdefizits lässt sich aber sagen, dass die elektronisch überwachten Probanden häufiger rückfallverdächtig waren als die Vergleichsgruppe. Zum Untersuchungszeitpunkt konnten die Daten von 70 Probanden zugrunde gelegt werden. Während die elektronisch überwachten Probanden zu 47 % (n = 33)[66] rückfällig wurden, wiesen nur 35 % (n = 26) der Vergleichsgruppe einen Rückfall auf. Dieser Unterschied war statistisch jedoch nicht bedeutsam (p = 0,14). Während 21 % (n = 15) der elektronisch überwachten Probanden im Untersuchungszeitraum sogar zu einer erneuten Freiheitsstrafe verurteilt wurden, war dies nur bei neun Probanden der Vergleichsgruppe (12 %) der Fall.[67] Hier konnte jedoch ebenfalls kein signifikanter Unterschied gefun-

---

64 *Bräuchle* 2016.

65 *Bräuchle* 2016, S. 94, S. 99.

66 *Bräuchle* 2016, S. 122.

67 *Bräuchle & Kinzig*, Kurzbericht über die wesentlichen Befunde einer bundesweiten Studie mit rechtspolitischen Schlussfolgerungen; www.bmjv.de/SharedDocs/Downloads/DE/PDF/Berei chMinisterium/Kurzbericht_elektronische_Aufenthaltsueberwachung_im_Rahmen_der_Fue hrungsaufsicht.pdf?__blob=publicationFile&v=1 [12.01.2017], S. 12.

den werden (p = 0,13). Auch wenn diese Ergebnisse mit großer Vorsicht zu interpretieren sind, zeigte sich tendenziell keine rückfallvermeidende Wirkung durch die elektronische Überwachung.

Nicht nur in Deutschland, sondern auch auf internationaler Ebene sollen Resozialisierungsbestrebungen im Sinne der Tertiärprävention durch den Einsatz der elektronischen Aufsicht weiter gestärkt werden.[68] Es finden sich zahlreiche internationale empirische Studien zur Legalbewährung in diesem Zusammenhang. Bei ihrer Betrachtung muss jedoch berücksichtigt werden, dass die Einsatzgebiete der elektronischen Aufsicht aufgrund der verschiedenartigen Rechtssysteme der Länder stark divergieren.[69] Ferner gelten insbesondere datenschutz- und verfassungsrechtlich unterschiedliche Anforderungen. Dies erschwert eine Übertragbarkeit der ausländischen Studienergebnisse auf das deutsche Straf- und Sanktionenrecht.

Bereits 1990 führten *Petersilia* und *Turner*[70] in den USA ein randomisiertes Experiment zum Einsatz der elektronischen Aufsicht im Bewährungszeitraum durch. Sie konnten bei den elektronisch überwachten Probanden zunächst mehr Verstöße feststellen als bei der nicht elektronisch überwachten Kontrollgruppe. Dies wurde insbesondere darauf zurückgeführt, dass die Probanden unter elektronischer Aufsicht einen engeren Kontakt zu ihrem Bewährungshelfer hatten und Verstöße somit schneller auffielen als bei der Kontrollgruppe. Nach dem einjährigen Katamnesezeitraum konnten jedoch keine signifikanten Unterschiede in der Rückfallrate gefunden werden. Die Meta-Analysen von *Renzema* und *Mayo-Wilson*[71] sowie *MacKenzie*[72] bestätigen dieses Ergebnis. Dort konnte ebenfalls kein statistisch bedeutsamer Einfluss der elektronischen Aufsicht auf die Legalbewährung festgestellt werden. Ein anderes Bild ergibt sich bei der Betrachtung neuerer Untersuchungen. Eine mit 75.661 Probanden groß angelegte Studie aus dem Jahr 2006 in Florida[73] – dem ersten Staat der USA, der 1983 die elektronische Überwachung einführte[74] – kam mittels multivariater Cox-Regression zu dem Ergebnis, dass die elektronische Aufsicht die Wahrscheinlichkeit der Begehung einer neuen Straftat um 94,7 % verringert. Die elektronische Fußfessel wurde zur Überwachung des Hausarrests wegen eines Bewährungsverstoßes als eigenständige Strafe oder nach einer Inhaftierung eingesetzt.

Im Jahr 2009 verglichen *Marklund* und *Holmberg*[75] in ihrer Untersuchung in Schweden eine Experimentalgruppe von 260 Probanden unter elektronischer Aufsicht mit

---

68   *Cotter & Lint* 2009, S. 84; *Dünkel, Thiele & Treig* 2017b, S. 481.

69   Vgl. hierzu zum Beispiel die Übersicht über 17 europäische Länder in *Dünkel, Thiele & Treig* 2017b, S. 480.

70   *Petersilia & Turner* 1990, S. 87–111.

71   *Renzema & Mayo-Wilson* 2005, S. 215–237.

72   *MacKenzie* 2006.

73   *Padgett, Bales & Blomberg* 2006, S. 67.

74   *Padgett, Bales & Blomberg* 2006, S. 67.

75   *Marklund & Holmberg* 2009, S. 41–61.

einer Kontrollgruppe von ebenfalls 260 Probanden innerhalb eines Rückfallzeitraums von drei Jahren. Die Probanden der Experimentalgruppe wurden bis zu vier Monate früher als zum normalen Zeitpunkt der Strafrestaussetzung auf Bewährung entlassen, während die Kontrollgruppe den regulären Vollzug durchlief. Während 38 % der Kontrollgruppe rückfällig wurden, war die Rückfallrate von 26 % in der elektronisch überwachten Experimentalgruppe signifikant niedriger. Der Rückfall erwies sich bei der Experimentalgruppe außerdem im Vergleich zur nicht überwachten Kontrollgruppe als weniger schwer. Die Ergebnisse müssen jedoch aufgrund des nicht randomisierten Studiendesigns mit Vorsicht interpretiert werden.[76]

Ein Jahr später konnten *Killias et al.*[77] dieses Ergebnis bekräftigen. Ihre Rückfallstudie untersuchte 240 Probanden von 2000 – als die elektronische Fußfessel in der Schweiz eingeführt wurde – bis 2003. Diese Analyse weist durch ihr randomisiertes Studiendesign und die Überwachung von Niedrigrisikotätern mit kurzen Freiheitsstrafen interessante Parallelen zum baden-württembergischen Modellprojekt auf. Verglichen wurde die Gruppe unter elektronischer Aufsicht mit einer Kontrollgruppe, die gemeinnützige Arbeit verrichten musste. In einem Katamnesezeitraum von drei Jahren ergab sich eine Rückfallquote von 23 % für die Experimentalgruppe und von 31 % für die Kontrollgruppe, was ein marginal signifikantes Ergebnis darstellt und für einen resozialisierenden Effekt der elektronischen Aufsicht spricht.

Im selben Jahr erschien eine US-amerikanische Studie von *Bales et al.*[78], die Straftäter eines mittleren bis hohen Risikolevels untersuchte. Sie zeigte, dass sich die Rückfallquote der Probanden unter elektronischer Aufsicht gegenüber Straftätern, die unter anderen Formen der Überwachung standen, um 31 % reduzierte. Insbesondere die GPS-gestützte Überwachung hatte (im Gegensatz zur Radiofrequenztechnik) eine um 6 % höhere Erfolgsquote. Die Überlegenheit der GPS-Technik bestätigte sich auch in weiteren Studien.[79]

Diese Beobachtungen setzten sich in den letzten Jahren fort. So konnten *Di Tella* und *Schargrodsky*[80] 2013 ebenfalls signifikant niedrigere Rückfallquoten der elektronisch überwachten Straftäter im Vergleich zu nicht elektronisch überwachten Gefangenen feststellen. Sie verglichen die Rückfallrate von 386 Probanden, die sich zur Untersuchungshaftvermeidung im elektronisch überwachten Hausarrest befanden, mit 1.152 Untersuchungshäftlingen. Im untersuchten Nachentlassungszeitraum von knapp drei Jahren ergab sich eine signifikant niedrigere Rückfallquote von 13 % für die Experimentalgruppe, verglichen mit 22 % in der Kontrollgruppe. Die Paarlinge

---

76 So die Autoren selbst, *Marklund & Holmberg* 2009, S. 58.

77 *Killias, Gilliéron, Kissling & Villettaz* 2010, S. 1155.

78 *Bales, Mann, Blomberg, Gaes, Barrick, Dhungana & McManus* 2010, S. 28–73.

79 Zum Beispiel bei *Corzine & Barnes Jr.* 2007, S. 6; *Cotter & Lint* 2009, S. 76.

80 *Di Tella & Schargrodsky* 2013, S. 4.

wurden mittels rückfallrelevanter Kriterien wie Alter, Vorstrafen, Deliktsart und Indexhaftzeit gebildet.

Reagan[81] untersuchte den Einfluss der elektronischen Überwachung im Rahmen der „Community Supervision" mittels einer Case Control Study in Florida. Die elektronische Überwachung hatte jedoch keinen signifikanten Einfluss auf das Rückfallrisiko, und die Probanden berichteten, dass die Überwachung auch nicht in bedeutendem Maße als abschreckend empfunden wurde. Trotzdem sieht die Studie die elektronische Überwachung als „disruptive innovation"[82], welche die herkömmlichen Verfahren früher oder später verdrängen werde.

Eine quasi-experimentelle Untersuchung von *Henneguelle et al.*[83] aus Frankreich hingegen kam 2016 zu dem Ergebnis, dass der elektronisch überwachte Hausarrest einen langfristig positiven Effekt auf die Legalbewährung ausübt. Die kriminalpräventive Wirkung führten sie gerade auf den Abschreckungseffekt der elektronischen Aufsicht zurück. Im fünfjährigen Katamnesezeitraum ergab sich eine um 9–11 % reduzierte Rückfallwahrscheinlichkeit der zuvor elektronisch überwachten Probanden gegenüber der Kontrollgruppe. Die Studie fand einen Präventionseffekt der elektronischen Überwachung insbesondere dann, wenn die Haft gänzlich vermieden wurde und Prisonisierungseffekte somit abgewendet wurden. Sofern die elektronisch überwachten Probanden rückfällig wurden, waren diese Taten von deutlich geringerer Intensität als dies bei Rückfalldelikten nach einer Inhaftierung beobachtet werden konnte, was sich mit den Ergebnissen von *Marklund* und *Holmberg*[84] deckt. Trotzdem wurde angemerkt, dass die elektronische Aufsicht zwar abschreckend wirke, aber als mildere Sanktion keine ebenso abschreckende Wirkung entfalte wie eine Inhaftierung.

Diese Befürchtung äußerten auch *Andersen* und *Telle*[85] in ihrer ebenfalls quasi-experimentellen Studie aus Norwegen. Sie untersuchten 2016 insgesamt 58.694 Bundeszentralregisterauszüge, von denen 2.448 Probanden unter elektronischer Aufsicht betrafen. Die elektronische Aufsicht basierte hier auf der Radiofrequenztechnik und fand unter regelmäßigen unangekündigten Besuchen des Kontrollpersonals statt. Generell sieht die Studie ein hohes Präventionspotenzial nicht-freiheitsentziehender Sanktionen gegenüber der Inhaftierung, auch wenn die genauen Wirkmechanismen unklar bleiben. Wichtige Aspekte scheinen hierbei jedoch insbesondere der Erhalt des Arbeitsplatzes sowie die Vermeidung von Prisonisierungseffekten durch die alternative Sanktion zu sein.

---

81   *Reagan* 2017.
82   *Reagan* 2017, S. 3.
83   *Henneguelle, Monnery & Kensey* 2016, S. 629.
84   *Marklund & Holmberg* 2009, S. 41–61.
85   *Andersen & Telle* 2016, S. 26 ff.

Die insbesondere in den letzten Jahren häufig zu beobachtende hohe Erfolgsquote der elektronischen Aufsicht ist stets insofern kritisch im Lichte der Auswahlprozesse geeigneter Probanden zu sehen, als insbesondere das prognostizierte Risikopotenzial der Stichprobe eine wesentliche Rolle für das jeweilige Studienergebnis spielt. Insgesamt zeigt die bisherige Rückfallforschung eine große Diversität bei den Anwendungsbereichen und der Effektivität der elektronischen Aufsicht. Ein eindeutiger Trend lässt sich aus der bisherigen Rückfallforschung jedoch nicht ablesen.

3.2 Kriminalitätstheoretische Wirkmechanismen der elektronischen Überwachung

Der Implementation neuer Maßnahmen liegt stets eine gewisse Zielvorstellung und Erwartungshaltung zugrunde. Die Anwendung der elektronischen Fußfessel im baden-württembergischen Modellprojekt stand unter dem Leitmotiv der Resozialisierung und Kriminalprävention, wie die Gesetzesbegründung[86] zum EAStVollzG sowie der Verweis des § 1 Abs. 2 EAStVollzG auf das Vollzugsziel in § 1 JVollzGB III zeigen. Die kriminalpräventive Wirkung der elektronischen Überwachung ist immer noch kaum evidenzbasiert, beruht aber auf vielfältigen theoretischen Ansätzen.

Der Resozialisierungsanspruch jedes Verurteilten im Strafvollzug lässt sich verfassungsrechtlich aus der Menschenwürde und dem allgemeinen Persönlichkeitsrecht ableiten.[87] In der Begründung zum Strafvollzugsgesetz (StVollzG) von 1973 wurde bereits ausgeführt, dass

> ein strafender Freiheitsentzug allein regelmäßig nicht genügt, die künftige straffreie Lebensführung des Verurteilten sicherzustellen. Während des Freiheitsentzuges soll der Gefangene deshalb eine Behandlung erfahren, die ihn befähigt, künftig ein Leben in sozialer Verantwortung ohne Straftaten zu führen.[88]

Die elektronische Überwachung sollte diesem Grundsatz folgend keine „inhaltsleere, ausschließlich kontrollierende Maßnahme"[89] darstellen. Sie ermöglichte geeigneten Gefangenen in Baden-Württemberg durch die Überstellung in den elektronisch überwachten Hausarrest zum Zweck der Entlassungsvorbereitung oder des Freigangs eine vorzeitige Herauslösung aus dem geschlossenen Vollzug. Die elektronische

---

86   Siehe LT-Drs. Baden-Württemberg 14/4670, S. 14. Die Resozialisierung stand auch für die Anwendung der elektronischen Aufsicht in Hessen, *Albrecht, Arnold & Schädler* 2000, S. 467, und in der Führungsaufsicht, siehe BT-Drs. 17/3403, S. 17 ff., im Vordergrund.

87   Siehe BVerfGE 35, 202, 235 (Lebach-Urteil).

88   Nach h.M. ist die Rückfallprävention alleiniges Ziel des Strafvollzugs, da die Legaldefinition des § 2 S. 1 StVollzG als Abkehr vom Vollzugspluralismus verstanden werden soll. Der Schutz der Allgemeinheit vor Straftaten (Sicherungsklausel) ist eine weitere, immanente Aufgabe des Strafvollzugs; *Laubenthal* 2011, S. 82; *Böhm* 1986, S. 206; *Mitsch* 1990, S. 150.

89   *Stern* 1990, S. 341.

Aufsicht könnte als Haftvermeidungs- oder -verkürzungsinstrument zum Erhalt des Arbeitsplatzes, der Wohnung und der gesellschaftlichen Stellung beitragen.

Damit werden Bindungselemente aufgegriffen, die bereits von *Hirschi* in der Social Control Theory[90] als maßgebliche Schutzfaktoren vor kriminellem Verhalten angesehen wurden. Dieser Theorie folgend, stellt abweichendes Verhalten den eigentlichen Normalzustand dar. Sie fragt nicht danach, was zu Straftaten antreibt, sondern versucht zu erklären, welche Schutzfaktoren von devianten Verhaltensweisen abhalten, obwohl unterschiedliche Menschen den gleichen (kriminogenen) Einflüssen ausgesetzt sind.[91] Normkonformität soll hierbei aus sozialer Kontrolle resultieren, die wiederum aus gesellschaftlicher Integration entsteht. Die gesellschaftliche Integration wird von *Hirschi* anhand von vier Elementen definiert, von denen drei hier relevant sind.[92] Je stärker und stabiler die emotionale Bindung an Familie, Freunde oder Institutionen ist, desto geringer soll die Wahrscheinlichkeit für deviantes Verhalten sein (*attachment*).[93] Durch die Abwesenheit vom sozialen Umfeld während der Inhaftierung wird von Gefangenen häufig ein Rückgang und Verlust des sozialen Kapitals erlebt.[94] Die durch die elektronische Aufsicht ermöglichte vorzeitige Entlassung oder Haftvermeidung kann dem entgegenwirken, indem der Gefangene früher in seinem sozialen Gefüge präsent ist oder sich daraus gar nicht erst entfernt. Dies kann jedoch nur dann kriminalpräventiv wirken, wenn das soziale Umfeld deviante Verhaltensweisen ablehnt. Ansonsten kann eine Herauslösung aus einem kriminogenen Umfeld sogar sinnvoll erscheinen. Insgesamt wird davon ausgegangen, dass die Aufrechterhaltung stützender sozialer Bindungen eine zentrale Voraussetzung für die Ausbildung von Selbstkontrolle und damit für den Verlauf von Resozialisierungsprozessen und ein Leben ohne Kriminalität darstellt.[95] Das Merkmal *involvement* beschreibt die Einbindung des Individuums in konventionelle und normkonforme Tätigkeiten wie Arbeit oder Freizeitbeschäftigungen.[96] Die durch die Inhaftierung bedingte Abwesenheit des Gefangenen vom Arbeitsmarkt führt häufig zum Verlust der Arbeitsstelle und zu Schwierigkeiten bei der Wiederaufnahme einer Beschäftigung.[97] Daraus können Unsicherheit, soziale Randständigkeit und Diskreditierung resultieren.[98] Die elektronische Fußfessel in Baden-Württemberg kann einerseits Anreiz zur Arbeitssuche geben, da die Teilnahme an der Maßnahme nur bei

---

90   *Hirschi* 1969; *Gottfredson & Hirschi* 1990.

91   *Robertz & Wickenhäuser* 2007, S. 42; *Kaiser, Schöch & Kinzig* 2015, S. 14.

92   Vorliegend von untergeordneter Bedeutung für die elektronische Überwachung ist das Merkmal *belief,* der Glaube an die Gültigkeit und Verbindlichkeit von gesellschaftlichen Regeln und Moralvorstellungen; *Hirschi* 1969, S. 162 ff., 197 ff.; *Stelly & Thomas* 2001, S. 62.

93   *Hirschi* 1969, S. 83 ff.; *Wiatrowski, Griswold & Roberts* 1981, S. 525.

94   *Liebling & Maruna* 2011, S. 1, 4; *Gaum, Hoffmann & Venter* 2006, S. 410.

95   *Schmidt* 2007, S. 25.

96   *Hirschi* 1969, S. 187 ff.

97   *Blath, Dillig & Frey* 1982, S. 171, 181.

98   *Blath, Dillig & Frey* 1982, S. 171, 181.

Vorliegen einer geregelten Tätigkeit möglich war. Zum anderen kann sie generell durch die Haftverkürzung oder -vermeidung zum Erhalt der Arbeitsstelle beitragen, da der Gefangene als Arbeitnehmer weiterhin bzw. schneller wieder zur Verfügung steht. Außerdem kann die elektronische Aufsicht die während der Überwachung stattfindenden Begleitmaßnahmen unterstützen, die der psychologischen Betreuung und Arbeitssuche dienen. Diese kontrolltheoretischen Überlegungen weisen jedoch darauf hin, dass es keine direkten Zusammenhänge von elektronischer Überwachung und Resozialisierung bzw. Rückfallverhütung gibt. Vielmehr ermöglicht die elektronische Aufsicht die vorzeitige Haftentlassung oder Haftvermeidung, von denen die tatsächliche Wirkung ausgeht. Auf der Ebene *commitment* sieht *Hirschi* eine kriminalpräventive Wirkung in der rationalen Überlegung, bereits Erreichtes durch deviantes Verhalten verlieren zu können. An diese Idee des „rationalen" Täters knüpft auch die Rational Choice Theory[99] an. Werden die vorstehenden Überlegungen über die Wirkungen der Kontrolle fortgeführt, so kann angenommen werden, dass eine kontinuierliche GPS-Ortungsmöglichkeit beim Träger der elektronischen Fußfessel das Gefühl ständiger Überwachung und somit ein Bewusstsein für ein erhöhtes Entdeckungsrisiko auslöst. Auch dies könnte als direkte Auswirkung der elektronischen Aufsicht einen Abschreckungseffekt[100] erzeugen, da die Begehung von Straftaten aufgrund des erhöhten Entdeckungsrisikos als zu risikobehaftet erscheint. Diesen Ansatz verfolgte der Gesetzgeber auch bei der Einführung der elektronischen Fußfessel im Rahmen der Führungsaufsicht. So sollte „das Bewusstsein, im Falle der erneuten Begehung einer schweren Straftat einem deutlich erhöhten Entdeckungsrisiko zu unterliegen, […] die Eigenkontrolle des Betroffenen stärken".[101] Die Nachhaltigkeit eines solchen Wirkmechanismus ist allerdings fraglich, da mit der Abnahme der elektronischen Fußfessel auch die Wahrnehmung einer erhöhten Entdeckungsgefahr abklingen und letztendlich verschwinden könnte, sofern nicht schon während der elektronischen Aufsicht ein Gewöhnungseffekt eingetreten ist. Weiterhin ist die erhöhte Entdeckungsgefahr nur relevant, wenn Tatort und Tatzeit feststellbar sind.

Ein weiterer direkter Effekt der elektronischen Überwachung könnte allerdings darin bestehen, dass sie zur Vermeidung kriminogener Anreize beiträgt. Hiermit werden Bezüge zur Routine Activity Theory[102] hergestellt, bei der die Gelegenheiten zur Kriminalitätsbegehung im Zentrum stehen. Nach diesem Gedanken tritt Kriminalität dann auf, wenn ein motivierter Täter und ein geeignetes Tatobjekt bzw. -subjekt gegeben sind und Schutzvorrichtungen fehlen (sog. Kriminalitätsdreieck).[103] Nicht nur

---

99   Vgl. *Cornish & Clarke* 1986; *Becker* 1982, S. 39–96; *Brock* 2009, S. 239; *Lamnek* 1979, S. 164.

100   So explizit die Gesetzesbegründung zur elektronischen Aufsicht in der Führungsaufsicht, siehe BT-Drs. 17/3403, S. 17; *Payne* 2014, S. 381–391.

101   Siehe BT-Drs. 17/3403, S. 17.

102   *Lawrence & Felson* 1979, S. 588; *Felson & Clarke* 1998.

103   *Zoche, Kaufmann & Arnold* 2016, S. 54.

Personen der formellen oder informellen Sozialkontrolle können dabei als Schutz fungieren (z.b. Nachbarn, Polizisten), sondern auch technische Schutzvorrichtungen wie die elektronische Fußfessel sind denkbar.[104] Für jede Person unter elektronischer Aufsicht wird ein Wochenplan definiert, der abgesehen von kurzen Freizeiten den Aufenthalt in der Wohnung oder am Arbeitsplatz vorschreibt. Den Probanden soll es somit „nicht mehr möglich sein, sich [...] an bestimmten Orten aufzuhalten, die ihnen Gelegenheit oder Anreiz zu weiteren Straftaten geben könnten".[105] Die Definition eines solchen Ortes ist sehr individuell. Je nach Persönlichkeitsstruktur des Überwachten können hierzu Spielhallen, Lokale mit Alkoholausschank oder auch bekannte Treffpunkte für den Konsum von Betäubungsmitteln zählen. Der Landesgesetzgeber in Baden-Württemberg ging dabei von der „kriminalpräventiven Wirkung tagesstrukturierender Begleitprogramme" aus.[106] Der Wochenplan und die erforderliche feste Arbeitsstelle können somit als Strukturgeber fungieren. Die elektronische Fußfessel soll so zu einer stabilen Tagesstruktur und zu einer erhöhten Selbstkontrolle verhelfen, die bestenfalls für die Zeit nach der Maßnahme internalisiert werden und zu einer geregelten Lebensführung beitragen.[107]

Auch der Incapacitation Theory entsprechend soll dem Überwachten durch die elektronische Fußfessel die physische Möglichkeit zur Straftatbegehung genommen werden.[108] Dies geschieht zum einen durch das Einsperren der Person im Rahmen des elektronisch überwachten Hausarrests, aber auch durch die Festlegung von Verbotszonen, um den Betroffenen von kriminogenen Anreizen fernzuhalten. Dieser Ansatz wiederum weist auf kontrolltheoretische Überlegungen zurück, die aus der faktischen Teilnahme an konventionellen Tätigkeiten (Arbeit, Ausbildung, Freizeit) auf kriminalpräventive Effekte schließen. Hier ist jedoch der Einwand zu bedenken, dass viele Straftaten im sozialen Nahraum geschehen, in dem sich die überwachte Person ja gerade aufhalten soll. Außerdem greift diese Theorie nicht bei Straftaten, die über das Internet begangen werden.

Die durch die elektronische Aufsicht erleichterte vorzeitige Entlassung bzw. Überstellung in den Freigang, insbesondere aber auch ihr Einsatz zur Haftvermeidung, könnte schließlich den problematischen Kurz- und Langzeitfolgen von Inhaftierungen begegnen. Justizvollzugsanstalten gelten als Inbegriff der „totalen Institution", in der sich Insassen vollständig an formale Regeln, strukturierte Vorgaben und darüber hinaus an ein informelles System aus Macht und Hierarchie anpassen müs-

---

104   Vgl. insbesondere *Felson & Clarke* 1998, S. 4; *Payne* 2014, S. 386; *Kornhauser & Laster* 2014, S. 456.

105   So die Gesetzesbegründung zur Einführung der elektronischen Aufenthaltsüberwachung in der Führungsaufsicht, die auf Baden-Württemberg übertragbar ist; siehe hierzu BT-Drs. 17/3403, S. 17.

106   Siehe LT-Drs. Baden-Württemberg 14/4670, S. 14.

107   Vgl. zur Internalisierung bereits die Ergebnisse von *Schwedler & Wößner* 2015, S. 91.

108   *Bosworth* 2005, S. 463 ff.

sen.[109] Es entsteht die Gefahr der Übernahme von subkulturellen Normen und Werten des Gefängnisses, und gegebenenfalls können Prisonisierungseffekte[110] ausgelöst werden. Gefängnisse werden deshalb auch als „Schulen des Verbrechens"[111] bezeichnet, da sich dort kriminelle Verhaltensweisen verfestigen und neue erlernt werden könnten. Prisonisierung würde – dies kommt auch in den gesetzlich festgelegten Vollzugszielen zum Ausdruck (z.b. § 2 Abs. 3 S. 1 JVollzGB III) – den Resozialisierungsprozess erheblich erschweren und dem Behandlungsziel zuwiderlaufen.[112]

So lag der Fokus auch für den Landesgesetzgeber in Baden-Württemberg auf der „Vermeidung von Stigmatisierung und Entsozialisierung gegenüber dem herkömmlichen Strafvollzug"[113]. Bei einer Haftvermeidung durch die elektronische Aufsicht wird der Betroffene gar nicht erst den schädlichen Einflüssen der Haft ausgesetzt. Mit einer Haftverkürzung könnte der Prisonisierung wenigstens entgegengewirkt werden. Allerdings wird angenommen, dass die elektronische Überwachung als haftverkürzende bzw. haftvermeidende Maßnahme einen zu geringen punitiven Charakter habe. Dies wird häufig daraus gefolgert, dass das „Zuhause-Sitzen" im Gegensatz bspw. zu gemeinnütziger Arbeit keiner Anstrengung bedarf, der Überwachte im Gegensatz zur Inhaftierung viele Privilegien genießt und die Sanktion kaum spürbar sein könnte. Insbesondere der Hausarrest unter elektronischer Aufsicht – vom ehemaligen hessischen Justizminister *Christean Wagner* als „Couchvollzug"[114] bezeichnet – wird aus einer solchen Perspektive kritisch kommentiert. Allerdings ist es auch denkbar, dass der Einschluss im elektronisch überwachten Hausarrest als Belastung empfunden wird und seinerseits Prisonisierungseffekte auslöst.

Eine weitere negative Folge der elektronischen Fußfessel könnte in ihrer etikettierenden und stigmatisierenden Wirkung gesehen werden. Im Gegensatz zu den bisher dargestellten ätiologischen Theorien begreift der interaktionistische Etikettierungsansatz abweichendes Verhalten als Produkt eines gesellschaftlichen Zuschreibungsprozesses.[115] Im Sinne des Labelling Approach hat die primäre Abweichung kaum einen Einfluss auf den Täter und ist als ubiquitäres Phänomen nicht problematisch.[116] Entscheidend ist vielmehr die offizielle Reaktion in Form der Sanktionie-

---

109   *Goffman* 1961.
110   *Clemmer* 1958, S. 299; *Hosser* 2008, S. 172.
111   *Hermann* 2014, S. 98.
112   *Renzema & Mayo-Wilson* 2005, S. 218; *Kaiser & Schöch* 2002, S. 163, Rn. 13.
113   Siehe LT-Drs. Baden-Württemberg 14/4670, S. 14.
114   *Wagner* 2002, S. 48.
115   *Schwind* 2013, S. 154–156.
116   *Lemert* 1951, S. 77; *Tannenbaum* 1938, S. 17–18.

rung, die dem Täter ein Stigma[117] anhängt. Dies setzt dieser Theorie zufolge den Prozess einer sogenannten sekundären Devianz in Gang.[118] Eine Stigmatisierung im Bereich der Delinquenz kann bereits durch die Öffentlichkeit der Verhandlung entstehen. Besondere Intensität erhält sie jedoch durch die Inhaftierung.[119] Die Stigmatisierung stellt sich letztendlich als ein den Rückfall begünstigender Faktor dar, da sie die kontrolltheoretisch bedeutsamen Faktoren konterkariert. Wenn die Inhaftierung durch den Einsatz der elektronischen Fußfessel vermieden werden kann, bleibt das Stigma der Haft aus. Bei einer Haftverkürzung könnte der Stigmatisierung entgegengewirkt werden, wenn der Verurteilte sich nur für einen kaum spürbaren Zeitraum aus seinem Umfeld entfernen muss. Andererseits ist zu untersuchen, ob die elektronische Fußfessel nicht selbst eine Stigmatisierung provoziert, wenn das Gerät als sichtbare „Markierung" ihren Träger in der Öffentlichkeit als Straftäter dekuvriert.[120]

Es lässt sich bereits sagen, dass bei einer kritischen Betrachtung der theoretischen Überlegungen insgesamt die Notwendigkeit einer Unterscheidung zwischen den Effekten der elektronischen Fußfessel selbst und den Wirkmechanismen der mit ihr verbundenen Maßnahmen (Haftvermeidung bzw. -verkürzung) notwendig ist. Die theoretischen Ansätze, die von einer kriminalpräventiven Wirkung der elektronischen Aufsicht ausgehen, lassen sich wie folgt zusammenfassen:

- Die elektronische Aufsicht ermöglicht eine vorzeitige Herauslösung aus dem geschlossenen Vollzug und könnte dadurch zur Förderung und zum Erhalt der Schutzfaktoren gemäß der Social Control Theory (Arbeitsmarktintegration, Erhalt des sozialen Umfelds) beitragen.

- Nach der Routine Activity Theory könnte der generierte Wochenplan mit seinen Ein- und Ausschlusszonen zur Vermeidung kriminogener Anreize und zur Internalisierung einer Tagesstruktur beitragen, was sich nachhaltig positiv auf die Legalbewährung auswirken könnte.

- Das durch die Überwachung erhöhte Entdeckungsrisiko könnte zu einem Abschreckungseffekt im Sinne der Rational Choice Theory führen.

- Die Haftvermeidung bzw. -verkürzung durch die elektronische Aufsicht könnte für den Resozialisierungsprozess negative Prisonisierungseffekte abwenden oder verringern.

- Die elektronische Aufsicht könnte letztlich das für die Reintegration nachteilige Stigma der Inhaftierung verhindern bzw. verringern.

---

117 Ein Stigma ist ein Merkmal, wodurch eine Person gekennzeichnet ist und sich dadurch negativ von der Gesellschaft oder der Gruppe unterscheidet, der sie zugehörig ist, was sozialer Anerkennung und Resozialisierung zuwiderläuft; vgl. *Schäfers* 2003, S. 283.

118 *Ehret* 2007, S. 33–37.

119 *Schäfers* 2003, S. 283.

120 *Nellis* 2015, S. 26.

Insgesamt ist der tertiärpräventive Effekt der elektronischen Aufsicht nach wie vor unzureichend erforscht und einer Vielzahl empirischer Studien fehlt es an theoretischer Analyse. Im Folgenden werden daher davon losgelöste Erkenntnisse einer Vielzahl empirischer Rückfallstudien zur elektronischen Aufsicht zu rückfallrelevanten Kriterien dargelegt. Diese umfassende Gegenüberstellung von Überlegungen und allgemeinen Rückfallfaktoren, welche die elektronische Aufsicht im Besonderen betreffen, dient als Grundlage der Rückfallanalyse.

3.3 Allgemeine Rückfallprädiktoren

Es ist ebenso von großem Interesse, nicht nur die reinen Rückfallquoten zu betrachten, sondern gerade die Faktoren zu identifizieren, die mit einem Rückfall im Zusammenhang stehen. Aus der Rückfallforschung ist eine Vielzahl von Prädiktoren bekannt, die zur Rückfallprognose herangezogen werden können.[121] Von besonderer Bedeutung sind hier die Rückfallfaktoren, die über alle Bereiche der Kriminalität ähnlich verteilt sind und sich nicht als deliktspezifisch darstellen.[122] Sie könnten sich neben der elektronischen Überwachung auf das Rückfallrisiko auswirken.

Der Einfluss des Lebensalters auf die Straffälligkeit gilt in der Kriminologie als ebenso gesichert wie der Zusammenhang zwischen Geschlecht und Kriminalität.[123] Die Kriminalitätsbeteiligung ist im fortgeschrittenen Jugendalter am stärksten, bleibt auch bei Heranwachsenden und jungen Erwachsenen noch hoch und nimmt dann mit fortschreitendem Alter deutlich ab.[124] Mit zunehmendem Alter wird sogar ein linearer Abfall des Rückfallrisikos angenommen.[125] Die Kriminalitätsbelastungskurve zeichnet sich demnach durch eine linksschiefe[126] Verteilung aus. Diese ist seit dem Beginn amtlicher Rechtspflegestatistiken um ca. 1900 in Deutschland konstant zu beobachten.[127] Neben dem Lebensalter ist eine im Lebensverlauf sehr früh einsetzende kriminelle Auffälligkeit von Bedeutung. Für *Farrington*[128] stellt ein früher

---

121 *Meier* 2007, S. 182.

122 Vgl. *Brand* 2006, S. 108.

123 *Hirschi & Gottfredson* 1983, S. 552 ff.; *Grundies* 2014, S. 228; *Brand* 2006, S. 181.

124 *Brand* 2006, S. 181; *Janka, Gallasch-Nemitz & Dahle* 2011, S. 38; *Barbaree, Langton, Blanchard & Cantor* 2009, S. 443 ff.

125 *Janka, Gallasch-Nemitz & Dahle* 2011, S. 38; *Barbaree et al.* 2009, S. 443.

126 Bei linksschiefen Verteilungen sind der Median und das arithmetische Mittel höher als der Modus; vgl. *Harrendorf* 2007, S. 316.

127 Vor Gründung der BRD im Jahre 1949 bildet die Kriminalstatistik für das Deutsche Reich die Datenquelle; vgl. *Heinz*, Kriminalität von Deutschen nach Alter und Geschlecht im Spiegel von Polizeilicher Kriminalstatistik und Strafverfolgungsstatistik; http://kops.uni-konstanz.de/bitstream/handle/123456789/3361/krimdeu2002.pdf?sequence = 1&isAllowed = y [28.08. 2017].

128 *Farrington, Loeber, Elliott, Hawkins, Kandel, Klein, McCord, Rowe & Tremblay* 1988, S. 231.

Einstieg in die Straffälligkeit sogar den besten Prädiktor für eine kriminelle Karriere und ein hohes Rückfallrisiko dar.

Substanzmissbrauch oder -abhängigkeit (illegale Drogen und Alkohol) korrelieren erfahrungsgemäß ebenfalls stark mit dem Rückfallverhalten. Sucht- und Kriminalitätskarrieren verlaufen zwar nicht zwangsläufig parallel. Zahlreiche Studien konnten jedoch einen engen Zusammenhang zwischen Substanzmissbrauch bzw. -abhängigkeit und Kriminalität aufzeigen.[129] Dabei spielen unter anderem die Beschaffungskriminalität und aus dem Konsum resultierende Folgestraftaten eine Rolle (z.B. Trunkenheit im Verkehr, § 316 StGB). Risikoprognoseinstrumente wie HCR-20, VRAG und LSI-R – Letzteres fand auch in der vorliegenden Studie in verkürzter Version Anwendung – stufen ein pathologisches Konsumverhalten als Risikovariable ein.[130]

Auch gibt es Studien, die bestimmte psychische Dispositionen mit einem Risiko in Verbindung bringen, straffällig zu werden. Die Annahme, dass Straftäter (insbesondere bei medienwirksamen Delikten) grundsätzlich psychisch erkrankt seien, hat sich mehreren Studien zufolge jedoch als unzutreffend erwiesen. Untersuchungen zur Prävalenz von Persönlichkeitsstörungen zeigen zwar, dass diese bei Straftätern etwas häufiger vorkommen als in der Durchschnittsbevölkerung. Allerdings seien die Unterschiede so gering, dass keine valide Aussage über einen Zusammenhang getroffen werden könne.[131] Trotzdem wird insbesondere die dissoziale Persönlichkeitsstörung mit Delinquenz in Verbindung gebracht, da sich hierbei Verhaltensmuster zeigen, die von geringer Empathie, wenig Angst, geringem Schuldbewusstsein, einer niedrigen Frustrationstoleranz und Verantwortungslosigkeit zeugen. Das kann die Missachtung von Normen und Regeln begünstigen.[132] Die dissoziale Persönlichkeitsstörung wird bei Straftätern am häufigsten diagnostiziert und findet sich bei 50 % bis 90 % der Gefängnisinsassen.[133]

Eine eindrucksvolle Anzahl an Forschungsarbeiten weist einen statistisch bedeutsamen Effekt des Familienstandes auf das Rückfallrisiko nach.[134] In einer Lebensverlaufsstudie auf der Grundlage der Forschungsdaten von *Glueck* und *Glueck*[135] konstatierten *Sampson* und *Laub* mit ihrer Age-graded Theory,[136] dass eine Eheschließung (und damit Familiengründung) durch die meist damit verbundene Erhöhung der informellen sozialen Kontrolle zwar nicht per se zu einer Reduzierung von kri-

---

129   *Nedopil* 2009, S. 96; *Collins* 1986, S. 89; *Klos & Görgen* 2009, S. 18–22 m.w.N.

130   *Nedopil* 2009, S. 95.

131   *Bock* 2013, S. 257.

132   *Herpertz* 2004, S. 369.

133   *Nedopil & Dittmann* 1996, S. 132.

134   Siehe zum Beispiel *Sampson, Laub & Wimer* 2006, S. 465; *Barnes & Beaver* 2012, S. 19; *King, Massoglia & MacMillan* 2007, S. 33.

135   *Glueck & Glueck* 1950, Längsschnittstudie zu delinquentem Verhalten von Jugendlichen.

136   *Sampson & Laub* 1993.

minellen Aktivitäten führt. Andere Studien kamen diesbezüglich jedoch zu dem Ergebnis, dass dadurch eine soziale Bindung eingegangen werde, die sich (solange sie bestehe und als unterstützend einzustufen sei) kriminalitätsreduzierend auswirken könne.[137] *Horney et al.*[138] kamen in ihrer Studie zu dem Ergebnis, dass sich das Auftreten von Rückfallkriminalität sogar halbiert, wenn der Delinquent mit seiner Ehefrau zusammenlebt. Wenn ein Mensch soziales Kapital bspw. in Form von Ehe und Kindern akkumuliere, könne sich dadurch das Gefühl von Integration und Teilhabe verstärken. Denn für den Delinquenten stehe damit „mehr auf dem Spiel", was er verlieren könne.

Darüber hinaus wird von der Forschung die aktuelle Beschäftigungssituation als Risiko- bzw. protektive Variable herangezogen. Nach *Padgett et al.*[139] hat die Einbindung in den Arbeitsmarkt einen wesentlichen Einfluss auf die „lifestyle stability"[140], da ein Arbeitsplatz bzw. eine tagesstrukturierende Beschäftigung als stützender Faktor angesehen werden kann.[141] Der Fokus von Behandlungsmaßnahmen im Strafvollzug liegt mit Blick auf die Resozialisierung und Wiedereingliederung daher häufig auf schulischen und beruflichen Bildungsmaßnahmen.[142]

Als bedeutsamer Prädiktor für die Rückfallkriminalität gilt schließlich die Vorstrafenbelastung. So haben mehrere einschlägige Studien belegt, dass mit steigender Vorstrafenbelastung die Wahrscheinlichkeit eines Rückfalls zunimmt.[143] Dies kann auf verfestigte kriminelle Neigungen oder durch die Hafterfahrung erlebte Prisonisierungseffekte zurückzuführen sein. Die bundesweite Rückfalluntersuchung zur Legalbewährung nach strafrechtlichen Sanktionen[144] weist in diesem Zusammenhang darauf hin, dass sich für alle im Jahr 2004 in Deutschland Verurteilten die Wahrscheinlichkeit erneuter Straffälligkeit bei einem Bewährungszeitraum von neun Jahren von 27 % bei keiner Vorstrafe auf 76 % bei fünf und mehr Vorstrafen erhöht.[145] Damit ist aber auch belegt, dass in der Gruppe mit der höchsten Vorstrafenbelastung ein Viertel der Straftäter nicht mehr zu einer Strafe verurteilt wird. Viele mehrfach vorbestrafte Personen schaffen also den Ausstieg aus einer kriminellen Karriere. Die Vorstrafenanzahl lässt somit keinen zwingenden Rückschluss auf eine erneute

---

137 *Warr* 1998, S. 184; *Beaver, Wright, DeLisi & Vaughn* 2008, S. 737.
138 *Horney, Osgood & Marshall* 1995, S. 665.
139 *Padgett, Bales & Blomberg* 2006, S. 61.
140 *Padgett, Bales & Blomberg* 2006, S. 73.
141 Vgl. hierzu bereits die vorherigen Ausführungen zur Social Control Theory; *Meier* 2007, S. 193.
142 Siehe zum Beispiel *Reinheckel* 2007, S. 469.
143 *Dünkel* 1980, S. 187; *Scheurer & Kröber* 1998, S. 40.
144 *Jehle, Albrecht, Hohmann-Fricke & Tetal* 2016.
145 *Jehle et al.* 2016, S. 224–226.

Straffälligkeit zu, auch wenn sie insbesondere in der justiziellen Praxis als Indikator für eine negative Legalprognose herangezogen wird.[146]

Die Rückfallwahrscheinlichkeit korreliert neuesten Erkenntnissen zufolge ferner mit der Art des Indexdelikts und der dafür verhängten Sanktion. So ist zum Beispiel laut *Tetal* die Rückfallrate nach einer Geldstrafe im Vergleich zu anderen Sanktionen im Durchschnitt am niedrigsten.[147] Für Haftentlassene aus einer Jugend- bzw. Freiheitsstrafe liegt sie nach den Ergebnissen der bundesweiten Rückfalluntersuchung zur Legalbewährung nach strafrechtlichen Sanktionen am höchsten.[148] Ferner unterscheiden sich Rückfallraten je nach verschiedenen Delikten bzw. Deliktsgruppen. Die Rückfallrate liegt bei Verurteilungen wegen Eigentumsdelikten, Raub und Betäubungsmitteldelikten im Vergleich zu anderen Deliktsgruppen recht hoch. Unterdurchschnittlich fallen die Rückfallraten nach Verurteilungen wegen Tötungs-, Sexual- und Straßenverkehrsdelikten aus (mit Ausnahme des Fahrens ohne Fahrerlaubnis).[149] *Dünkel* und *Geng*[150] fanden heraus, dass gerade bei Inhaftierungen wegen eines Eigentums- oder Vermögensdelikts eine erhöhte Rückfallwahrscheinlichkeit besteht.[151] Weiterhin ist das Strafmaß des Indexdelikts von Bedeutung; insbesondere ist die negative Legalprognose bei vollstreckten Kurzstrafen gem. § 56 StGB zu beachten.

Eine weitere Einflussgröße des Rückfalls könnte *Dünkel* zufolge die Gewährung von vollzugsöffnenden Maßnahmen während der Haftzeit darstellen. Gefangene, die in den offenen Vollzug verlegt worden waren oder Lockerungen erhalten hatten, wiesen in seiner Studie eine niedrigere Rückfallquote auf als solche, die die gesamte Haftzeit im geschlossenen Vollzug verbracht hatten.[152] Dies lässt sich insbesondere mit den rechtlichen Voraussetzungen von vollzugsöffnenden Maßnahmen erklären, wie sie § 9 Abs. 1 JVollzGB III landesrechtlich festsetzt. Die Zulassung ist demnach von einer positiven Legalprognose abhängig, der ein prognostisch niedriges Rückfallrisiko immanent ist. Weiterhin werden Vollverbüßer häufiger erneut verurteilt als vorzeitig Entlassene.[153] § 57 Abs. 1 StGB konstatiert, dass für die vorzeitige Entlassung eine positive Legalprognose notwendig ist:

> Das Gericht setzt die Vollstreckung des Restes einer zeitigen Freiheitsstrafe zur Bewährung aus, wenn […] dies unter Berücksichtigung des Sicherheitsinteresses der Allgemeinheit verantwortet werden kann […]. Bei der Entscheidung sind insbesondere die Persönlichkeit der verurteilten Person, […] das Gewicht des bei einem

---

146   Bundesministerium der Justiz & Bundesministerium des Innern 2006, S. 640.

147   *Tetal* 2018, S. 537.

148   *Jehle et al.* 2016, S. 48.

149   *Ahven* 2014, S. 93; *Jehle et al.* 2016, S. 93.

150   *Dünkel & Geng* 1993, S. 193 ff.

151   *Dünkel & Geng* 1993, S. 205 f.

152   *Dünkel* 2009, S. 192.

153   *Jehle et al.* 2016, S. 59.

Rückfall bedrohten Rechtsguts, das Verhalten der verurteilten Person im Vollzug, ihre Lebensverhältnisse und die Wirkungen zu berücksichtigen, die von der Aussetzung für sie zu erwarten sind.

Die Entscheidungen von Strafvollzugskammern und -behörden führen demnach zu einem Selektionseffekt, der zur Erklärung der Unterschiede bei den Rückfallraten durch unterschiedliche Maßnahmen des Vollzugs in Konkurrenz tritt.

Forschungen zum Rückfall, zur Straffälligkeit im Lebensverlauf, zur Ausbildung krimineller Karrieren, zur Prognose und zu allgemeinen Bedingungen der Teilnahme an Kriminalität haben – wie die vorstehenden Ausführungen zeigen – zu einer Vielzahl von Korrelaten der Rückfallkriminalität geführt. Diese können folgendermaßen differenziert werden:

- Demografische Variablen (Geschlecht und Alter) determinieren das Rückfallrisiko ebenso, wie sie die Kriminalitätsverteilung insgesamt bestimmen.

- Biografische Merkmale (insbesondere die Vorstrafenbelastung, ferner Schul- und Berufsausbildung) korrelieren mit Rückfallkriminalität.

- Zusammenhänge mit Rückfallkriminalität werden sichtbar bei Merkmalen, die die aktuelle Lebenssituation von Straftätern beschreiben (Integration in den Arbeitsmarkt, Familienstand, Einkommen).

- Psychologische/psychiatrische Bedingungen (Psychopathologie, Drogenabhängigkeit) stellen Korrelate der Rückfallkriminalität dar.

- Schließlich verweisen Entscheidungen von Gerichten und Vollzug auf unterschiedliche Rückfallrisiken.

Kapitel 4

Forschungsmethode und Durchführung der Untersuchung

4.1 Fragestellung und Rückfalldefinition

Die vorliegende Untersuchung widmet sich der Analyse der Legalbewährung nach elektronischer Aufsicht anhand des zuvor beschriebenen Modellprojekts in Baden-Württemberg (vgl. *Kapitel 2.1*). Es wird erforscht, ob die elektronische Überwachung das Rückfallrisiko nachhaltig beeinflusst und ihr somit ein eigenständiges Resozialisierungs- bzw. Reintegrationspotenzial zugeschrieben werden kann. Um dies zu untersuchen, wurden verschiedene methodische Zugänge gewählt, die im direkten Anschluss an die Fragestellung näher erläutert werden. Kernstück der Analyse ist der statistische Vergleich der Rückfallquoten bei den randomisierten Treatment- und Kontrollgruppen. Die folgenden Hypothesen werden überprüft:

- Die Treatmentgruppe in der Entlassungsvorbereitung (Hausarrest) hat aufgrund der elektronischen Überwachung eine geringere Rückfallquote als die im regulären Vollzug verbliebene Kontrollgruppe.

- Die Treatmentgruppe im Freigang hat aufgrund der elektronischen Überwachung eine geringere Rückfallquote als die im regulären Vollzug verbliebene Kontrollgruppe.

Daneben wird analysiert, welche potenziellen zusätzlichen Faktoren neben der elektronischen Überwachung einen Einfluss auf die Rückfallquoten der Subgruppen ausübten.

Der Rückfall wurde in dieser Studie als jede Straftat definiert, die innerhalb des Katamnesezeitraums begangen wurde und mit einer Geld-, einer Bewährungs- oder einer unbedingten Freiheitsstrafe sanktioniert wurde. Es musste sich dabei nicht um einen einschlägigen Rückfall handeln, sondern alle Deliktkategorien kamen in Betracht. Diese umfassende Definition war vor dem Hintergrund der überwiegend einem geringen Rückfallrisiko zuzuordnenden Probanden sinnvoll. Gegenstand der Rückfallanalyse sind somit eintragungspflichtige Verurteilungen, da die Bundeszentralregisterauszüge als Rückfalldatengrundlage dienten. Der Katamnesezeitraum umfasste maximal den Zeitabschnitt zwischen der Haftentlassung und dem Datum des Bundeszentralregisterauszugs. Je nachdem welche Probandengruppen verglichen wurden und welches statistische Verfahren zum Einsatz kam, wurde der Katamnesezeitraum unterschiedlich definiert. Dies wird im jeweiligen Untersuchungsab-schnitt dargelegt. Daten zur selbstberichteten Delinquenz wurden nicht erhoben; es handelt sich somit um Hellfelddaten. Die Rückfallanalyse bezieht sich ausschließlich auf den Zeitraum nach der Maßnahme unter elektronischer Aufsicht.

Die statistische Analyse wird durch eine Auswertung qualitativer Probandeninter-views ergänzt. Hier ist von besonderem Interesse, inwiefern die überwachten Perso-nen selbst die elektronische Aufsicht als für die Resozialisierung förderlich oder hin-derlich erleben, ob sie vor diesem Hintergrund also eher einen Schutz- oder einen Risikofaktor oder sogar beides darstellt. So werden folgende Fragestellungen hier auf den theoretischen Vorannahmen basierend untersucht:

- Erzeugt die elektronische Überwachung ein erhöhtes Entdeckungsgefühl, das abschreckend wirkt und auch über das Ende der Überwachung hinaus verin-nerlicht wird?

- Führt die elektronische Überwachung zu einer Internalisierung der durch sie vermittelten Tagesstruktur und damit zu mehr Selbstkontrolle, und kann sie daher das Rückfallrisiko nachhaltig positiv beeinflussen?

- Lassen sich durch die elektronisch überwachten vollzugsöffnenden Maßnah-men kontrapräventive Prisonisierungseffekte verringern oder verhindern?

- Dienen die elektronische Überwachung und die mit ihr verbundenen Maß-nahmen dem Erhalt von Schutzfaktoren wie der Arbeitsmarktintegration oder des sozialen Umfelds?

- Welche negativen bzw. resozialisierungshindernden Wirkungen können von der elektronischen Aufsicht ausgehen, insbesondere hinsichtlich einer Stig-matisierung?

4.2   Datenauswertung (Triangulation)

Für die Rückfallanalyse wurde die auf *Denzin*[154] zurückgehende Vorgehensweise der Between-Method-Triangulation ausgewählt.[155] Der Forschungsgegenstand wird dabei aus mindestens zwei unterschiedlichen Blickwinkeln betrachtet. Vorliegend handelt es sich um eine Kombination aus quantitativer und qualitativer Forschung. Die Triangulation soll dadurch die Begrenztheit einzelner Methoden überwinden. Lange Zeit war es nahezu undenkbar, ein und denselben Forschungsgegenstand durch den kombinierten Einsatz quantitativer und qualitativer Methoden zu untersu-chen. Dies wurde insbesondere mit den zugrunde liegenden inkompatiblen metho-dologischen Prinzipien begründet.[156] Mittlerweile hat sich jedoch die Erkenntnis

---

154   *Denzin* 2009, S. 301.
155   Generell zur Triangulation vgl. *Webb* 1966; *Flick* 2014, S. 44.
156   *Bernasconi* 2009, S. 96.

durchgesetzt, dass „qualitative und quantitative Methoden eher komplementär denn als rivalisierende Lager angesehen werden sollten",[157] sodass die strikte Trennung überwunden wurde. Im Ergebnis sind bei dieser kombinatorischen Vorgehensweise drei Konsequenzen denkbar: Zunächst können die Resultate beider Methoden divergieren und zu unterschiedlichen, einander widersprechenden Aussagen führen. Genauso ist es denkbar, dass die Ergebnisse konvergieren, also übereinstimmen. Die Erkenntnisse können jedoch auch komplementär sein und sich gegenseitig erweitern, weil sie auf unterschiedliche Gesichtspunkte abstellen.[158] Die Methodenkombination kann zum einen als Validierungsstrategie angesehen werden,[159] zum anderen liegt ihr Mehrwert darin, dass die verschiedenen Blickwinkel ein breiteres und schärferes Bild des Forschungsgegenstandes zulassen. Im vorliegenden Fall ermöglicht die Triangulation den besten Zugang zur Erfassung der Komplexität von Rückfallkriminalität. Angesichts der geringen Fallzahl dient die Einbeziehung der im Rahmen dieser Forschungsarbeit erhobenen qualitativen Daten neben den quantitativen Analysen der Erschließung zusätzlicher Informationen.

4.2.1 Quantitative Analyse

4.2.1.1 Bundeszentralregisterauszüge und Aktenanalyse

Die Informationen über strafrechtliche Verurteilungen, die für eine Rückfallanalyse notwendig sind, lassen sich aus dem Bundeszentralregister (BZR) gewinnen. Für jede rechtskräftig abgeurteilte Straftat wird ein eigenständiger Eintrag in das BZR aufgenommen, dem insbesondere die rechtliche Bezeichnung der Tat mit den dazugehörigen Normen, das Datum der (letzten) Tat, das Strafmaß, die Nebenfolgen und Maßregeln sowie die Bewährungswiderrufe zu entnehmen sind (vgl. § 5 BZRG). Zur Untersuchung der Legalbewährung wurden die Bundeszentralregisterauszüge verwendet, da sie im Gegensatz zu amtlichen Rechtspflegestatistiken die notwendigen individuellen Informationen enthalten.[160] Die Überprüfung der Legalbewährung anhand der BZR-Auszüge hat jedoch auch Schwächen. Berücksichtigt werden kann in der Rückfallanalyse nur, was zum Zeitpunkt der Ziehung des BZR bereits abgeurteilt und aufgenommen wurde. Verfahrensrechtliche Einstellungen auf Grundlage der §§ 153 ff. StPO werden nicht in das BZR eingetragen. Anders als bei der Einstellung gem. § 170 II StPO ergeht die Entscheidung nach den §§ 153 ff. StPO jedoch, wenn ein hinreichender Tatverdacht besteht.[161] Für eine Rückfallanalyse wären diese Einstellungen somit von Interesse gewesen, da sie auch zu einer eintragungsfähigen Ver-

157 *Jick* 1979, S. 602; deutsche Übersetzung nach *Flick* 2014, S. 44.

158 *Pfaff-Rüdiger* 2011, S. 111; *Flick* 2011, S. 327.

159 *Kelle & Erzberger* 2015, S. 303; *Fabel & Tiefel* 2003, S. 143.

160 *Niemeczek* 2015, S. 29; *Jehle et al.* 2016, S. 18–19.

161 Karlsruher Kommentar-StPO/*Hannich*, § 153a Rn. 11.

urteilung hätten führen können. Da die Staatsanwaltschaft von der Opportunitätsein-
stellung häufig Gebrauch macht, wird eine unbekannte Menge von rückfallrelevanten Daten im Bundeszentralregister nicht erfasst.[162] Dies steht im Widerspruch zur
eintragungsfähigen Diversion im Jugendstrafrecht nach §§ 45, 47 JGG. Da sich in
der Stichprobe jedoch keine jugendlichen Straftäter befanden, war diese Ungleichbehandlung unbedeutend. Gemäß § 5 Abs. 2 BZRG werden jugendstrafrechtliche
Erziehungsmaßregeln und Zuchtmittel ebenfalls nicht in das BZR eingetragen, was
jedoch aus gleichem Grund unerheblich ist. Ein weiteres Problem stellt jedoch die
Tilgung von Einträgen nach den Vorschriften der §§ 36, 46 BZRG dar. Die kürzeste
Tilgungsfrist beträgt fünf Jahre. Da der Katamnesezeitraum der Untersuchung sich
auf weniger als fünf Jahre beläuft, ergaben sich hieraus keine Schwierigkeiten.

Zur Vermeidung von Verwechslungen wurden die BZR-Auszüge vor der Auswertung sorgfältig auf ihre Richtigkeit hin überprüft, um die Validität der späteren Analyse zu gewährleisten. Hierfür wurden das Indexdelikt sowie die Vorstrafen im BZR-
Auszug mit den bereits erhobenen Daten der Gefangenenpersonalaktenanalyse abgeglichen. Dies war insbesondere anhand des Aktenzeichens, des Zeitpunkts der
(Vor-)Verurteilung, des Strafmaßes und der Deliktbezeichnung möglich. Letztendlich konnten alle BZR-Auszüge den jeweiligen Probanden zweifelsfrei zugeordnet
werden. Es handelt sich somit um valide Daten.

Neben den BZR-Auszügen wurden Daten aus der umfangreichen Analyse der Gefangenenpersonalakten verwendet, die bereits in der ersten Untersuchungsphase[163]
erhoben worden waren. Die Aktenanalyse erfasste die Basisdaten zum Probanden,
seine Wohn- und Arbeitssituation vor sowie nach der Inhaftierung, psychische bzw.
physische Erkrankungen und Behandlungen, Substanzkonsumverhalten, Vorstrafen,
Indexverurteilung, Vollzugsverlauf, Tatausführung und Entlassungssituation. Die
erhobenen Daten fanden als Variablen Einzug in die quantitative Analyse.

Diese wurde unter Verwendung der Statistiksoftware Stata® (Version 15) durchgeführt. Die nachfolgenden statistischen Verfahren fanden in der Untersuchung des
Rückfalls Verwendung.

4.2.1.2 Logistische Regression

Die logistische Regression wird eingesetzt, um den Einfluss verschiedener unabhän-
giger Variablen auf eine dichotome Zielvariable mit binärem Messniveau zu untersuchen.[164] Die abhängige Zielvariable war in der vorliegenden Studie der Rück-

---

162 Vgl. www.destatis.de/DE/Publikationen/WirtschaftStatistik/2015/03/Staatsanwaltschaftliche
Ermittlungstaetigkeit_032015.pdf?__blob = publicationFile [18.09.2015]; *Jehle et al.* 2016,
S. 18.

163 Vgl. *Schwedler & Wößner* 2015.

164 *Bender* 2007, S. 35; *Kühnel & Krebs* 2014, S. 702.

fall.[165] Neben dem elektronisch überwachten Hausarrest bzw. Freigang selbst wurden weitere unabhängige Variablen in das Regressionsmodell als Kontrollvariablen einbezogen. Die Auswahl dieser Kovariaten in der logistischen Regression wird zunächst durch theoretische Überlegungen eingegrenzt, schließlich auch durch empirische Befunde zu Korrelaten der Rückfallkriminalität (siehe *Kapitel 3.3*). Darüber hinaus orientierte sich die Auswahl der Kovariaten an statistischen Überlegungen.[166] Das Signifikanzniveau wurde auf mind. $p \leq 5\,\%$ festgelegt.

Zunächst wurde die Variable der elektronischen Aufsicht mit einzelnen Kovariaten kombiniert, um einen isolierten Effekt der elektronischen Überwachung zu analysieren. Für das multivariate Endmodell wurde die Methode der schrittweisen Selektion gewählt, was eine Kombination aus der Vorwärts- und der Rückwärtsselektion darstellt.[167] Nach und nach wurde die Anzahl der Variablen erhöht. Die schrittweise Einbeziehung wurde so lange fortgeführt, bis keine Variable mehr vorhanden war, die zur besseren Erklärung der Zielvariable (Rückfall) beitragen konnte. Im Laufe des Prozesses wurden Variablen dann wieder aus dem Modell entfernt, wenn sich aufgrund ihrer Interaktion mit anderen Variablen die Modellgüte verschlechterte. Hierfür wurden zunächst jene Variablen ausgewählt, die bereits in der alleinigen Kombination mit der Variablen der elektronischen Aufsicht einen signifikanten Effekt aufwiesen. Darüber hinaus wurden auch die übrigen Kovariaten in das Modell integriert. Welche Variablenkombination am ergiebigsten war, wurde anhand des AIC-Wertes (Akaike Information Criterion) sowie des BIC-Wertes (Bayesian Information Criterion) bestimmt.[168] Die AIC- und die BIC-Werte haben keine absolute Bedeutung, sondern können nur relativ zum Vergleich der verschiedenen konkurrierenden Modelle herangezogen werden. Die Güte eines Modells steigt, wenn die AIC- und die BIC-Werte sinken, wobei der BIC-Wert eher zur Verwendung weniger Parameter tendiert.[169] Das schrittweise selektiv kombinierte Modell mit den niedrigsten AIC- und BIC-Werten wurde somit zum Endmodell.

Es gibt mehrere Möglichkeiten zur Interpretation der Ergebnisse der logistischen Regression. Zum einen kann anhand des Vorzeichens des Regressionskoeffizienten (Koef.) eine Interpretation vorgenommen werden. Für eine genauere Erfassung der Wahrscheinlichkeit eignet sich zum anderen die Odds Ratio (OR). Sie ist ein Quotenverhältnis und definiert die Wahrscheinlichkeit des Eintritts eines Ereignisses ge-

---

165   Für solche Analysen ist die lineare Regression nicht sinnvoll, da diese der Vorhersage intervallskalierter Variablen dient; vgl. *Kuckartz, Rädiker, Ebert & Schehl* 2010, S. 244.

166   *Burnham & Anderson* 2004, S. 262.

167   *Schneider, Hommel & Blettner* 2010, S. 779 f.

168   *Burnham & Anderson* 2004, S. 262.

169   *Brand* 2014, S. 144; *Baumgarth, Eisend & Evanschitzky* 2009, S. 409.

teilt durch die Wahrscheinlichkeit, dass das gegenteilige Ereignis eintritt.[170] Sie kann einen Wert von 0 bis $+\infty$ annehmen.[171]

4.2.1.3 Survival Analysis

Die Wirksamkeit der Maßnahme kann auch anhand der Dauer bis zum Eintritt des Rückfalls bestimmt werden. Als statistisches Verfahren bietet sich hierfür die sog. Survival Analysis[172] an, auch oder gerade wenn für die Probanden unterschiedlich lange Beobachtungszeiträume gelten. Kennzeichnend für diese Methode ist, dass der Zeitpunkt zunächst unbekannt ist, zu dem der Rückfall eintreten wird. Das Ereignis kann sogar bis zum Ende des Beobachtungszeitraums ganz ausbleiben (sog. zensierter Beobachtungszeitraum).[173] Die Zeiten bis zum Eintritt des Zielereignisses (Rückfall) können anhand der nichtparametrischen Kaplan-Meier-Überlebenskurve[174] illustriert werden. Für die Analyse des Einflusses mehrerer erklärender Variablen auf die Überlebenszeit eignet sich die multifaktorielle Cox-Regression. Das Cox-Modell[175], das auch als proportionales Hazard-Modell bezeichnet wird, gehört ebenso wie die logistische Regression zu den Regressionsverfahren. Die logistische Regression sowie das proportionale Hazard-Modell sind die populärsten ereigniszeitanalytischen Methoden. Anhand der Hazard-Rate lassen sich sodann Aussagen über das unmittelbare Risiko treffen, dass das Zielereignis (hier der Rückfall) innerhalb eines bestimmten Zeitintervalls eintritt.[176] Für die Cox-Regression wurden dieselben Variablen zur Analyse ausgewählt, die bereits in der logistischen Regression untersucht wurden. Hierbei scheint die Cox-Regression der logistischen Regression insoweit überlegen, als die logistische Regression den Zeitpunkt des Rückfalls ignoriert. Das Cox-Modell hingegen kann diese (unterschiedlichen) Zeiten berücksichtigen. Bei einer verhältnismäßig kurzen Nachbeobachtungszeit und tendenziell wenigen Rückfällen zeigte sich jedoch in zahlreichen Studien, dass sich die Koeffizienten der logistischen und die der Cox-Regression annähern und auch die Standardfehler vergleichbar sind.[177] Dementsprechend wird von einem theoretischen Zusammenhang der beiden Modelle ausgegangen.[178]

---

170   *Kuckartz et al.* 2010, S. 246.

171   *Pevalin & Robson* 2009, S. 305.

172   Auch Überlebenszeitanalyse, Ereigniszeitanalyse oder Verlaufsdatenanalyse genannt; *Ziegler, Lange & Bender* 2007a, S. 36.

173   *Schendera* 2004, S. 647.

174   *Kaplan & Meier* 1958, S. 457.

175   *Cox* 1972, S. 187.

176   *Kleinbaum & Klein* 2006, S. 102.

177   *Moriguchi, Hayashi, Nose, Maehara, Korenaga & Sugimachi* 1993, S. 9; *Abbott* 1985, S. 465; *Annesi, Moreau & Lellouch* 1989, S. 1515.

178   *Green & Symons* 1983, S. 713.

4.2.2 Qualitative Analyse

4.2.2.1 Probandeninterviews

In der ersten Untersuchungsphase (vgl. *Abbildung 1*) wurden zur Erfassung der Implementation und psychosozialer Effekte der Maßnahme mit den Probanden leitfadengestützte Interviews durchgeführt, um einen weiteren Blickwinkel auf die Wirkungen der elektronischen Überwachung zu eröffnen.[179] Diese Interviews wurden auch in der zweiten Untersuchungsphase herangezogen und analysiert. Für die Rückfallanalyse standen 47 Interviews zur Verfügung: 18 Interviews mit elektronisch überwachten Probanden aus dem Bereich der Entlassungsvorbereitung (Hausarrest), 24 Interviews mit elektronisch überwachten Probanden aus dem Freigang sowie fünf Interviews mit Kontrollgruppenprobanden. Der Interviewzeitpunkt lag jeweils unmittelbar vor der Haftentlassung bzw. Beendigung der elektronischen Aufenthaltsüberwachung. Die Interviews wurden durch einen Projektmitarbeiter in den Räumlichkeiten der Justizvollzugsanstalten oder des Freigängerheims durchgeführt und mit dem Einverständnis der Probanden auf einem Audioträger aufgezeichnet. Die Länge der Interviews variierte zwischen 30 und 90 Minuten. Sie wurden im Anschluss wörtlich, ohne Dialekte und phonetische Eigenarten transkribiert. Für die zweite Untersuchungsphase wurden diese Interviews hinsichtlich der rückfallrelevanten Wirkmechanismen analysiert, da die Probanden einerseits häufig von sich aus darauf zu sprechen kamen, inwieweit die elektronische Aufsicht kriminalpräventive Wirkung entfaltet und sich somit tertiärpräventiv auswirken könnte. Andererseits enthielt der Leitfaden Elemente, die bereits auf die zweite Untersuchungsphase abzielten. Die für die zweite Untersuchungsphase zentralen Fragestellungen des Interviewleitfadens[180] waren:

- Empfanden Sie die elektronische Fußfessel eher als Hilfe oder Strafe?

- Was ist aus Ihrer Sicht der wichtigste Grund für die elektronische Aufsicht?

- Hatte die Zeit der elektronischen Aufsicht auf Sie eine resozialisierende Wirkung?

- Denken Sie, dass ohne die Kontrolle durch die Fußfessel eine größere Rückfallgefahr bestanden hätte?

- Wie geht es nach der Inhaftierung weiter? Wird sich etwas verändern im Bereich der Legalbewährung?

4.2.2.2 Auswertungsverfahren

Grundlage der Auswertung ist die strukturierte Inhaltsanalyse nach *Mayring*[181] (vgl. *Abbildung 3*). Sie ist eine klassische, regelgeleitete Vorgehensweise der qualitativen

---

179 Für die Methode und die Ergebnisse ausführlich *Schwedler & Wößner* 2015, S. 26.
180 Der vollständige Interviewleitfaden befindet sich in *Anhang 34.*
181 *Mayring* 2007, S. 82.

Forschung und eignet sich vornehmlich für eine theoriegeleitete Datenanalyse. So ist *Mayring* zufolge „Ziel der [strukturierten] Analyse […], bestimmte Aspekte aus dem Material herauszufiltern, unter vorher festgelegten Ordnungskriterien einen Querschnitt durch das Material zu legen oder das Material aufgrund bestimmter Kriterien einzuschätzen."[182]

Abbildung 3   Ablaufmodell der strukturierten Inhaltsanalyse (angelehnt an Mayring)[183]

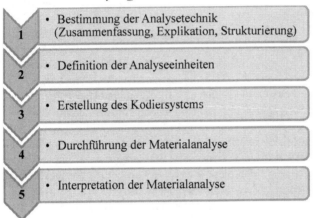

1 • Bestimmung der Analysetechnik (Zusammenfassung, Explikation, Strukturierung)

2 • Definition der Analyseeinheiten

3 • Erstellung des Kodiersystems

4 • Durchführung der Materialanalyse

5 • Interpretation der Materialanalyse

Das Kernstück der strukturierten Inhaltsanalyse ist dabei das Kodiersystem. Zunächst wurde für die inhaltlich strukturierende Datenanalyse ein deduktiver Kodierleitfaden entwickelt. Die Kategorien orientierten sich im vorliegenden Fall an den theoretischen Vorüberlegungen und Annahmen zu kriminalpräventiven Wirkungen der elektronischen Aufsicht (siehe *Kapitel 3.2*). Zunächst wurden die Kategorien konzipiert und dann auf die Daten angewendet.[184] Nach einem ersten Test des deduktiv erstellten Kodiersystems an einer reduzierten Einheit der Daten wurden darüber hinaus weitere, verfeinernde Kategorien im Textmaterial sichtbar. Daraufhin erfolgte eine induktive Ergänzung des Kodiersystems.[185] Dieser Vorgang wurde so lange wiederholt, bis ein Kodiersystem[186] vorlag, das die relevanten Aspekte der Forschungsfrage abdeckte (vgl. *Abbildung 4*).

---

182   *Mayring* 2007, S. 58.
183   *Mayring* 2007, S. 84.
184   *Kuckartz & Rädiker* 2010, S. 741. Vgl. *Anhang 35* für das Kodiersystem.
185   *Mayring & Fenzl* 2014, S. 546.
186   Vgl. *Anhang 35*.

Abbildung 4   Entwicklung des Kodiersystems

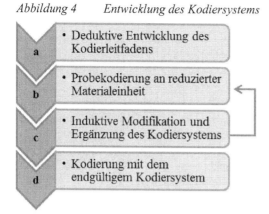

Diese Abfolge ist deshalb sinnvoll, weil die Interviews nicht offen geführt wurden und die Frage der Legalbewährung nach der Maßnahme dabei nicht im Mittelpunkt stand. Es wurden Ober- sowie Subkategorien gebildet.[187] Darüber hinaus wurden Kodierregeln festgelegt, die insbesondere bei Zuordnungs- und Abgrenzungsschwierigkeiten Abhilfe schaffen konnten. Das Kodiersystem in seiner Endgestalt entstand somit durch eine Mischung aus deduktivem und induktivem Vorgehen. Eine rein deduktive Vorgehensweise birgt die Gefahr, dass das Kodiersystem nicht optimal an die Daten angepasst ist und somit zentrale Aspekte unberücksichtigt bleiben. Der besondere Vorteil einer Mischform ist daher eine nicht zu starke Einengung des Blicks auf die Daten. Vielmehr bleibt die Analyse für neue Aspekte offen.[188] Um die Validität, Reliabilität und Intersubjektivität der Analyse sicherzustellen, wurden zehn der 48 Interviews jeweils durch zwei weitere Projektmitarbeiterinnen unter Berücksichtigung der Kodierregeln analysiert und sodann in einer Arbeitsgruppe besprochen. Daraus ergab sich eine hohe Übereinstimmung der Analysen. Für die Datenanalyse wurde die Software MaxQDA 12® verwendet.

4.3   Erweiterung des randomisierten Studiendesigns (Zwillingsgruppen)

Mit dem Modellprojekt konnte ein randomisiertes Studiendesign (siehe *Kapitel 2.2*) realisiert werden, bei dem Studienteilnehmer entweder der Treatmentgruppen (hier: vollzugsöffnende Maßnahmen und vorzeitige Entlassung unter elektronischer Aufsicht) oder der Kontrollgruppen (Verbleib im Regelvollzug) zufällig zugelost wurden. Zusätzlich wurden in beiden Anwendungsbereichen Zwillingsgruppen gebildet. Das wäre rein methodisch eigentlich nicht notwendig gewesen, da ein solches

---

187   Vgl. zur Festlegung der Analyseeinheiten *Mayring* 2007, S. 83.
188   *Schreier* 2013, S. 257.

Kontrollinstrument nur herangezogen werden muss, wenn anzunehmen ist, dass sich Treatment- und Kontrollgruppe in wesentlichen, die abhängige Variable beeinflussenden Merkmalen unterscheiden. Hiervon war aufgrund des randomisierten Forschungsdesigns nicht auszugehen. Das dem Modellprojekt zugrunde liegende experimentelle Studiendesign kann aber auch mit gewissen methodischen Schwierigkeiten verbunden sein. Eine hätte darin liegen können, dass die Eignungsprüfung der Gefangenen für die Projektteilnahme erst nach der Gruppenzuteilung erfolgte. Für die Zuteilung zur elektronischen Überwachung war eine eingehende Eignungsprüfung der Probanden Voraussetzung. Diese Überprüfung erfolgte jedoch erst nach Zuteilung zur Kontroll- oder Treatmentgruppe. Deshalb wäre es denkbar gewesen, dass die Probanden der Kontrollgruppe nicht für die elektronische Aufsicht geeignet und somit mit der Treatmentgruppe nicht vergleichbar waren.

Ein weiteres Problem hätte sich aus der Gruppendynamik ergeben können. Mutmaßlich tauschen sich Gefangene untereinander über die Maßnahme aus. Daraus kann eine gewisse Erwartungshaltung resultieren, die sich – bewusst oder unbewusst – auf das Verhalten und die Einstellung der Probanden und somit auf das Studienergebnis auswirkt.[189] Frustration und Enttäuschung können dabei eine Rolle spielen. Bei den der Kontrollgruppe zugewiesenen Probanden ergaben sich einige Verstimmungen, da sie angesichts der Zufallszuteilung wenig Verständnis dafür aufbrachten, dass Mitinsassen, die sich ihrer Meinung nach im Vollzug schlechter geführt hatten als sie selbst, der elektronisch überwachten Gruppe zugeteilt wurden.[190] Aus diesen Gründen wurde das experimentelle Studiendesign erweitert. In beiden Anwendungsbereichen wurde jeweils eine zweite Kontrollgruppe geschaffen, die sich vom Ablauf des Modellprojekts als gänzlich unabhängig darstellte, da sie damit zu keiner Zeit in Kontakt kam. Diese zweiten Kontrollgruppen werden im Folgenden als Zwillingsgruppen bezeichnet.

Die Auswahl der Probanden für die Zwillingsgruppen erfolgte nach dem Matched-Pair-Verfahren[191]. Die Matching-Variablen für die Zwillingsbildung waren:

- Staatsangehörigkeit, Migrationshintergrund, Familienstand;
- Alter und berufliche Situation zum Zeitpunkt des Indexdelikts;
- Vorstrafenanzahl, Art und Strafmaß des Indexdelikts.

Die Zwillingsbildung fand sowohl für die Probanden des elektronisch überwachten Hausarrests als auch für jene des elektronisch überwachten Freigangs statt (*Abbildung 5*).

---

189   *Sampson* 2010, S. 492.
190   Vgl. *Schwedler & Wößner* 2015, S. 44.
191   *Toutenburg* 1994, S. 25.

Abbildung 5   *Überblick über die erweiterten Untersuchungsgruppen (vgl. bereits Abbildung 2)*

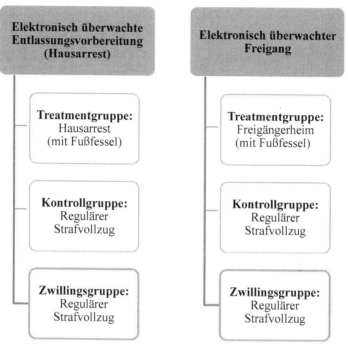

Die Zwillingsgruppen wurden in der ersten Untersuchungsphase des Modellprojekts noch nicht analysiert, da sie erst für die Rückfallanalyse vorgesehen waren. Demzufolge wurden in der zweiten Untersuchungsphase für die Zwillingsgruppen erneut eine umfangreiche Gefangenenpersonalaktenanalyse durchgeführt und Daten aus den BZR-Auszügen erhoben.

4.4   Stichprobenbeschreibung[192]

Die Treatment-, die Kontroll- und die Zwillingsgruppen im Anwendungsbereich der Entlassungsvorbereitung (Hausarrest) bestanden aus jeweils 19 Probanden. Im Be-

---

192   Im Folgenden sind geringfügige Abweichungen gegenüber der Stichprobenbeschreibung der ebenfalls auf dem vorliegenden Modellprojekt basierenden Publikation von *Schwedler* und *Wößner* (2015, S. 45 ff.) aus der ersten Untersuchungsphase des Modellprojekts möglich. Dies ist damit zu erklären, dass in der zweiten Untersuchungsphase Probanden aus der Stichprobe fielen und minimale Korrekturen des Datensatzes vorgenommen wurden. So konnten bspw. vereinzelt Missings nachgetragen werden.

reich des Freigangs befanden sich 24 Probanden in der Treatmentgruppe, 30 in der Kontrollgruppe und 26 in der Zwillingsgruppe (vgl. *Abbildung 6*). Die Stichprobe beinhaltet alle elektronisch überwachten Probanden im Projektzeitraum in Baden-Württemberg.

Abbildung 6   *Verteilung der Probanden auf die Untersuchungsgruppen*

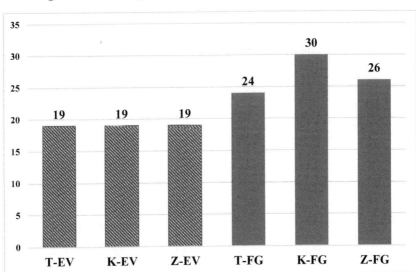

T = Treatmentgruppe,   K = Kontrollgruppe,   Z = Zwillingsgruppe;   EV = Entlassungsvorbereitung, FG = Freigang

4.4.1 Soziodemografische Merkmale

Die Stichprobe wurde hinsichtlich der soziodemografischen Merkmale Alter zum Tatzeitpunkt des Indexdelikts, Alter bei der ersten abgeurteilten Straftat, Staatsangehörigkeit, Familienstand, Schulbildung, Konsum psychotroper Substanzen und psychologische Behandlungen betrachtet. Alle Probanden waren männlich.

Die Probanden der Stichprobe waren zum Zeitpunkt des Indexdelikts durchschnittlich Mitte dreißig (M = 35,2 Jahre), was dem Durchschnittsalter der Gefängnispopulation in Deutschland entspricht.[193] Die Treatment- und die Kontrollgruppenprobanden waren bei ihrer ersten abgeurteilten Straftat im Mittel 28 Jahre alt. Für die Zwillingsgruppen lagen hier keine Daten vor. Der Großteil aller Probanden, im Schnitt 80 %, waren deutsche Staatsangehörige. Dies ist gegenüber dem Anteil von ca. 64 %

---

193   Vgl. www.destatis.de/DE/Publikationen/Thematisch/Rechtspflege/StrafverfolgungVollzug/St rafvollzug2100410167004.pdf?__blob = publicationFile, S. 11 [06.07.2017].

deutscher Gefangener im baden-württembergischen Strafvollzug erhöht, weicht im gesamtdeutschen Vergleich mit ca. 72 % jedoch nicht mehr so stark ab.[194] Der Anteil verheirateter Probanden lag in den Gruppen mit 27–58 % vergleichsweise hoch, da im gesamten deutschen Strafvollzug ca. 15,5 % der Gefangenen verheiratet sind.[195] Die Hälfte aller Probanden in der Stichprobe (ca. 52 %) hatte keinen Schulabschluss oder einen Hauptschulabschluss, während im gesamtdeutschen Vollzug ca. 35 % einen höheren Bildungsabschluss als den der Hauptschule aufweisen.[196] Durchschnittlich 38 % der Probanden wiesen ein abhängiges oder missbräuchliches Substanzkonsumverhalten auf. Die Verteilung bereits erfolgter psychologischer Behandlungen divergiert zwischen den Gruppen. In der folgenden *Tabelle 2* sind alle soziodemografischen Merkmale überblicksartig dargestellt. Detailliertere Angaben zu den Gruppenvergleichen anhand des t-Tests oder des χ2-Tests und zu den einzelnen Merkmalen sind den *Anhängen 2–8* zu entnehmen.

In den Merkmalsbereichen Alter bei der ersten Straftat, Staatsangehörigkeit, Schulbildung und Substanzkonsumverhalten gab es keine statistisch bedeutsamen Unterschiede. Beim Alter zum Zeitpunkt des Indexdelikts gab es signifikante Unterschiede im elektronisch überwachten Freigang: Die Probanden der Treatment- (M = 32,5, p = ,019) und die der Zwillingsgruppe (M = 33,2, p = ,03) waren signifikant jünger als die Kontrollgruppenprobanden (M = 38,6). Beim Familienstand gab es einen signifikanten Unterschied zwischen der Treatment- und der Kontrollgruppe (p = ,008) in der elektronisch überwachten Entlassungsvorbereitung (Hausarrest). Probanden der Kontrollgruppe waren signifikant häufiger verheiratet. Die Probanden der Kontrollgruppe im Freigang waren weiterhin in der Vergangenheit bedeutend häufiger in psychologischer Behandlung gewesen als die der Zwillingsgruppe (p = ,05).

---

194 Vgl. dazu www.statistik-bw.de/Service/Veroeff/Statistische_Berichte/325416001.pdf [06.07. 2017].

195 Vgl. www.destatis.de/DE/Publikationen/Thematisch/Rechtspflege/StrafverfolgungVollzug/St rafvollzug2100410167004.pdf?__blob = publicationFile, S. 15 [06.07.2017].

196 *Entorf* 2008, S. 35.

Tabelle 2   Soziodemografische Merkmale[197]

	T-EV	K-EV	Z-EV	T-FG	K-FG	Z-FG
Alter	M = 34,1	M = 37,8	M = 35,2	M = 32,5	M = 38,6	M = 33,2
Alter erste Tat[198]	M = 29,4	M = 28,6	–	M = 26,8	M = 27,4	–
Staatsangehörigkeit	79 % deutsch	69 % deutsch	79 % deutsch	79 % deutsch	90 % deutsch	85 % deutsch
Familienstand	63 % ledig 32 % verheiratet	16 % ledig 58 % verheiratet	47 % ledig 32 % verheiratet	58 % ledig 25 % verheiratet	37 % ledig 33 % verheiratet	62 % ledig 27 % verheiratet
Schulabschluss	53 % ohne/HS 26 % Real/BOS 16 % Abitur/Uni	42 % ohne/HS 26 % Real/BOS 5 % Abitur/Uni	58 % ohne/HS 16 % Real/BOS 11 % Abitur/Uni	67 % ohne/HS 16 % Real/BOS 13 % Abitur/Uni	43 % ohne/HS 27 % Real/BOS 13 % Abitur/Uni	54 % ohne/HS 23 % Real/BOS 0 % Abitur/Uni
Substanzmissbrauch/ -abhängigkeit	32 %	26 %	37 %	54 %	37 %	46 %
Psychologische Behandlung	11 %	5 %	11 %	13 %	13 %	0 %

HS = Hauptschule, BOS = Berufsoberschule

T = Treatmentgruppe, K = Kontrollgruppe, Z = Zwillingsgruppe; EV = Entlassungsvorbereitung, FG = Freigang

197 Teilweise schwerpunktartig dargestellt. Genauere Angaben finden sich in den *Anhängen 2–8*.
198 Für die Zwillingsgruppen konnte das Alter bei der ersten Straftat nicht erhoben werden.

4.4.2 Delinquenz und Indexhaftzeit

Im Bereich Delinquenz und Indexhaftzeit werden die Vorstrafenanzahl, die Art des Indexdelikts, die Art der Sanktion für das Indexdelikt, das Strafmaß des Indexdelikts, Lockerungen und vorzeitige Entlassungen beschrieben.

Die durchschnittliche Anzahl an Vorstrafen lag in den einzelnen Subgruppen des Modellprojekts zwischen M = 3,8 (T-EV) und M = 9,4 (K-EV). Den größten Anteil im gesamtdeutschen Strafvollzug machen Gefangene mit 5–10 Vorstrafen aus (23 %). Bei der Art der Indexverurteilung zeigt sich, dass die Stichprobe von Vermögens- und Eigentumsdelikten dominiert wird und dabei zahlenmäßig von der deutschen Gesamtgefängnispopulation abweicht (vgl. *Tabelle 3*). In Klammern in der Spalte „Gesamt" stehen zum Vergleich die Deliktanteile im deutschen Strafvollzug insgesamt.[199]

Tabelle 3   Art des Indexdelikts

	T-EV	K-EV	Z-EV	T-FG	K-FG	Z-FG	Gesamt
Vermögensdelikt	5	8	6	11	12	9	51
	26 %	42 %	32 %	46 %	40 %	35 %	37 % (12 %)
Eigentumsdelikt	3	6	4	4	5	6	28
	16 %	32 %	21 %	17 %	17 %	23 %	20 % (23 %)
Straßenver-kehrsdelikt	4	1	3	2	5	2	17
	21 %	5 %	16 %	8 %	17 %	8 %	12 % (4 %)
Gewaltdelikt	3	3	4	2	3	2	17
	16 %	16 %	21 %	8 %	10 %	8 %	12 % (33 %)
Verstoß gg. BtMG	1	1	2	2	4	4	14
	5 %	5 %	11 %	8 %	13 %	15 %	10 % (13 %)
Sonstiges[200]	2	0	0	2	1	2	7
	11 %	0 %	0 %	8 %	3 %	8 %	5 % (8 %)
Sexualdelikt	1	0	0	1	0	1	3
	5 %	0 %	0 %	4 %	0 %	4 %	2 % (7 %)
Gesamt	19	19	19	24	30	26	137
	100 %	100 %	~100 %	~100 %	100 %	~100 %	100 %

T = Treatmentgruppe,   K = Kontrollgruppe,   Z = Zwillingsgruppe;   EV = Entlassungsvorbereitung, FG = Freigang

---

199 Stand 31.03.2016; www.destatis.de/DE/Publikationen/Thematisch/Rechtspflege/Strafverfolg ungVollzug/Strafvollzug2100410167004.pdf?__blob = publicationFile, S. 21 [24.05.2017].

200 Fahrlässige Körperverletzung (§ 229 StGB), falsche uneidliche Aussage (§ 153 StGB), falsche Verdächtigung (§ 164 StGB), Verstoß gegen das Arzneimittelgesetz (§ 95 AMG), Verletzung der Unterhaltspflicht (§ 170 StGB), Bestechung im geschäftlichen Verkehr (§ 299 StGB), Rechtsbeugung (§ 339 StGB).

Der Großteil der Probanden wurde aufgrund einer unbedingten Freiheitsstrafe inhaftiert, nur 8–23 % (je nach Subgruppe) erhielten einen Bewährungswiderruf. Das Strafmaß des Indexdelikts lag im Mittel bei ca. 24 Monaten.

In den Merkmalsbereichen Anzahl der Vorstrafen, Art des Indexdelikts, Art der Sanktion für das Indexdelikt und Höhe des Strafmaßes unterschieden sich die Gruppen nicht signifikant voneinander. Die Treatmentgruppe im elektronisch überwachten Freigang erhielt jedoch signifikant häufiger Lockerungen als die Kontrollgruppe (p = ,027) und die Zwillingsgruppe (p = ,001). Die Probanden der Treatmentgruppe (p = ,02) sowie jene der Kontrollgruppe (p = ,001) in der Entlassungsvorbereitung (Hausarrest) wurden signifikant früher aus der Strafhaft entlassen als die Probanden der Zwillingsgruppe.

Die folgende *Tabelle 4* gibt einen schwerpunktartigen Überblick über die Merkmale bezüglich Delinquenz und Indexhaftzeit. Die hierzu gehörigen detaillierten Angaben und die Ergebnisse der Gruppenvergleiche anhand des t-Tests oder des χ2-Tests finden sich im Anhang (vgl. *Anhänge 9–14*).

Tabelle 4 *Delinquenz und Indexhaftzeit*[201]

	T-EV	K-EV	Z-EV	T-FG	K-FG	Z-FG
Vorstrafenanzahl	M = 3,8	M = 5,4	M = 5,9	M = 5,9	M = 9,4	M = 5,5
Art Indexdelikt[202]	26 % Vermögen 16 % Eigentum 21 % StVG	42 % Vermögen 32 % Eigentum 5 % StVG	32 % Vermögen 21 % Eigentum 16 % StVG	46 % Vermögen 17 % Eigentum 8 % StVG	40 % Vermögen 17 % Eigentum 17 % StVG	35 % Vermögen 23 % Eigentum 8 % StVG
Sanktion Indexdelikt	89 % ohne Bew. 11 % Bew. widerr.	84 % ohne Bew. 16 % Bew. widerr.	89 % ohne Bew 11 % Bew. widerr.	83 % ohne Bew. 17 % Bew. widerr.	77 % ohne Bew. 23 % Bew. widerr.	92 % ohne Bew. 8 % Bew. widerr.
Strafmaß Indexdelikt	M = 23,5	M = 23,8	M = 27,2	M = 24,4	M = 19,9	M = 23,7
Lockerungen gewährt	84 %	89 %	74 %	96 %	73 %	50 %
Vorzeitige Entlassung	95 %	84 %	79 %	92 %	67 %	65 %

Bew. = Bewährung, widerr. = widerrufen

T = Treatmentgruppe, K = Kontrollgruppe, Z = Zwillingsgruppe; EV = Entlassungsvorbereitung, FG = Freigang

---

201   Teilweise schwerpunktartig dargestellt. Genauere Angaben finden sich in den *Anhängen 9–14.*

202   Deliktsanteile im deutschen Strafvollzug insgesamt, Stand 31.03.2016: Vermögensdelikte (12 %), Eigentumsdelikte (23 %), Straßenverkehrsdelikte (4 %).

4.4.3   Nachentlassungssituation

Zur Nachentlassungssituation (vgl. *Tabelle 5*) zählte das Vorhandensein oder Fehlen einer Arbeitsstelle sowie eines festen Wohnsitzes zum Zeitpunkt der Entlassung bzw. kurz danach. Nach der Entlassung bzw. dem Ende der elektronischen Aufsicht hatten alle elektronisch überwachten Probanden, alle Kontrollgruppenprobanden und nahezu alle Zwillingsprobanden einen festen Wohnsitz. Die Analyse der Beschäftigungssituation nach der Haftentlassung ergab, dass die Treatmentgruppe im Freigang signifikant häufiger einer Beschäftigung nachging als die Zwillingsgruppe (p = ,022). Die detaillierten Gruppenvergleiche anhand des χ2-Tests sind *Anhang 15* zu entnehmen.

Tabelle 5   *Nachentlassungssituation*

	T-EV	K-EV	Z-EV	T-FG	K-FG	Z-FG
Arbeitsplatz	89 %	84 %	63 %	71 %	60 %	38 %
Fester Wohnsitz	100 %	100 %	95 %	100 %	100 %	95 %

T = Treatmentgruppe, K = Kontrollgruppe, Z = Zwillingsgruppe; EV = Entlassungsvorbereitung, FG = Freigang

4.4.4   Risikoeinschätzung (LSI-R:SV)

Zur Einschätzung des persönlichen Rückfallrisikos und des Behandlungsbedarfs der Probanden wurde bereits in der ersten Untersuchungsphase[203] das „Level of Service Inventory-Revised: Screening Version" (LSI-R:SV) von *Andrews* und *Bonta*[204] eingesetzt. Das LSI-R:SV ist eine verkürzte Version des standardisierten Prognoseverfahrens „Level of Service Inventory-Revised" (LSI-R).[205] Das LSI-R:SV erlaubt eine Einschätzung von acht der 54 Items des LSI-R aus den Risikobereichen kriminelle Vorgeschichte, Ausbildung/Erwerbstätigkeit, Familie/Partnerschaft, Sozialkontakte, Alkohol-/Drogenproblematik, Einstellungen/Werthaltungen sowie emotionale/personale Beeinträchtigung. Eine Punktzahl von 0–2 verweist auf ein geringes Rückfallrisiko. Werte zwischen 3 und 5 deuten auf ein mittleres Rückfallrisiko hin. Erreicht der Proband ein Ergebnis zwischen 6 und 8 Punkten, so wird ein hohes Rückfallrisiko angenommen.

Die zur prognostischen Einschätzung notwendigen Daten stammen aus den Probandeninterviews und der Analyse der Gefangenenpersonalakten. Für die Treatment- und die Kontrollgruppen ergaben sich vereinzelt fehlende Werte, da einige Probanden ein Interview vor der Entlassung ablehnten. Mit den Probanden der Zwillingsgruppen wurden keine Interviews geführt, da diese erst nach dem Ende des Modell-

---

203   *Schwedler & Wößner* 2015, S. 55.

204   Vgl. *Andrews & Bonta* 1995.

205   *Harwardt & Schneider-Njepel* 2014, S. 246.

projekts gebildet wurden und eine persönliche Exploration bewusst nicht vorgesehen war. Die folgende *Abbildung 7* präsentiert die Risikostufenverteilung der Probanden in den jeweiligen Gruppen.

Sie zeigt, dass sich die Stichprobe überwiegend aus Probanden eines niedrigen Risikolevels zusammensetzt. Um zu kontrollieren, ob die Treatment- und die Kontrollgruppen in ihrem jeweiligen Anwendungsbereich hinsichtlich des Risikoprofils voneinander abweichen, wurden die Mittelwerte der Gruppen mittels t-Test auf signifikante Unterschiede überprüft. Es zeigte sich jedoch kein statistisch bedeutsamer Unterschied im Risikoprofil innerhalb der Anwendungsbereiche (EV: Treatmentgruppe: M = 2,37, Kontrollgruppe: M = 1,69, p = ,20; FG: Treatmentgruppe: M = 2,64, Kontrollgruppe: M = 1,74, p = ,54). Eine Tabelle über die Verteilung der erreichten Punktzahlen findet sich in *Anhang 16*. Insgesamt konnte den Probanden aufgrund des überwiegend als niedrig eingeschätzten Rückfallrisikos ein geringer Interventionsbedarf attestiert werden. Theoretische Risikofaktoren wie Arbeits- und Wohnungslosigkeit waren bereits während der Maßnahme gar nicht und nach ihrer Beendigung häufig nicht gegeben, was auch mit den Gewährungsvoraussetzungen der elektronischen Aufsicht zusammenhing.

Abbildung 7   Risikoeinschätzung nach LSI-R:SV

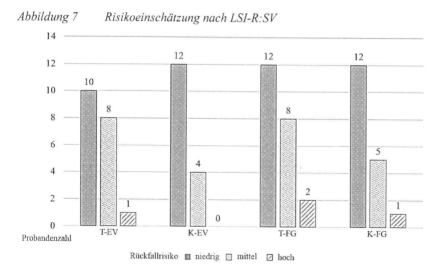

T = Treatmentgruppe, K = Kontrollgruppe; EV = Entlassungsvorbereitung, FG = Freigang

Kapitel 5

Quantitative Rückfallanalyse

5.1 Deskriptive Rückfallstatistik

Für die Untersuchung der Legalbewährung ist zwischen dem Zeitraum der elektronischen Überwachung und jenem nach ihrer Beendigung zu unterscheiden, da von einem unterschiedlichen Wirkmechanismus der elektronischen Aufsicht auszugehen ist.[206] Die folgende quantitative Analyse bezieht sich ausschließlich auf den Zeitraum nach der elektronischen Aufsicht. Während der elektronischen Überwachung kam es bei einem Probanden im Anwendungsbereich des Freigangs bereits am ersten Tag zu einer neuen Straftat. Bei diesem mit einer Geldstrafe sanktionierten Rückfalldelikt handelte es sich um den unerlaubten Besitz von Betäubungsmitteln gem. §§ 1, 3, 29 Abs. 1 BtMG. Gemäß § 8 Abs. 1 EAStVollzG wurde der Proband unmittelbar aus dem Freigang abgelöst und in den geschlossenen Vollzug überführt. Er wurde nach Beendigung der Maßnahme aus der Analyse des Rückfallverhaltens ausgeschlossen.[207] Dieser Ausschluss wird in der anschließenden Diskussion aufgegriffen (siehe *Kapitel 5.4*).

Verglichen wird im Folgenden jeweils die vormals elektronisch überwachte Treatmentgruppe (TG) mit der aus dem regulären Strafvollzug entlassenen Kontrollgruppe (KG) desselben Anwendungsbereichs. Betrachtet werden die Anwendungsbereiche elektronisch überwachte Entlassungsvorbereitung (Hausarrest) und elektronisch überwachter Freigang.[208] Da sich die randomisierten Gruppen nur in wenigen Merkmalsbereichen signifikant voneinander unterschieden, war für die Analyse eine gute Vergleichbarkeit der Treatment- und Kontrollgruppen gegeben (vgl. *Abbildung 8*).

Für die Anwendungsbereiche ergaben sich unterschiedlich lange Beobachtungszeiträume. Grund dafür waren die divergierenden zur Verfügung stehenden Informationen, da die Probanden zu unterschiedlichen Zeitpunkten aus der Haft entlassen wurden.

---

206 *Schwedler & Wößner* 2015, S. 11.

207 *Schwedler & Wößner* 2015, S. 53–54.

208 Der Anwendungsbereich des elektronisch überwachten Hausarrests bei Ersatzfreiheitsstrafen musste von der Rückfallanalyse ausgeschlossen werden, vgl. *Kapitel 2.2*.

Abbildung 8   *Signifikante Unterschiede in der Stichprobe (Treatment- bzw.*
                   Kontrollgruppe)

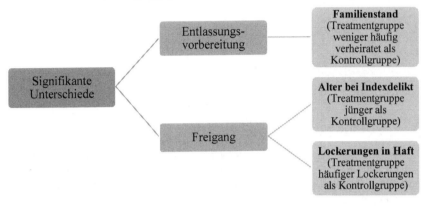

Damit alle Probanden unter elektronischer Aufsicht berücksichtigt werden konnten,
wurde der Zeitraum als Katamnesezeitraum festgelegt, der für alle Probanden die
Mindestbeobachtungsdauer einschloss.

Tabelle 6   *Übersicht der Rückfallquoten der jeweiligen Treatment- und Kon-*
                 trollgruppen

	T-EV	K-EV	T-FG	K-FG
Katamnesezeitraum (in Monaten)	36	36	24	24
Probandenanzahl (N)	19	19	24	30
davon rückfällige Probanden (n)	4	3	7	15
davon rückfällige Probanden (%)	21,1 %	15,8 %	29,2 %	50 %

T = Treatmentgruppe; K = Kontrollgruppe; EV = Entlassungsvorbereitung; FG = Freigang

Tabelle 6 zeigt die Rückfallquoten der Treatment- und der Kontrollgruppen im jeweiligen Anwendungsbereich. Der χ^2-Test ergab weder im Anwendungsbereich der
Entlassungsvorbereitung (Hausarrest) (χ^2 (1, N = 38) = 0,18; p = ,68) noch im Bereich des Freigangs (χ^2 (1, N = 54) = 2,4; p = ,12) einen statistisch bedeutsamen Unterschied in der Rückfallquote.

5.1.1   Elektronisch überwachte Entlassungsvorbereitung (Hausarrest)

Die nachfolgenden Tabellen und Histogramme zeigen die Anzahl der Rückfalldelikte verteilt auf die rückfälligen Probanden und die verhängten Sanktionen. In *Tabelle*

7 ist die Anzahl der Rückfalldelikte pro Gruppe angegeben. Einige Probanden sind im Katamnesezeitraum mehrfach rückfällig geworden.

Tabelle 7   *Anzahl der Rückfalldelikte je Proband (Entlassungsvorbereitung [Hausarrest])*

	Probanden (N)	davon rückfällig (n)	Anzahl Rückfalldelikte je Proband			Rückfalldelikte gesamt
			1	2	3	
T-EV	19	4	2	1	1	7
K-EV	19	3	3	0	0	3

T = Treatmentgruppe; K = Kontrollgruppe; EV = Entlassungsvorbereitung

In der Treatmentgruppe verteilten sich auf die vier rückfälligen Probanden insgesamt sieben Rückfalldelikte. Die Treatmentgruppe weist somit mehr als doppelt so viele Rückfalldelikte auf wie die Kontrollgruppe. Außerdem gibt es in der Treatmentgruppe multiple Rückfälle, während die Probanden in der Kontrollgruppe mit jeweils nur einem Delikt erneut auffällig wurden. Die folgende *Abbildung 9* zeigt, dass keine Bewährungsstrafen ausgesprochen wurden. Der sichtbare Schwerpunkt lag bei beiden Gruppen auf der Geldstrafe.

Abbildung 9   *Anzahl der Rückfalldelikte nach Sanktion und Gruppenzugehörigkeit (Entlassungsvorbereitung [Hausarrest])*

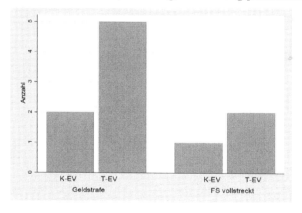

T = Treatmentgruppe; K = Kontrollgruppe; EV = Entlassungsvorbereitung; FS = Freiheitsstrafe

5.1.2   Elektronisch überwachter Freigang

In einem Katamnesezeitraum von 24 Monaten nach der Haftentlassung wurden bei der Kontrollgruppe mit 29 Rückfalldelikten knapp dreimal so viele Rückfalldelikte registriert wie bei der Treatmentgruppe im vormals elektronisch überwachten Freigang (vgl. *Tabelle 8*). Insgesamt zeigte sich bei der Kontrollgruppe außerdem eine deutlich höhere Anzahl mehrfach rückfälliger Probanden. Die absoluten Zahlen sind an dieser Stelle jedoch mit Zurückhaltung zu betrachten, da die Treatmentgruppe sechs Probanden weniger enthielt als die Kontrollgruppe.

Tabelle 8   *Anzahl der Rückfalldelikte je Proband (Freigang)*

	Probanden (N)	davon rückfällig (n)	\multicolumn{4}{c}{Anzahl der Rückfalldelikte je Proband}	Rückfalldelikte gesamt
			1	2	3	4	
T-FG	24	7	4	3	0	0	10
K-FG	30	15	7	4	2	2	29

T = Treatmentgruppe; K = Kontrollgruppe; FG = Freigang

Der Schwerpunkt aller Rückfallsanktionen lag auch hier auf der Geldstrafe. In der Kontrollgruppe wurden 20 der 29 Rückfalldelikte mit einer Geldstrafe sanktioniert (vgl. *Abbildung 10*). Im Vergleich zur Entlassungsvorbereitung (Hausarrest) ergab sich im Anwendungsbereich des Freigangs eine höhere Zahl unbedingter Freiheitsstrafen. Außerdem wurden Freiheitsstrafen zur Bewährung verhängt, was im Anwendungsbereich der Entlassungsvorbereitung (Hausarrest) nicht vorkam.

Abbildung 10   *Anzahl der Rückfalldelikte nach Sanktion und Gruppenzugehörigkeit (Freigang)*

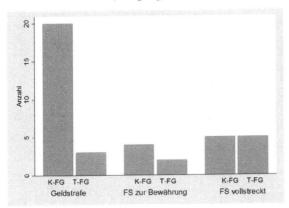

T = Treatmentgruppe; K = Kontrollgruppe; FG = Freigang; FS = Freiheitsstrafe

5.1.3   Einschlägiger Rückfall

Für die Strafzumessung, die Kriminalpolitik und letztendlich den Gedanken der positiven Spezialprävention ist der einschlägige Rückfall von Interesse. Dieser liegt i.e.S. vor, wenn der Täter auf Grundlage derselben Strafnorm erneut verurteilt wird.[209] In der vorliegenden Studie wird der einschlägige Rückfall auf Straftaten derselben Deliktkategorie des Indexdelikts ausgeweitet. Aufgrund der niedrigen Fallzahl wird der einschlägige Rückfall nur in der deskriptiven Rückfallstatistik dargestellt.

Im Katamnesezeitraum von 36 Monaten wurde nach Beendigung der elektronisch überwachten Entlassungsvorbereitung (Hausarrest) einer der vier rückfälligen Probanden der Treatmentgruppe einschlägig mit einem Betäubungsmitteldelikt rückfällig. In der Kontrollgruppe wurde einer der drei rückfälligen Probanden mit einem Eigentumsdelikt einschlägig rückfällig. Die Einschlägigkeit spielte aber insgesamt eine eher untergeordnete Rolle. In der Treatmentgruppe wiesen nach Beendigung des elektronisch überwachten Freigangs drei der sieben rückfälligen Probanden einen einschlägigen Rückfall im Katamnesezeitraum von 24 Monaten auf (Gewaltdelikt, Straßenverkehrsdelikt, Eigentumsdelikt). In der Kontrollgruppe wurden acht der 15 rückfälligen Probanden einschlägig neu verurteilt, hauptsächlich im Bereich Vermögensdelikte. Interessant ist an dieser Stelle insbesondere, dass die zwei Kontrollgruppenprobanden, die im Katamnesezeitraum jeweils vier Rückfalldelikte aufwiesen, zu den einschlägig rückfälligen Probanden gehörten (Eigentumsdelikte, Vermögensdelikte). Insgesamt lag der Schwerpunkt des einschlägigen Rückfalls auf den Vermögensdelikten.

5.2   Logistische Regression

5.2.1   Elektronisch überwachte Entlassungsvorbereitung (Hausarrest)

Zunächst wurden die Probanden nach der elektronisch überwachten Entlassungsvorbereitung (Hausarrest) mit der dazugehörigen Kontrollgruppe in einem dreijährigen Katamnesezeitraum verglichen. Der Effekt der Maßnahme wurde mittels der logistischen Regression untersucht. Die folgende *Tabelle 9* zeigt die isolierte Analyse der Variablen „elektronische Aufsicht". Die vormals elektronisch überwachte Treatmentgruppe stellt die Referenzgruppe der Analyse dar. Wie *Tabelle 9* entnommen werden kann, unterschieden sich die Rückfallquoten der Treatment- und Kontrollgruppe nicht signifikant voneinander.

---

209   *Jehle et al.* 2016, S. 113.

Tabelle 9   *Analyse des Effekts der elektronischen Aufsicht (Entlassungsvorbe-*
              reitung)

Variable	Koef.	SD	Odds Ratio	p
K-EV	-0,35	± 0,84	0,70	0,676
cons	-1,32	± 0,56	0,27	0,019
Obs.: 38	**Pseudo-R²: 0,01**		**AIC: 40,13**	**BIC: 43,41**

K = Kontrollgruppe; EV = Entlassungsvorbereitung

Es kann aus den bereits aufgezeigten Gründen (siehe *Kapitel 4.2.1.2*) weiterhin sinnvoll sein, andere Variablen in die Rückfallanalyse miteinzubeziehen und nicht allein
den Einfluss der Maßnahme unter elektronischer Aufsicht zu betrachten. Hierfür
wurden in einem ersten Schritt jeweils einzelne Variablen in das obige Modell (siehe
Tabelle 9) mit aufgenommen. Ein signifikanter Effekt auf das Rückfallverhalten
zeigte sich dabei für die Variablen Lockerungen in Haft und Substanzmissbrauch
(vgl. *Tabelle 10*).

Tabelle 10   *Analyse des Effekts einzelner Kovariaten (Entlassungsvorbereitung)*

	Variable	Koef.	SD	Odds Ratio	p	Pseudo-R²	AIC	BIC
a)	K-EV	-0,17	± 1,07	0,85	0,876	0,31	31,09	36,00
	Lockerungen in Haft	-3,67	± 1,27	0,03	**0,004****			
	cons	1,45	± 1,21	4,28	0,228			
b)	K-EV	-0,27	± 0,94	0,76	0,772	0,19	35,33	40,25
	Substanzmiss-brauch[210]	2,33	± 0,95	2,33	**0,014***			
	cons	-2,39	± 0,85	-2,39	0,005			
Obs.: 38			*** p ≤ ,01**		**** p ≤ ,05**			

K = Kontrollgruppe; EV = Entlassungsvorbereitung

Probanden, die Lockerungen in Haft erhielten, wiesen signifikant weniger Rückfälle
auf als Probanden ohne Lockerungen. Weiterhin wurden Probanden mit Substanz-
missbrauchserfahrung signifikant häufiger rückfällig (2,3-mal häufiger) als Probanden ohne missbräuchlichen Alkohol- oder Drogenkonsum. Ausgehend von den

---

210 Wenn es Hinweise darauf gab, jedoch nicht mit Sicherheit festgestellt werden konnte, ob ein
     missbräuchliches Konsumverhalten vorlag, wurde zunächst „unsicher" codiert. Für die logis-
     tische Regression wurden diese Fälle (n = 3) recodiert und zu „nein" hinzugezählt. Alle Pro-
     banden, bei denen eine Substanzabhängigkeit diagnostiziert wurde, sind auch in der Gruppe
     „Substanzmissbrauch" enthalten.

theoretischen Vorüberlegungen (vgl. *Kapitel 3.2–3.3*) wurden auch die erhobenen Variablen Arbeit nach der Entlassung, Strafmaß des Indexdelikts, Art des Indexdelikts, Sanktion für das Indexdelikt, vorzeitige Haftentlassung, psychologische Auffälligkeiten und Behandlungen, Familienstand, Schulabschluss, Vorstrafenanzahl, Alter zum Zeitpunkt des Indexdelikts sowie Alter bei der ersten Straftat mit der Variablen der Maßnahme unter elektronischer Aufsicht kombiniert. Ein statistisch bedeutsamer Einfluss dieser Variablen auf das Rückfallrisiko konnte jedoch nicht gefunden werden. Insbesondere wurde in keiner Variablenkombination ein signifikanter Einfluss der elektronisch überwachten Maßnahme auf das Rückfallrisiko festgestellt.

Tabelle 11   Multivariate Analyse (Endmodell Entlassungsvorbereitung)

Variable	Koef.	SD	Odds Ratio	p
K-EV	0,53	± 1,57	1,71	0,733
Substanzmissbrauch	2,99	± 1,50	19,97	0,046*
Alter bei erster Straftat	-0,17	± 0,11	0,84	0,137
Lockerungen in Haft	-4,64	± 1,99	0,01	0,020*
cons	4,28	± 3,02	72,41	0,157

Obs.: 38   **Pseudo-R²: 0,56**   * p ≤ ,05   **AIC: 26,06   BIC: 34,25**

K = Kontrollgruppe; EV = Entlassungsvorbereitung

Darüber hinaus wurden im Rahmen der multivariaten logistischen Regression mehrere Kovariaten mit der Variablen der elektronisch überwachten Maßnahme in einem Modell kombiniert. Zunächst wurden die Variablen aufgenommen, die bereits in der vorherigen Analyse einen signifikanten Effekt gezeigt hatten (Lockerungen in Haft, Substanzmissbrauch). Der Einschluss weiterer Variablen aus dem im vorherigen Absatz genannten Variablensatz ergab keine signifikanten Ergebnisse. Jedoch verbesserte sich die Modellgüte[211] durch den Einschluss der Variablen „Alter bei der ersten Straftat". Das folgende Modell enthält nun die Variablenkombination, welche die höchste Modellgüte und somit den besten und höchstmöglichen Erklärungsgehalt zum Rückfall aufweist und daher von besonderem Interesse ist (vgl. *Tabelle 11*).

Im multivariaten Modell bestätigte sich der Effekt des Substanzmissbrauchs und der Lockerungen in Haft. Die Rückfallgefahr stieg signifikant, wenn beim betreffenden Probanden ein Substanzmissbrauch vorlag. Probanden, die keine Vollzugslockerungen erhielten, hatten gegenüber den Probanden des offenen Vollzugs ein signifikant höheres Rückfallrisiko. Mit jedem Jahr, das der Proband bei seiner ersten Straftat älter war, sank die Rückfallwahrscheinlichkeit. Beim zusätzlichen Einschluss dieser Variablen (Alter bei der ersten Straftat) verbesserte sich die Modellgüte (ohne diese

---

211 Zur Bewertung der Modellgüte siehe *Kapitel 4.2.1.2.*

Variable: AIC = 28,62 und BIC = 35,17), auch wenn das Alter bei der ersten Straftat selbst keinen signifikanten Effekt zeigte. Das Pseudo-R^2 von 0,56 deutete auf eine insgesamt hohe Modellgüte hin. Das Pseudo-R^2 der logistischen Regression, hier nach McFadden[212], kann zwar nicht wie das R^2 im Rahmen der linearen Regression zur Varianzaufklärung interpretiert werden, jedoch nimmt auch das Pseudo-R^2 Werte zwischen 0 und 1 an (wobei der optimale Wert von 1 nicht erreicht werden kann), sodass es als Anhaltspunkt für die Modellgüte herangezogen werden kann. Je höher der Wert, desto höher ist die Modellgüte. Generell gilt ein Wert von 0,2–0,4 als aussagekräftig.[213] Ein Effekt der elektronisch überwachten Maßnahme konnte aber auch hier nicht gefunden werden. Bemerkenswert ist an dieser Stelle der positive Wert des Koeffizienten der Variablen elektronisch überwachte Maßnahme (K-EV) im Gegensatz zur vorherigen Analyse (vgl. *Tabelle 9*). Wie der Vergleich mit dem Koeffizienten (Koef. = -0,35) der Analyse in *Tabelle 9* im t-Test zeigte, ist dieser Vorzeichenwechsel jedoch statistisch ohne Bedeutung. Es ergab sich ein t-Wert von t = -0,49 und ein p-Wert von p = ,34 bei zwei Freiheitsgraden.

5.2.2   Elektronisch überwachter Freigang

In diesem Abschnitt werden die Probanden nach dem elektronisch überwachten Freigang mit der dazugehörigen Kontrollgruppe in einem zweijährigen Katamnesezeitraum verglichen. Auch für den Anwendungsbereich des elektronisch überwachten Freigangs steht zu Beginn eine Überprüfung des Effekts der Maßnahme unter elektronischer Aufsicht allein. Die elektronisch überwachte Treatmentgruppe stellt die Referenzgruppe der Analyse dar. Im Bereich des elektronisch überwachten Freigangs unterscheiden sich die Rückfallraten nicht signifikant voneinander (vgl. *Tabelle 12*).

Tabelle 12   *Analyse des Effekts der elektronischen Aufsicht (Freigang)*

Variable	Koef.	SD	Odds Ratio	p
K-FG	0,89	± 0,58	2,43	0,125
cons	-0,89	± 0,45	0,41	0,048
Obs.: 54	**Pseudo-R^2: 0,03**	**AIC: 74,56**	**BIC: 78,54**	

K = Kontrollgruppe; FG = Freigang

Verglichen mit dem Anwendungsbereich der Entlassungsvorbereitung (Hausarrest), hatten im Anwendungsbereich des Freigangs deutlich mehr Variablen in Kombination mit der elektronisch überwachten Maßnahme einen signifikanten Einfluss auf

212   Vgl. *McFadden* 1973.
213   Vgl. *Kohler & Kreuter* 2008, S. 278; *Backhaus, Erichson, Plinke & Weiber* 2000, S. 133.

den Rückfall, und zwar die folgenden: das Alter zum Zeitpunkt des Indexdelikts sowie bei der ersten Straftat, Substanzmissbrauch, vorzeitige Haftentlassung, die Vorstrafenanzahl, Lockerungen, das Strafmaß des Indexdelikts sowie ein Arbeitsplatz bei Haftentlassung (vgl. *Tabelle 13*).

Hervorzuheben ist der signifikante Einfluss der elektronisch überwachten Maßnahme in Kombination mit ausgewählten Kovariaten (vgl. Modelle a), b) und c)), der im Rahmen der sich anschließenden Diskussion in *Kapitel 5.4* näher erläutert wird. Modell d) zeigte, dass die vorzeitig zum 2/3-Termin aus der Haft entlassenen Probanden ein 8,3-mal signifikant geringeres Rückfallrisiko haben. Die Vorstrafenanzahl war ebenfalls relevant für die Einschätzung der Rückfallwahrscheinlichkeit. Mit jeder zusätzlichen Vorstrafe stieg das Rückfallrisiko um das 1,1-Fache an. Dieser Effekt war auf einem Niveau von 5 % signifikant (vgl. Modell e)). Die Gewährung von Lockerungen in Haft zeigte sich auch hier bedeutsam für ein signifikant niedrigeres Rückfallrisiko (Modell f)).[214] Mit jeder Einheit, um die sich das Strafmaß des Indexdelikts erhöhte, sank das Rückfallrisiko um 5 %. Je länger die Haftstrafe ausfiel, desto geringer war also die Rückfallwahrscheinlichkeit. Modell h) zeigte, dass Probanden mit Arbeit bei Haftentlassung signifikant weniger rückfällig wurden als Probanden ohne festen Arbeitsplatz. Kein statistisch bedeutsamer Einfluss auf den Rückfall wurde bei den Variablen Art des Indexdelikts, Sanktion für das Indexdelikt, psychologische Auffälligkeiten und Behandlungen, Familienstand und Schulabschluss festgestellt. Dies deckt sich mit den Ergebnissen für die Probanden in der Entlassungsvorbereitung (Hausarrest).

Tabelle 13   Analyse des Effekts einzelner Kovariaten (Freigang)

	Variable	Koef.	SD	Odds Ratio	p	Pseudo-R^2	AIC	BIC
a)	**K-FG**	1,62	± 0,81	5,05	**0,022***	0,14	68,99	74,96
	Alter	-0,10	± 0,04	0,90	**0,015***			
	cons	2,23	± 1,32	9,31	0,091			
b)	**K-FG** **Substanzmiss-brauch**	1,61 2,23	± 0,74 ± 0,73	4,99 9,30	**0,030*** **0,002*****	0,20	64,78	70,75
	cons	-2,37	± 0,76	0,09	0,002			
c)	**K-FG**	2,23	± 0,73	9,30	**0,002*****	0,27	59,03	65,00
	Alter bei erster Straftat[215]	-2,37	± 0,76	0,09	**0,002*****			
	cons	2,90	± 1,22	18,35	0,017			

---

214 Bei den Probanden im elektronisch überwachten Freigang sind vollzugsöffnende Maßnahmen wie Ausgänge oder Hafturlaub gemeint. Der Freigang wurde nicht gewertet.

215 An dieser Stelle sind die fehlenden Werte (n = 6) durch den Mittelwert (M = 28) ersetzt worden; zur Mittelwertersetzung vgl. *Pérez, Dennis, Gil, Rondón & López* 2002, S. 3888.

	Variable	Koef.	SD	Odds Ratio	p	Pseudo-R²	AIC	BIC
d)	K-FG	0,52	± 0,64	1,69	0,820	0,14	66,97	72,83
	Vorzeitige Entlassung[216] (2/3-Termin)[217]	-2,12	± 0,87	0,12	**0,014***			
	cons	1,08	± 0,92	2,97	0,239			
e)	K-FG	0,60	± 0,62	1,82	0,334	0,13	69,63	75,60
	Vorstrafen-anzahl	0,11	± 0,04	1,11	**0,015***			
	cons	-1,57	± 0,55	0,21	0,005			
f)	K-FG	0,42	± 0,63	1,52	0,510	0,16	67,64	73,61
	Lockerungen in Haft	-2,72	+ 1,13	0,07	**0,016***			
	cons	1,72	± 1,19	5,56	0,150			
g)	K-FG	0,78	± 0,62	2,17	0,214	0,15	68,09	74,06
	Strafmaß Indexdelikt	-0,05	± 0,02	0,95	**0,008****			
	cons	0,18	± 0,59	1,20	0,756			
h)	K-FG	0,82	± 0,61	2,27	0,179	0,11	71,03	77,00
	Arbeit bei Entlassung[218]	-1,41	± 0,62	0,24	**0,022***			
	cons	0,04	± 0,6	1,04	0,948			

Obs.: 54   * p ≤ ,05   ** p ≤ ,01   *** p ≤ ,005

K = Kontrollgruppe; FG = Freigang

Im Rahmen der sich nun anschließenden multivariaten logistischen Regressionsana-lyse (vgl. *Tabelle 14*) wurden mehrere Kovariaten in das Modell aufgenommen. We-gen der beschränkten Fallzahl wurden nicht mehr als drei Variablen mit jener der

---

216   Die Anzahl der Beobachtungen (Obs.) beläuft sich für die vorzeitige Haftentlassung auf 52; die zwei fehlenden Probanden wiesen im Katamnesezeitraum keinen Rückfall auf und wurden als einzige zur Halbstrafe entlassen. Die Kategorie Halbstrafe ist folglich nicht aufgeführt, weil sie keine Probanden beinhaltet. Die Referenzgruppe bilden die zum Strafende Entlassenen.

217   Gnadenentscheidungen nach Landesrecht, Rückstellungen nach § 35 BtMG, Entlassungen nach § 88 JGG sowie nach § 456a StPO wurden rekodiert und zur 2/3-Entlassung hinzugefügt (n = 18).

218   Wenn es Hinweise darauf gab, dass eine Arbeitsstelle bei Haftentlassung vorhanden war, dies aber nicht mit Sicherheit festgestellt werden konnte, wurden diese Fälle zunächst mit „unsi-cher" codiert. Für die logistische Regression wurden diese Fälle sodann rekodiert und unter „ja" gefasst (n = 3).

elektronisch überwachten Maßnahme kombiniert. Die folgende Variablenkombination wies den höchsten Erklärungsgehalt für den Rückfall auf.

Tabelle 14   Multivariate Analyse (Endmodell Freigang)

Variable	Koef.	SD	Odds Ratio	p
K-FG	0,71	± 0,92	2,04	0,44
Alter Indexdelikt	-0,17	± 0,06	0,84	0,004**
Lockerungen in Haft	-3,76	± 1,65	0,02	0,023*
Vorstrafenanzahl	0,25	± 0,82	1,28	0,003**
cons	0,19	± 1,88	1,22	0,09

Obs.: 54   Pseudo-R²: 0,45   * p ≤ ,05   ** p ≤ ,01   AIC: 50,52   BIC: 60,46

K = Kontrollgruppe; FG = Freigang

Der zuvor noch bei einigen Variablenkombinationen in *Tabelle 13* gefundene Effekt der elektronischen Aufsicht war im Endmodell nicht mehr zu beobachten. Ein statistisch bedeutsamer Unterschied aufgrund der elektronischen Fußfessel war in den Rückfallquoten nicht gegeben. Es zeigte sich jedoch, dass andere Faktoren einen Einfluss auf den Rückfall aufwiesen. So beeinflussten die Variablen Alter zum Zeitpunkt des Indexdelikts, Lockerungen in Haft und Vorstrafenanzahl das Rückfallrisiko nach wie vor hochsignifikant. Das Pseudo-R^2 von 0,45 spricht hierbei für eine gute Erklärungsstärke.[219]

5.2.3 Zusammenfassung

Der elektronischen Aufsicht und den mit ihr verbundenen Maßnahmen kann keine eindeutig rückfallvermeidende Wirkung zugesprochen werden. Im Anwendungsbereich der Entlassungsvorbereitung (Hausarrest) war die elektronische Aufsicht für das Rückfallrisiko unbedeutend. Im Bereich des elektronisch überwachten Freigangs zeigte die Analyse zwar teilweise ein signifikant höheres Rückfallrisiko der Kontrollgruppe gegenüber den Fußfesselträgern, jedoch ließ sich dieses Ergebnis im Endmodell, dem der höchste Erklärungsgehalt zugeschrieben wird, nicht bestätigen.

In der elektronisch überwachten Entlassungsvorbereitung (Hausarrest) hatten Probanden ohne Lockerungen in Haft und mit Substanzmissbrauchsproblematik ein signifikant höheres Rückfallrisiko. Für Probanden des vorzeitig gewährten Freigangs erhöhte sich das Rückfallrisiko signifikant, je jünger der Proband zum Tatzeitpunkt war (Alter zum Zeitpunkt des Indexdelikts), je mehr Vorstrafen er aufwies (Vorstrafenanzahl), je später er entlassen wurde (vorzeitige Entlassung), je kürzer die Haftstrafe bemessen war (Strafmaß des Indexdelikts) und wenn er bei Haftentlassung

---

219 Trotz der Interpretationsschwierigkeiten des Pseudo-R²; vgl. *Kapitel 5.2.*

keine Arbeitsstelle hatte. Diese Effekte sind jedoch unabhängig von der Gewährung der elektronischen Aufsicht zu betrachten. Deutlich zeigte sich in der gesamten Analyse, dass die Nichtgewährung von Lockerungen sowie ein missbräuchliches Konsumverhalten – tendenziell auch ein junges Alter bei der ersten Straftat – für ein hohes Rückfallrisiko sprechen. Dies konnte sowohl für die elektronisch überwachten Probanden der Entlassungsvorbereitung (Hausarrest) als auch für jene im Freigang festgestellt werden. Die Variablen Art des Indexdelikts, Sanktion für das Indexdelikt, psychologische Auffälligkeiten und Behandlungen, Familienstand und Schulabschluss hingegen wiesen weder im Bereich der elektronisch überwachten Entlassungsvorbereitung (Hausarrest) noch im Bereich des elektronisch überwachten Freigangs trotz ihrer kriminalitätstheoretischen Bedeutung einen statistisch bedeutsamen Effekt auf.

Das höchste Rückfallrisiko liegt zusammenfassend bei Gefangenen, die während der Inhaftierung keine Lockerungen erhielten, missbräuchlichen Substanzkonsum aufwiesen und bereits in einem tendenziell jungen Alter durch strafbare Handlungen auffällig wurden – und zwar unabhängig davon, ob sie an der Maßnahme elektronische Aufsicht im Vollzug der Freiheitsstrafe teilnahmen oder nicht.

5.3 Survival Analysis

5.3.1 Kaplan-Meier-Survivalfunktion

Zur Wirksamkeitseinschätzung der elektronisch überwachten Maßnahmen wird der Rückfall nun im zeitlichen Verlauf anhand der Survivalanalyse dargestellt. Die Kaplan-Meier-Überlebensfunktion zeigt in der folgenden *Abbildung 11* die Veränderung des Anteils nicht rückfälliger Probanden im Beobachtungszeitraum für die Treatment- und die Kontrollgruppen in beiden Anwendungsbereichen der elektronischen Aufsicht. Diese Funktion bezieht keine weiteren Variablen mit ein.

Durch den fallenden Kurvenverlauf wird der jeweilige Zeitpunkt dokumentiert, zu dem ein Proband rückfällig wurde und somit aus der weiteren Beobachtung ausscheidet. Bei der Betrachtung der Kurven in *Abbildung 11* ist jedoch erklärungsbedürftig, dass sich die Anzahl der Personen, die in die Berechnung eingeht, insbesondere circa ab dem 30. Monat der Beobachtungszeit trotz der konstant verlaufenden Survivalkurven reduziert. Das lässt sich darauf zurückführen, dass nicht nur die Rückfälligen, sondern auch die Probanden ausscheiden, die nicht weiter beobachtet werden konnten, da für sie keine Daten mehr vorhanden waren.

Abbildung 11   Kaplan-Meier-Überlebensfunktion (Vergleich der Treatment- und Kontrollgruppen)

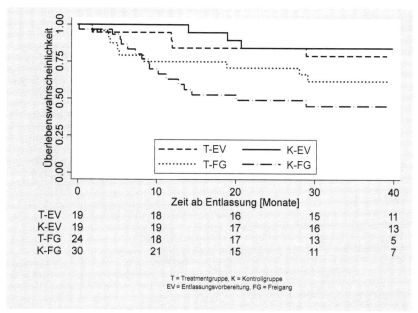

	0	10	20	30	40
T-EV	19	18	16	15	11
K-EV	19	19	17	16	13
T-FG	24	18	17	13	5
K-FG	30	21	15	11	7

T = Treatmentgruppe, K = Kontrollgruppe
EV = Entlassungsvorbereitung, FG = Freigang

Zunächst fällt in *Abbildung 11* die frühere Rückfälligkeit der Probanden des Freigangs auf. Von Interesse ist aber vielmehr, ob sich die Rückfallquoten von Treatment- und Kontrollgruppe der beiden Anwendungsbereiche unterscheiden. Betrachtet man die Kurven an sich, so ist es aufgrund der niedrigen Zählrate schwierig, eine Aussage über Unterschiede im zeitlichen Verlauf zu treffen. Um Klarheit darüber zu gewinnen, ob die Survivalkurven von Treatment- und Kontrollgruppe tatsächlich voneinander abweichen, werden im Folgenden die *Abbildungen 12* und *13* mit dem Konfidenzintervall dargestellt und auf signifikante Unterschiede hin überprüft. Die Konfidenzintervalle geben den Bereich an, in dem zwei Kurven noch als unterschiedslos gelten bzw. angesehen werden können.[220]

5.3.1.1 Elektronisch überwachte Entlassungsvorbereitung (Hausarrest)

Die Kurve für die elektronisch überwachten Probanden der Entlassungsvorbereitung (Hausarrest) liegt, wie *Abbildung 12* zeigt, im Konfidenzintervall der Kontrollgruppenkurve, auch wenn diese zu Beginn nur am Rand des Konfidenzintervalls der Treatmentgruppe verläuft. Aufgrund dieser deckungsgleichen Fehlerspanne ist kein

---

220   *Kohler & Kreuter* 2008, S. 196.

signifikanter Unterschied im Rückfallverlauf erkennbar. Der Log-Rank-Test – das Standardverfahren zum Vergleich zweier oder mehrerer Überlebenszeitkurven mit derselben Basisidee wie der χ^2-Test – bestätigt dieses Ergebnis (p = ,63; siehe *Anhang 19*).[221]

Abbildung 12   *Kaplan-Meier-Überlebensfunktion für die Entlassungsvorbereitung (Hausarrest)*

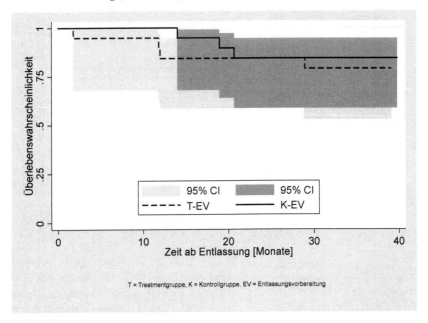

T = Treatmentgruppe, K = Kontrollgruppe, EV = Entlassungsvorbereitung

5.3.1.2 Elektronisch überwachter Freigang

Ein anderes Bild ergibt sich für den Anwendungsbereich des Freigangs, wie *Abbildung 13* zeigt. Vom Anfang des Katamnesezeitraums bis zu ca. zwölf Monaten nach der Haftentlassung ist anhand des Kurvenverlaufs kein statistischer Unterschied im zeitlichen Rückfallverlauf ersichtlich. Für die Phase danach lässt sich jedoch eine tendenziell höhere Rückfälligkeit für die Kontrollgruppe ablesen, da die Verlaufskurve der Treatmentgruppe circa ab dem zwölften Monat aus dem Konfidenzintervall der Kontrollgruppe austritt. Der Log-Rank-Test zum Vergleich der Überlebenskurven ist grundsätzlich nur dann möglich, wenn sich die Verlaufskurven im Modell nicht kreuzen, da dies auf eine Abweichung der Proportionalität hindeutet. Die Teststärke des Log-Rank-Tests ist am größten, wenn die Ereignisraten der Gruppen

---

221   *Kleinbaum & Klein* 2006, S. 57.

proportional sind.[222] Andernfalls bietet der Wilcoxon-Breslow-Test die größere Teststärke. Betrachtet man jedoch die Konfidenzintervalle zum Zeitpunkt der Überkreuzung, so lässt sich die Anwendung des Log-Rank-Tests rechtfertigen, da die Kurven wegen der Deckungsgleichheit der Konfidenzintervalle als proportional angesehen werden können. Ein signifikanter Unterschied der Verläufe von Treatment- und Kontrollgruppe konnte jedoch in beiden Tests nicht nachgewiesen werden (Log-Rank-Test: p = ,27; Wilcoxon-Breslow-Test: p = ,37; siehe *Anhänge 20–21*).

Abbildung 13   Kaplan-Meier-Überlebensfunktion für den Freigang

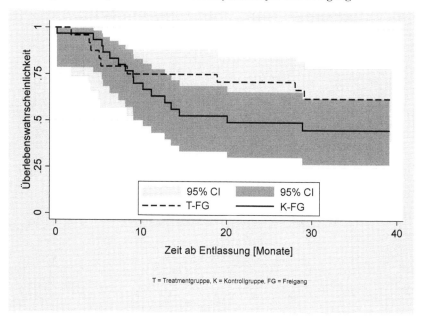

5.3.1.3 **Geglättete Hazard-Raten**

Für den Rückfallverlauf ist es ferner interessant, die Hazard-Raten der Kaplan-Meier-Überlebensfunktion einander gegenüberzustellen, da so nicht nur der einfache (Single-Event), sondern auch der mehrfache Rückfall (Multiple-Event) dargestellt werden kann. Während bei der Single-Event-Definition der Proband nach dem ersten Rückfall aus der Untersuchung herausfällt, verbleibt er in der Multiple-Event-Definition bis zum Ende des Beobachtungszeitraums unabhängig von der Anzahl seiner Rückfälle in der Analyse. Im Rahmen der Multiple-Event-Analyse lässt sich somit von einer tatsächlichen Rückfallrate sprechen. Die Kaplan-Meier-Survivalkurven für die Probanden der Entlassungsvorbereitung (Hausarrest) (siehe *Abbildung 12*) lassen

---

222 *Ziegler, Lange & Bender* 2007b, S. 41.

einen ähnlichen Verlauf der Hazard-Raten vermuten. Schwieriger ist die Beurteilung für die Gruppen im Freigang. Hier kreuzen sich die Survivalkurven und scheinen unterschiedlich zu verlaufen (*Abbildung 13*); allerdings überlappen sich die Konfidenzintervalle zum Überschneidungszeitpunkt. Um dies genauer zu untersuchen, werden in der folgenden *Abbildung 14* die Hazard-Raten der Kaplan-Meier-Schätzung grafisch dargestellt.

Abbildung 14   *Geglättete Hazard-Raten der Kaplan-Meier-Überlebensfunktion für die Treatment- und Kontrollgruppen*

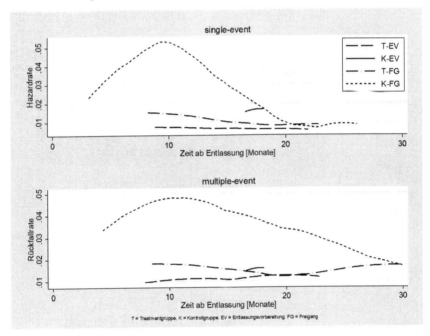

Zunächst ist die verkürzte Kurve der Kontrollgruppe in der Entlassungsvorbereitung (K-EV) sowohl in der Single- als auch in der Multiple-Event-Analyse auffällig. Die nichtparametrische Hazardfunktion wird nur zu den Zeitpunkten definiert, an denen ein Ereignis eintritt. Um trotzdem einen anschaulichen Verlauf zeigen zu können, wird die Funktion entsprechend geglättet. Dies ist nur dann durchführbar, wenn vor und nach dem zu glättenden Bereich noch Werte existieren. Da alle Rückfalltaten der Kontrollgruppe im Anwendungsbereich der Entlassungsvorbereitung im Zeitraum von 14 bis 21 Monaten nach Entlassung bzw. Ende der Maßnahme dicht aufeinanderfolgten, wird dieser Bereich entsprechend kurz dargestellt. Eine Glättung ist mangels anderer Werte nicht möglich. Besonders ausgeprägt ist hingegen die Kurve der Kontrollgruppe im Freigang (K-FG), die sich deutlich von den anderen Verläufen abhebt. Das Rückfallrisiko pro Zeiteinheit ist für diese Kontrollgruppe am höchsten. Das Maximum der Hazard-Rate ist in der Single- sowie der Multiple-Event-Analyse bei ca. zehn Monaten nach Haftentlassung erreicht.

Während die Hazard-Rate für die Treatmentgruppe nach der elektronisch überwachten Entlassungsvorbereitung (Hausarrest) (T-EV) in der Single-Event-Analyse relativ konstant unter Werten von 0,01 liegt, steigt die Rückfallrate in der Multiple-Event-Analyse leicht an und erreicht Werte von knapp über 0,01. Daraus folgt, dass die Probanden in dieser Gruppe häufig mehrfach rückfällig wurden. Dies wird durch die deskriptive Rückfallstatistik bestätigt (vgl. *Tabelle 7*). Ein ähnlicher Verlauf kann für die Treatmentgruppe nach dem elektronisch überwachten Freigang (T-FG) beobachtet werden. Auch hier verläuft die Kurve im Single Event unterhalb der Grenze von 0,01 und flacht kontinuierlich ab. Gerade gegen Ende steigt sie jedoch in der Multiple-Event-Analyse über die Grenze von 0,01 an und erreicht einen Wert von ca. 0,02. Hier kann daher festgestellt werden, dass mit zunehmender Zeit nach Haftentlassung immer weniger Probanden erstmals rückfällig werden. Dennoch werden von den bereits zu Anfang rückfälligen Probanden im weiteren Verlauf neue Straftaten registriert. Unterstützt wird dieses Ergebnis durch die Beobachtung in der Single-Event-Analyse, dass ungefähr ab dem 20.–25. Monat keine Probanden erstmals rückfällig wurden.

5.3.1.4 Zusammenfassung

Zusammenfassend ist festzustellen, dass keine signifikante Andersartigkeit der Verlaufskurven der vormals elektronisch überwachten Probanden gegenüber den aus dem regulären Vollzug entlassenen Probanden registriert werden konnte, auch wenn die Kurven augenscheinlich gruppenspezifische Verläufe des Rückfallverhaltens suggerieren. Insgesamt erscheint das erste Jahr nach der Haftentlassung als kritischster Zeitraum. Statistisch bedeutsame Unterschiede in der Rückfallquote durch die elektronische Überwachung können durch die Survival Analysis jedoch nicht nachgewiesen werden.

5.3.2 Cox-Regression

Anhand der mit der Cox-Regression ermittelten Hazard Ratio lässt sich der Einfluss ausgewählter Kovariaten auf den Rückfallverlauf untersuchen. Dabei kann auch dieser Analyse eine Single- oder Multiple-Event-Definition zugrunde gelegt werden.[223] Die Cox-Regression setzt voraus, dass die Hazard-Raten der zu vergleichenden Gruppen proportional zueinander sind.[224] Einen Anhaltspunkt für diese Proportionalität geben die Kaplan-Meier-Kurven. Wenn sich diese nicht kreuzen, kann ein

---

223 *Kleinbaum & Klein* 2006, S. 102.
224 *Zwiener, Blettner & Hommel* 2011, S. 167.

ähnlicher Verlauf und somit eine Proportionalität angenommen werden. Aber auch bei einer Überkreuzung – wie im Anwendungsbereich des Freigangs (siehe *Abbildung 13*) – kann die Proportionalität vermutet werden, da auch hier die Konfidenzintervalle zu berücksichtigen sind und die Überschneidung in diesen liegt. Die Untersuchung des Einflusses mehrerer erklärender Variablen auf den Rückfall wird mit dem Cox-Modell analog zur logistischen Regression durchgeführt.[225] Die Beobachtungszeiträume der Cox-Regression gehen nicht wesentlich über den in der logistischen Regression betrachteten Zeitraum hinaus. Da es sich bei beiden Verfahren um Regressionsmethoden handelt, liegt es nahe, dass sich die Ergebnisse der Cox-Regression und jene der logistischen Regression bei Zugrundelegung der Single-Event-Definition entsprechen werden.

5.3.2.1 Elektronisch überwachte Entlassungsvorbereitung (Hausarrest)

Im Bereich der Entlassungsvorbereitung (Hausarrest) zeigte sich in dem Modell, in dem sich ausschließlich die Variable der Maßnahme unter elektronischer Aufsicht befand, dass die gefundene Hazard Ratio von HR = 0,7 der Odds Ratio der logistischen Regression von OR = 0,7 (siehe *Tabelle 9*) entsprach. Auch in der Cox-Regression wurde somit kein signifikanter Einfluss der elektronischen Aufsicht bzw. der Maßnahme gefunden (p = ,64). Im Rahmen der logistischen Regression konnte in Kombination mit der Maßnahme unter elektronischer Aufsicht ein signifikanter Einfluss der Variablen Lockerungen in Haft und Substanzmissbrauch gefunden werden (siehe *Tabelle 10*). Dies bestätigte sich auch in der Cox-Regression. Das Modell mit der Variable Lockerungen in Haft ergab eine Hazard Ratio von HR = 0,07 mit einem p-Wert von p = ,001 (siehe *Anhang 22*). Der Einfluss des Substanzmissbrauchs war mit einem Wert von p = ,017 und einer Hazard Ratio von HR = 7,5 signifikant (siehe *Anhang 23*).

Tabelle 15   *Multivariate Analyse (Single-Event-Cox-Modell) für die Entlassungsvorbereitung (Hausarrest)*

Variable	Koef.	SD	Hazard Ratio	p
K-EV	-0,16	± 0,04	0,85	0,877
Substanzmissbrauch	1,95	± 0,91	7,05	**0,031***
Alter bei erster Straftat	-0,01	± 0,07	0,90	0,133
Lockerungen in Haft	-2,47	± 0,85	0,08	**0,004****
Obs.: 38 * p ≤ ,05 ** p ≤ ,005				

K = Kontrollgruppe; EV = Entlassungsvorbereitung

---

225   Zu dieser Ähnlichkeit und den Vorzügen beider Analysemethoden vgl. *Kapitel 4.2.1.3.*

Tabelle 15 zeigt nun die Analyse der Variablen aus dem multivariaten Endmodell der logistischen Regression (siehe *Tabelle 11*) im Cox-Modell für den Anwendungsbereich der Entlassungsvorbereitung (Hausarrest).

Im Vergleich zum Endmodell der logistischen Regression zeigt sich, dass sich auch in der Cox-Regression ein statistisch bedeutsamer Effekt für den Subtanzmissbrauch und die Lockerungen in Haft ergibt. Die Hazard Ratios lagen eng an den Odds Ratios der logistischen Regression. Zwar liegt für den Substanzmissbrauch die Odds Ratio mit OR = 19,97 (siehe *Tabelle 11*) im Vergleich zur Hazard Ratio von HR = 7 deutlich höher. Die Hazard-Rate zeigt jedoch ebenfalls die starke Tendenz, dass Probanden mit einem missbräuchlichen Konsumverhalten ein deutlich erhöhtes Rückfallrisiko aufweisen.

5.3.2.2 Elektronisch überwachter Freigang

Im Bereich des Freigangs ergibt das Modell, in dem sich ausschließlich die Variable der Maßnahme unter elektronischer Aufsicht befindet, eine Hazard Ratio von HR = 1,6, die sich somit an die Odds Ratio der logistischen Regression von OR = 2,4 annähert (siehe *Tabelle 12*). Im Gegensatz zur logistischen Regression, in der mit einem p-Wert von p = ,13 gerade noch ein tendenzieller Effekt der elektronischen Aufsicht angenommen werden könnte, wird der Effekt in der Cox-Regression mit einem p-Wert von p = ,27 deutlich schwächer. Ein Einfluss der Maßnahme unter elektronischer Aufsicht auf die Legalbewährung lässt sich somit in keiner Weise bestätigen. Für die Variablen Alter zum Zeitpunkt des Indexdelikts, Alter bei der ersten Straftat, Substanzmissbrauch, vorzeitige Haftentlassung, Vorstrafenanzahl, Lockerungen, Strafmaß des Indexdelikts sowie Arbeitsplatz bei Haftentlassung kann in Kombination mit der Variablen der elektronischen Aufsicht der in der logistischen Regression gefundene signifikante Effekt dieser Kovariaten auch durch die Cox-Regression bestätigt werden (vgl. *Anhang 24*).

Tabelle 16   *Multivariate Analyse (Single-Event-Cox-Modell) für den Freigang*

Variable	Koef.	SD	Hazard Ratio	p
K-FG	-0,21	± 0,53	0,01	0,697
Alter	-0,12	± 0,04	0,88	**0,001****
Lockerungen in Haft	-1,64	± 0,54	0,19	**0,003****
Vorstrafenanzahl	0,18	± 0,04	1,20	**0,000****
Obs.: 54 * p ≤ ,05	**** p ≤ ,005**			

K = Kontrollgruppe; FG = Freigang

Auch in der multivariaten Analyse entsprechen die Ergebnisse denen der logistischen Regression (*Tabelle 16*). Die Cox-Regression bestätigt den hochsignifikanten Einfluss der Variablen Alter, Lockerungen in Haft und Vorstrafenanzahl auf das Rückfallrisiko. Ein Effekt der elektronischen Aufsicht bzw. der Maßnahmen zeigt sich jedoch (ebenso wie in der logistischen Regression) nicht.

5.3.2.3 Multiple-Event-Cox-Regression (Entlassungsvorbereitung und Freigang)

Zuletzt soll das multivariate Endmodell mit der Multiple-Event-Analyse untersucht werden. Der Mehrwert besteht darin, dass hier der mehrfache Rückfall Berücksichtigung findet und die Probanden nicht schon nach der ersten Straftat herausfallen, sondern bis zum Ende des jeweiligen Beobachtungszeitraums in der Analyse verbleiben (vgl. *Tabelle 17* für die Entlassungsvorbereitung (Hausarrest) und *Tabelle 18* für den Freigang).

Tabelle 17   Multivariate Analyse (Multiple-Event-Cox-Modell) für die Entlassungsvorbereitung (Hausarrest)

Variable	Koef.	SD	Hazard Ratio	p
K-EV	-0,35	± 0,80	0,71	0,663
Substanzmissbrauch	1,96	± 0,80	7,08	0,014*
Alter bei erster Straftat	-0,07	± 0,05	0,93	0,137
Lockerungen in Haft	-1,31	± 0,65	0,27	0,044*
Subjects: 38	Obs.: 54	* p ≤ ,05		

K = Kontrollgruppe; EV = Entlassungsvorbereitung

Tabelle 18   Multivariate Analyse (Multiple-Event-Cox-Modell) für den Freigang

Variable	Koef.	SD	Hazard Ratio	p
K-FG	0,31	± 0,35	1,36	0,374
Alter	-0,07	± 0,02	0,94	0,003*
Lockerungen in Haft	-0,73	± 0,33	0,48	0,000**
Vorstrafenanzahl	0,11	± 0,02	1,12	0,026*
Subjects: 54	Obs.: 122	* p ≤ ,05 ** p ≤ ,001		

K = Kontrollgruppe; FG = Freigang

Auch in der Multiple-Event-Cox-Regression zeigt sich (wie erwartet) der gleiche statistisch bedeutsame Einfluss der Variablen, die auch einen signifikanten Effekt in der Single-Event-Definition der Cox- und der logistischen Regression aufweisen. Im Vergleich der Single- und der Multiple-Event-Analyse ergibt sich nur für das Merkmal der Lockerungen in Haft im Freigang (unter Berücksichtigung des Standardfehlers) eine Verstärkung des Effekts.

5.3.2.4 Multiple-Event-Cox-Regression (Rückfallhaftzeiten)

Weiterhin wurden die multivariaten Analysen auch unter Berücksichtigung der Haftzeiten durchgeführt, die als Sanktion für die Rückfalldelikte ausgesprochen und tatsächlich vollzogen wurden. Dies betraf nur neue Straftaten, die mit einer unbedingten Freiheitsstrafe abgeurteilt wurden. Bei Freiheitsstrafen zur Bewährung lagen keine Informationen über etwaige Widerrufe vor. Die Berücksichtigung der Haftzeiten im Rückfallzeitraum ist sinnvoll, da davon ausgegangen wird, dass im Gefängnis keine Straftaten geschehen. Interessant für die Legalbewährung ist jedoch der Zeitraum des Probanden in Freiheit. Als Korrektiv wurde daher eine Variable in das multivariate Endmodell aufgenommen, welche die erneuten Inhaftierungszeiten im Beobachtungszeitraum miteinbezieht. Sowohl im Bereich der Entlassungsvorbereitung (Hausarrest) als auch im Bereich des Freigangs hatte der Einschluss dieser Variablen jedoch keine großen Veränderungen der Werte zur Folge: Die Koeffizienten sowie die Hazard Ratios wichen in beiden Anwendungsbereichen minimal und unbedeutend von den Werten ohne Berücksichtigung der Inhaftierungen ab. Der Einschluss der Variable war statistisch ohne Bedeutung ($p = 1{,}0$). Auch im Bereich des Freigangs war kein Effekt zu finden ($p = 1{,}0$). Die Hazard Ratio betrug $3{,}09 * 10^{-17}$. Somit kann zusammenfassend festgestellt werden, dass der Einschluss der „Rückfallhaftzeiten" keinen nennenswerten Einfluss auf das Ergebnis hatte und darüber hinaus nicht zu einer Verbesserung des Modells beitrug.

5.3.2.5 Zusammenfassung

Die Ergebnisse der Cox-Regression stützen die logistische Regressionsanalyse und können einen Einfluss der elektronischen Überwachung auf das Rückfallrisiko ebenfalls nicht bestätigen. Die Berücksichtigung der Rückfallhaftzeiten trug nicht zu einem besseren Erklärungsgehalt oder einer höheren Modellgüte bei.

5.4   Diskussion der quantitativen Rückfallanalyse

Der Ergebnisinterpretation sind einige Limitierungen der Studie voranzustellen. Dabei muss zunächst die geringe Stichprobengröße berücksichtigt werden. Das Ziel der Randomisierung, nämlich zwei in allen (relevanten) Merkmalen vergleichbare Gruppen zusammenzustellen, die sich allein in der Anwendung der elektronischen Aufsicht (und den damit verbundenen Maßnahmen) unterscheiden, wird erst mit einer ausreichend großen Zahl von Zuordnungen erreicht. Je größer die Stichprobe ist, desto wahrscheinlicher ist die ausgewogene Verteilung der personengebundenen Merkmale auf die verschiedenen Gruppen und desto höher ist die Validität der Ergebnisse.[226] Je kleiner die Stichprobe ist, desto größer muss außerdem der Effekt

---

226 *Berekoven, Eckert & Ellenrieder* 2009, S. 45.

sein, damit überhaupt ein Unterschied beobachtet werden kann.[227] Ein weiteres Problem stellt die hohe Anzahl an Teilnehmerausfällen *(drop-outs)* in den Treatment- und den Kontrollgruppen dar, wodurch die Randomisierung gefährdet werden kann.[228] Selektive Ausfälle von Studienteilnehmern vor und nach der Gruppenzuteilung können die Vergleichbarkeit beeinträchtigen und zu einer Ergebnisverzerrung führen.[229] In der Treatmentgruppe konnte letztendlich nur jede zweite ursprünglich dieser Gruppe zufällig zugeteilte Person tatsächlich elektronisch überwacht werden. Die Zuteilung zur Kontrollgruppe ging für viele Probanden mit erhöhter Frustration einher.[230] Dies mag erklären, warum jeder sechste Proband der Kontrollgruppe die Teilnahme an der Datenerhebung verweigerte.[231] Darüber hinaus waren die hohen Teilnahmeanforderungen und die strenge Auswahlpraxis Gründe für den Ausfall mehrerer Probanden. So mussten bspw. der Arbeitsplatz und der Wohnort mit den Voraussetzungen der elektronischen Aufsicht konform sein und im Einzugsgebiet des Modellprojekts liegen. Zwar ergaben sich auch Schwierigkeiten aus offenen Gerichtsverfahren und Suchtproblematiken; jedoch scheiterte die Teilnahme neben der persönlichen Eignung des jeweiligen Gefangenen überwiegend an formellen Voraussetzungen.

Darüber hinaus könnten die positive Entlassungssituation und das insgesamt eher niedrig ausgeprägte Rückfallrisiko der Stichprobe (vgl. die Risikoeinschätzung nach LSI-R:SV, *Kapitel 4.4.4)* die Rückfallquote beeinflusst haben. Die Probanden des Modellprojekts waren insbesondere gegenüber der allgemeinen Gefängnispopulation vergleichsweise gut aufgestellt. So wiesen zum Beispiel ca. 47 % der Probanden im baden-württembergischen Modellprojekt einen höheren Schulabschluss als den Hauptschulabschluss auf. Im gesamten Strafvollzug beträgt die Anzahl der Personen mit einem höheren Bildungsabschluss als dem Hauptschulabschluss nur ca. 35 %.[232] Während außerdem ca. 34 % der Probanden verheiratet waren, liegt der Anteil verheirateter Gefangener im gesamten Strafvollzug nur bei ca. 15,5 %.[233] Der Schulabschluss und der Familienstand sind anerkannte Prädiktoren für das Rückfallrisiko (siehe *Kapitel 3.3).* Außerdem hatten nur ca. 23 % der Probanden im Modellprojekt Hafterfahrung, während 53 % aller Strafgefangenen in Deutschland bereits zuvor eine Freiheitsstrafe verbüßt haben.[234] Aufgrund möglicher Prisonisierungseffekte und

---

227   *Kühnel & Krebs* 2014, S. 278.

228   *Schwedler & Wößner* 2015, S. 20.

229   *Goldkamp* 2008, S. 85.

230   *Schwedler & Wößner* 2015, S. 17.

231   Für eine ausführliche Darstellung der Gründe für die Teilnehmerausfälle vgl. *Schwedler & Wößner* 2015, S. 39.

232   *Entorf* 2008, S. 35.

233   Vgl. www.destatis.de/DE/Publikationen/Thematisch/Rechtspflege/StrafverfolgungVollzug/St rafvollzug2100410167004.pdf?__blob = publicationFile, S. 14 [24.05.2017].

234   Vgl. www.destatis.de/DE/Publikationen/Thematisch/Rechtspflege/StrafverfolgungVollzug/St rafverfolgung2100300157004.pdf?__blob = publicationFile, S. 428 [24.05.2017].

der potenziellen Verfestigung krimineller Neigungen ist auch die Hafterfahrung für das Rückfallrisiko von großer Bedeutung (siehe *Kapitel 3.3*). Hinsichtlich des Einsatzziels der elektronischen Fußfessel – Wiedereingliederung und Resozialisierung – war bei den Probanden von vornherein ein vergleichsweise eher geringer Bedarf anzunehmen.

Somit ist grundsätzlich der Einfluss einer Vorselektion bei der Auswahl von Niedrigrisikotätern für die Stichprobe zu bedenken. Allerdings ist davon auszugehen, dass neue Maßnahmen häufig erst an einer weniger risikoreichen Klientel erprobt werden. Außerdem kann hinterfragt werden, ob der Rückfall als ausschlaggebender Faktor für die kriminalpolitische Bedeutung einer Maßnahme gelten muss. So könnte es bereits als Erfolg angesehen werden, wenn die Rückfallintervalle größer werden oder die Intensität der Rückfalltat niedriger wird.[235] Jedoch betrachten *Jehle et al.* die „Rückfallverhinderung [als] eine der wichtigsten Aufgaben des Strafrechts".[236] Der Gefangene soll durch den Strafvollzug befähigt werden, künftig in sozialer Verantwortung ein Leben ohne Straftaten zu führen (§ 2 StVollzG). Auch das Erfordernis der positiven Sozialprognose in § 56 Abs. 1 StGB („[...] keine Straftaten mehr begehen wird") legt nahe, die Effizienzkontrolle an der Rückfälligkeit der von der Maßnahme Betroffenen zu messen.[237] *Heinz* bezeichnet den Rückfall daher sogar „als zentrale[n] Misserfolgsindikator eines spezialpräventiven Strafrechts".[238]

Der Ausschluss des während der elektronisch überwachten Maßnahme straffällig gewordenen Probanden von der Rückfallanalyse könnte nach dem Intention-to-treat-Prinzip[239] (ITT) kritisch gesehen werden. Diesem Prinzip folgend müssten alle randomisierten Probanden in die Analyse eingehen, unabhängig davon, was nach der zufälligen Zuteilung mit ihnen geschieht.[240] Demnach hätten diese Probanden als Teil der Treatmentgruppe weiter berücksichtigt werden müssen. Dies erscheint insofern kontrainduktiv, da die Wirksamkeit einer Maßnahme nicht sinnvoll anhand von Probanden bewertet werden könnte, welche die elektronische Überwachung nicht in ausreichendem Maße bzw. nahezu gar nicht erlebten.[241] Bei Nichtberücksichtigung des ITT-Ansatzes könnte allerdings die Gefahr bestehen, dass eine selektive Gruppe entsteht, die voraussichtlich eher einen Behandlungserfolg erzielen wird. So kann die Vollteilnahme bereits als Indikator einer günstigen Prognose gesehen werden, was das Ergebnis der Vergleichsanalyse mit der Kontrollgruppe beeinflussen könnte.[242] Wenn es jedoch darum geht, das Wirksamkeitspotenzial einer Maßnahme zu

---

235 Bundesministerium der Justiz & Bundesministerium des Innern 2001, S. 445.
236 *Jehle et al.* 2016, S. 7.
237 Bundesministerium der Justiz & Bundesministerium des Innern 2001, S. 445.
238 *Heinz* 2004, S. 35. So auch *Kury* 2006, S. 37.
239 *Hollis & Campbell* 1999, S. 670.
240 *Schulgen & Schumacher* 2002, S. 147.
241 *Faller* 2004, S. 52.
242 *Faller* 2004, S. 54.

untersuchen, besteht auch die Möglichkeit der Per-Protocol-Analyse[243], in die nur Probanden eingehen, welche die Maßnahme vollständig durchlaufen haben. Dabei ist davon auszugehen, dass der Ausschluss die Vergleichbarkeit der Gruppen nicht beeinflusst hat. Es handelte sich um nur einen Probanden, der bereits am ersten Tag unter elektronischer Überwachung eine erneute Straftat beging, die zum sofortigen Abbruch der Maßnahme führte.

Die quantitative Analyse ergab insgesamt, dass sich die Rückfallraten der beiden Vergleichsgruppen (Treatment- vs. Kontrollgruppe) weder im Anwendungsbereich der elektronisch überwachten Entlassungsvorbereitung (Hausarrest) noch im elektronisch überwachten Freigang signifikant voneinander unterschieden.

Gleichwohl zeigt die statistische Betrachtung viele andere Einflussgrößen, die sich positiv oder negativ signifikant auf das Rückfallverhalten auswirken. Diese Erkenntnis wird auch durch das zwar etwas zurückliegende, aber sehr aufschlussreiche Experiment von *Petersilia* und *Turner*[244] bestätigt. Ihre mit dem baden-württembergischen Modellprojekt methodisch vergleichbare, randomisierte Studie untersuchte den Rückfall von Hochrisikotätern während der elektronischen Überwachung.[245] Anfangs zeigte sich eine höhere Rückfallrate der elektronisch überwachten Probanden. Nach einem Jahr konnte jedoch kein signifikanter Unterschied bei den Rückfallraten im Vergleich mit der Kontrollgruppe festgestellt werden. Es ist daher besonders interessant, dass nicht nur bei Tätern, die eher (wie im baden-württembergischen Modellprojekt) einem niedrigen Risikolevel zuzuordnen sind, sondern auch bei Personen mit einer erhöhten Rückfallgefahr ähnliche Ergebnisse zu beobachten sind. Dies deutet darauf hin, dass der Rückfall offensichtlich mit anderen Merkmalen als der elektronischen Aufsicht im Zusammenhang steht. *Marklund* und *Holmberg*[246] fanden in ihrer Studie keinen signifikanten Effekt der elektronischen Überwachung auf das Rückfallverhalten, nahmen darüber hinaus aber ebenfalls an, dass sich eine Vielzahl anderer Faktoren auf die Legalbewährung auswirkt. Das Studiendesign ließ jedoch eine Erhebung und Überprüfung dieser möglichen Einflussgrößen nicht zu.[247] Welche Faktoren eine Rolle spielen könnten und insbesondere wie die elektronische Überwachung diesen „anderen" Risikofaktoren begegnen kann, ist jedoch von großem Interesse und konnte in der Rückfallanalyse zum baden-württembergischen Modellprojekt beleuchtet werden.

In der logistischen Regressionsanalyse wurde im Anwendungsbereich des elektronisch überwachten Freigangs in drei Variablenkombinationen ein signifikanter Effekt der elektronisch überwachten Maßnahme beobachtet (vgl. Modelle a), b) und c)

---

243   *Schulgen & Schumacher* 2002, S. 148.
244   *Petersilia & Turner* 1990, S. 87.
245   *Petersilia & Turner* 1990, S. 95.
246   *Marklund & Holmberg* 2009, S. 41.
247   *Marklund & Holmberg* 2009, S. 58.

in *Tabelle 13*), der sich allerdings im Endmodell (siehe *Tabelle 14*) nicht bestätigen ließ. Die erste Variablenkombination zeigt einen signifikanten Einfluss der elektronisch überwachten Maßnahme auf das Rückfallrisiko kombiniert mit dem Alter zum Zeitpunkt des Indexdelikts. Der registrierte Effekt der elektronisch überwachten Maßnahme auf das Rückfallverhalten in dieser Variablenkombination unterstreicht die Bedeutung des Einschlusses von Kovariaten und lässt sich auch damit erklären. Die Rückfallwahrscheinlichkeit verringerte sich mit steigendem Lebensalter signifikant. Dies entspricht der bekannten Age-Crime-Kurve.[248] Das sinkende Rückfallrisiko mit zunehmendem Alter könnte sich insbesondere mit einem voranschreitenden (moralischen) Reifeprozess erklären lassen. Mit zunehmendem Alter kann das Leben außerdem als eine begrenzte Ressource wahrgenommen werden. Daraus kann eine Angst vor (weiteren) Inhaftierungen resultieren, da dies mit dem Verlust von Lebenszeit einherginge.[249] Die Probanden in der Treatmentgruppe waren nun signifikant jünger als die Kontrollgruppenprobanden, was an sich für eine höhere Rückfallwahrscheinlichkeit spräche. Trotzdem wiesen sie ein niedrigeres Rückfallrisiko auf, auch wenn dieser Effekt nicht signifikant war. Hier zeigte sich der „bereinigte"[250] Effekt der Maßnahme unter elektronischer Aufsicht. Die Altersverzerrung ist außerdem von untergeordneter Relevanz, da das Lebensalter kriminologisch betrachtet insgesamt eher hoch war (> 32 Jahre).

Des Weiteren zeigt sich, dass die Kombination der Variablen elektronisch überwachte Maßnahme und Substanzmissbrauch einen (hoch)signifikanten Einfluss auf das Legalverhalten hat (vgl. Modell b) in *Tabelle 13*). Probanden mit missbräuchlichem Substanzkonsumverhalten wurden signifikant häufiger rückfällig als solche ohne Substanzmissbrauch. Die kalifornische Studie von *Petersilia* und *Turner*[251] zur elektronischen Überwachung ergab, dass insbesondere der missbräuchliche Konsum von Alkohol und illegalen Drogen eine wesentliche Rolle für den Rückfall spielt. Auch die Metaanalyse von Rückfallstudien zur elektronischen Aufsicht von *Renzema* und *Mayo-Wilson*[252] zeigte, dass die Behandlung von missbräuchlichem Konsumverhalten wesentlich zur Rückfallreduzierung beiträgt. Einen Effekt der elektronischen Aufsicht fanden die Autoren dabei jedoch nicht.[253] Substanzmissbrauch und gerade auch eine Substanzabhängigkeit können den Konsumenten in kriminogene Kreise abgleiten lassen, woraus eine Stigmatisierung resultiert. Häufig kommt es durch den Konsum von Alkohol und illegalen Drogen im Rahmen der Beschaffungskriminalität zu erneuten Straftaten, wie Diebstahl und Raub, zu Verstößen gegen das Betäu-

---

248 *Grundies* 2014, S. 228.

249 *Stelly & Thomas* 2001, S. 61.

250 In der Regressionsanalyse wird die abhängige Variable hinsichtlich der Kontrollvariablen bereinigt, *Bortz & Weber* 2005, S. 682.

251 *Petersilia & Turner* 1990, S. 100.

252 *Renzema & Mayo-Wilson* 2005, S. 215.

253 *Renzema & Mayo-Wilson* 2005, S. 218.

bungsmittelgesetz und Folgestraftaten wie Straßenverkehrsdelikten als Folge des Fahrens unter dem Einfluss berauschender Substanzen.[254] Darüber hinaus wird ein pathologisches Konsumverhalten mit niedriger Selbstkontrolle assoziiert, was wiederum durch zahlreiche empirische Studien, insbesondere die von *Gottfredson* und *Hirschi*, mit einem hohen Rückfallrisiko in Verbindung gebracht wird.[255] Auch der Gesetzgeber sieht im Alkohol- und Drogenmissbrauch einen klassischen Rückfallfaktor, was er in der Gesetzesbegründung zur Einführung des Konsumverbots von Drogen und Alkohol als Weisung im Rahmen der Führungsaufsicht in § 68b Abs. 1 Nr. 10 StGB darlegt.[256] Es ist davon auszugehen, dass der pathologische Substanzkonsum mit dysfunktionalen Problembewältigungsmustern im Zusammenhang steht.[257] Der beobachtete signifikante Effekt der elektronisch überwachten Maßnahme in Kombination mit dem missbräuchlichen Substanzkonsum resultiert aus einer Situation, die mit der zuvor erläuterten Variablenkombination vergleichbar ist.

Die Verteilung beim Merkmal Substanzmissbrauch war zwischen den Treatment- und Kontrollgruppen zwar nicht signifikant verschieden. Die Treatmentgruppen enthielten jedoch eine höhere Anzahl missbräuchlich konsumierender Probanden. Obwohl für Konsumenten eine signifikant höhere Rückfallwahrscheinlichkeit bestand und sie in der Treatmentgruppe häufiger vertreten waren als in der Kontrollgruppe, wies die Treatmentgruppe weniger Rückfälle auf. Der Effekt der elektronisch überwachten Maßnahme wurde auch hier um diese Abweichung „bereinigt", die innerhalb der ausgewählten Kovariaten bestand, sodass ein signifikanter Effekt der elektronisch überwachten Maßnahme in dieser Variablenkombination beobachtet wurde. Einem Substanzmissbrauch oder einer Substanzabhängigkeit kann mit der elektronischen Aufsicht nicht begegnet werden. Im Modellprojekt waren Gefangene mit einem akuten Drogenproblem nicht zur elektronischen Überwachung zugelassen. Probanden der Treatmentgruppen wiesen zwar vor der Inhaftierung bzw. zum Zeitpunkt des Indexdelikts und teilweise auch über die Zeit der Haft hinaus vereinzelt ein missbräuchliches Konsumverhalten auf – jedoch in einem Ausmaß, das die Durchführung der Maßnahme trotzdem ermöglichte. Gefangene mit akuten Drogenproblemen oder einer Abhängigkeit stellten in Baden-Württemberg nicht die Zielgruppe der Maßnahme dar. Die elektronische Aufsicht könnte aber im Rahmen des generierten Wochenplans die Einhaltung von Terminen beispielsweise bei der Drogenberatung unterstützen und den Träger der Fußfessel von kriminogenen Orten fernhalten (z.B. von bekannten Orten des Drogenkonsums oder Drogenhandels). Dies entfaltet jedoch wohl nur während der Überwachung Wirkung. Mithilfe der elektronischen Aufsicht kann insbesondere der Kern von Substanzmissbrauchs- und -abhängigkeitsproblemen nicht bearbeitet werden. So muss die elektronische Auf-

---

254   *Enzmann & Raddatz* 2005, S. 151.

255   *Gottfredson & Hirschi* 1990, S. 41; siehe zu dieser Thematik auch *Ribeaud* 2006, S. 33.

256   Siehe BT-Drs. 16/1993, S. 19; vgl. auch *Seifert, Bolten & Möller-Mussavi* 2003, S. 132.

257   Vgl. *Barth* 2016, S. 95.

sicht in ein Gesamtkonzept zur Resozialisierung eingebettet werden, um kriminogene und somit risikoreiche Faktoren zu behandeln und zu eliminieren. Hier wird insbesondere die Notwendigkeit begleitender Maßnahmen zur elektronischen Aufsicht deutlich.

Die dritte Variablenkombination, in der ein Effekt der elektronischen Aufsicht beobachtet wurde (vgl. Modell c in *Tabelle 13*), zeigt, dass die Rückfallwahrscheinlichkeit signifikant steigt, je früher der Proband mit delinquentem Verhalten auffällig wurde (Alter bei der ersten Straftat). Der frühere Beginn abweichenden Verhaltens deutet häufig auf erhöhte kriminelle Neigungen hin. Das Alter bei der ersten Straftat ist insofern ein gängiges Prognose-Item.[258] *Farrington et al.* sehen das Alter bei der ersten Straffälligkeit als den besten Prädiktor für eine kriminelle Karriere und ein hohes Rückfallrisiko.[259] Dies wird z.b. auch durch die Beobachtung von *Rettenberg et al.* bestätigt, dass Personen, die im höheren Alter strafrechtlich in Erscheinung treten, häufig bereits im frühen Kindes- oder Jugendalter durch kriminelle Aktivitäten aufgefallen sind.[260] In der vorliegenden Stichprobe muss beachtet werden, dass die Probanden bei der ersten gerichtlich abgeurteilten Straftat durchschnittlich > 26,8 Jahre alt waren, was der theoretischen Erklärung somit nicht gänzlich entspricht, aber vielleicht gerade deshalb für die Beurteilung der elektronischen Aufsicht interessant ist. Auch die elektronisch überwachte Maßnahme zeigte in diesem Modell einen signifikanten Effekt auf das Rückfallverhalten. Die Treatmentgruppe war bei der ersten Straftat durchschnittlich jünger als die Kontrollgruppe. Obwohl das Rückfallrisiko signifikant steigt, je jünger der Delinquent bei seiner ersten Straftat war, weist die Treatmentgruppe ein geringeres Rückfallrisiko auf. Somit folgt auch dieses Erklärungsmuster für den beobachteten Effekt der elektronischen Überwachung den zuvor erläuterten Variablenkombinationen. Dabei ist stets zu bedenken, dass der Einfluss dieser Prädiktoren in der kriminologischen Forschung sanktionsunabhängig beobachtet werden kann. Allerdings verschwindet der beobachtete signifikante Einfluss der elektronisch überwachten Maßnahme im multivariaten Endmodell der logistischen Regression, welches die Rückfallvarianz am besten aufzuklären vermag. Ein statistisch bedeutsamer Unterschied in der Rückfallquote aufgrund der elektronischen Fußfessel war somit auch hier letztendlich nicht mehr gegeben.

Betrachtet man in beiden Anwendungsbereichen die Rückfalldelikte im zeitlichen Verlauf (Survival Analysis), so ereigneten sie sich erwartungsgemäß überwiegend im ersten Jahr nach der Haftentlassung. Diese Beobachtung ordnet sich in (internationale) Befunde der Rückfallforschung ein und deckt sich ferner mit den Ergebnissen der bundesweiten Rückfalluntersuchung von *Jehle et al.*[261] Danach ist der Großteil der Rückfälle in den ersten drei Jahren nach der Haftentlassung zu verzeichnen,

---

258 *Rettenberger, Matthes, Schilling & Eher* 2011, S. 46.
259 *Farrington et al.* 1988, S. 283; siehe hierzu auch *Boeger* 2011, S. 231.
260 *Rettenberger et al.* 2011, S. 46; *Grundies* 2014, S. 224.
261 *Jehle et al.* 2016, S. 9.

wobei der deutliche Schwerpunkt auf dem ersten Jahr liegt.[262] Der sich unmittelbar an die Entlassung aus dem Strafvollzug anschließende Zeitraum ist demnach der kritischste und für Maßnahmen der Rückfallprävention von herausragender Bedeutung. Dies unterstreicht gleichermaßen die Bedeutung der Entlassungsvorbereitung (Hausarrest), um bereits einen möglichst positiven Übergang von der Haft in die Freiheit zu ermöglichen. Der Einsatz der elektronischen Fußfessel könnte daher insbesondere in diesem kritischen Zeitraum direkt nach der Haftentlassung oder bereits als Instrument der Entlassungsvorbereitung am sinnvollsten sein, wenn überhaupt eine kriminalpräventive Wirkung angenommen werden kann. Die vorzeitige Herausnahme aus der Haft durch den elektronisch überwachten Hausarrest zur Entlassungsvorbereitung (wie es im Modellprojekt praktiziert wurde) entspricht diesem Zweck, da der Gefangene wieder dem Umfeld und dem Alltag „draußen" ausgesetzt wird. Sofern Nachwirkungen nach dem Ende der elektronischen Aufsicht überhaupt erwartet werden können, wären sie unmittelbar nach Abnahme der elektronischen Fußfessel als noch am stärksten einzuschätzen. Je länger die Zeit ohne Überwachung voranschreitet, desto mehr könnte von einer Abnahme der Wirkung auszugehen sein, sofern es nicht zu internalisierenden Effekten bei der Tagesstruktur oder zu einer erhöhten Selbstkontrolle gekommen ist. Je länger die Maßnahme zurückliegt, desto mehr verschwände also ein entsprechender Resteffekt. Allerdings ist die Rückfallgeschwindigkeit der vormals elektronisch überwachten Probanden im Bereich des Freigangs weder beachtlich langsamer noch gar (betrachtet man den Anwendungsbereich des elektronisch überwachten Hausarrests) schneller als die Rückfallgeschwindigkeit der aus dem regulären Vollzug entlassenen Kontrollgruppenprobanden. Dies könnte darauf hindeuten, dass die durch die elektronische Überwachung intendierte Internalisierung von Eigenkontrolle nicht erfolgt und die elektronische Überwachung nicht nachwirkt. An die geringe Wahrscheinlichkeit einer solchen langfristigen Internalisierung wird im Rahmen der qualitativen Analyse (siehe *Kapitel 7*) angeknüpft.

Die Ergebnisse der Cox-Regression entsprechen den Resultaten der logistischen Regression sowie der Survival Analysis und stützen somit diese Interpretation. Insgesamt bleibt festzuhalten, dass die quantitative Analyse keinen Effekt der elektronischen Überwachung auf die Legalbewährung nachweisen konnte. Grundsätzlich war in der Cox-Regression im Rahmen der Multiple-Event-Analyse im Vergleich zur Single-Event-Definition eine Verstärkung der Effekte zu erwarten, da die rückfälligen Probanden mit ihrer Merkmalskombination durch den erneuten Rückfall stärker gewichtet wurden. Diese Verstärkung lässt sich u.a. anhand des Koeffizienten bestimmen. Hierbei muss jedoch auch dessen Standardfehler berücksichtigt werden. Im Vergleich der Single- und der Multiple-Event-Analyse zeigt sich allerdings nur für das Merkmal der Lockerungen in Haft bei Entlassungsvorbereitung (Hausarrest) eine Verstärkung des Effekts (vgl. *Tabelle 18*) unter Berücksichtigung des Standardfehlers. Die Gewährungen von Lockerungen in Haft wiesen auch in der logistischen

---

262   *Jehle et al.* 2016, S. 9.

Regression einen signifikanten Einfluss auf das Rückfallverhalten auf. Dies lässt sich insbesondere mit dem Selektionseffekt erklären, der aus den Gewährungsvoraussetzungen für vollzugsöffnende Maßnahmen resultiert, wie sie § 9 Abs. 1 JVollzGB III festlegt.[263] Sind diese Voraussetzungen erfüllt, so können dem Gefangenen ein gefestigter Charakter und eine positive Legalprognose unterstellt werden, was sich wiederum in einer niedrigen Rückfallwahrscheinlichkeit niederschlagen könnte. Der signifikante positive Einfluss der Lockerungen auf das Rückfallverhalten entspricht daher der allgemeinen Erwartung und basiert überwiegend auf einer Vorselektion. Wäre die Lockerungseignung auch ohne elektronische Überwachung gegeben, so müsste an einen Net-Widening-Effekt gedacht werden.[264]

Häufig hat die Art des Indexdelikts eine hohe Aussagekraft für die Legalbewährung (siehe *Kapitel 3.3*). Die Regressionsanalysen zeigten jedoch keinen signifikanten Einfluss der Deliktsart auf das Rückfallrisiko. Dies könnte mit der elektronischen Aufsicht zusammenhängen. Das Rückfallrisiko variiert generell je nach Deliktsart und ist bei Personen mit Eigentumsdelikten mit am höchsten.[265] Generell liegt es nach Vermögensdelikten, insbesondere Betrug, zwar deutlich unter dem Rückfallrisiko von Eigentumsdelikten,[266] jedoch fanden *Dünkel* und *Geng*[267] heraus, dass insbesondere bei Inhaftierungen wegen eines Eigentums- oder Vermögensdelikts insgesamt eine erhöhte Rückfallwahrscheinlichkeit besteht. Diese Deliktskategorien dominierten die vorliegende Stichprobe: 37 % der Indextaten waren Vermögensdelikte, 20 % Eigentumsdelikte. Auch Straßenverkehrsdelikte, insbesondere Fahren ohne Fahrerlaubnis, machten einen Großteil der Indexdelikte aus (12 %). Die Rückfallrate beim Fahren ohne Fahrerlaubnis ist im Vergleich zu anderen Straßenverkehrsdelikten beachtlich höher, sogar bei der Verhängung von Geldstrafen (ca. 34 %).[268] Die laufende elektronische Überwachung kann bei Vermögensdelikten nicht unbedingt Abhilfe schaffen, da diese häufig nicht raumbezogen sind, sondern vielfach über das Internet begangen werden. Hinsichtlich der Straßenverkehrsdelikte entzieht der Einschluss beim Hausarrest dem Überwachten die Möglichkeit, am Straßenverkehr teilzunehmen und entsprechende Delikte zu begehen. Dieser Effekt bezieht sich freilich nur auf den Zeitraum der laufenden Überwachung und wirkt nur während des Hausarresteinschlusses. Ähnlich ist die Wirkung bei den Eigentumsdelikten zu beurteilen. Während einerseits verdachtsabhängig nachvollzogen werden

---

263 § 9 Abs. 1 JVollzGB: „Gefangenen können mit ihrer Zustimmung vollzugsöffnende Maßnahmen gewährt werden, wenn sie für die jeweilige Maßnahme geeignet sind, insbesondere ihre Persönlichkeit ausreichend gefestigt und nicht zu befürchten ist, dass sie sich dem Vollzug der Freiheitsstrafe entziehen oder die Maßnahme zur Begehung von Straftaten missbrauchen werden."

264 Dazu bereits *Schwedler & Wößner* 2015, S. 105, 117.

265 *Dünkel & Geng* 1993, S. 205 f.

266 *Jehle et al.* 2016, S. 103.

267 *Dünkel & Geng* 1993, S. 205 f.

268 *Jehle et al.* 2016, S. 109.

könnte, ob der Überwachte sich zu einem fraglichen Zeitpunkt an einem Tatort aufgehalten hat, ist die kriminalpräventive Wirkung hier nur, dass sich ihm während des
Einschlusses keine Tatgelegenheiten bieten. Insofern ist es nicht nur wegen der niedrigen Zählrate schwierig, eine Aussage darüber zu treffen, inwiefern sich der De-
liktstyp auf die Rückfallquote der Stichprobe ausgewirkt hat. Der einschlägige Rückfall ist generell deutlich seltener zu beobachten als der allgemeine Rückfall.[269] In der
vorliegenden Untersuchung lag der Schwerpunkt des einschlägigen Rückfalls auf
Vermögensdelikten, war aber insgesamt von eher untergeordneter Bedeutung. Die
niedrige Fallzahl lässt darüber hinaus keine validen Rückschlüsse zu.

Auch die Sanktion für das Indexdelikt ist von Interesse für die Legalbewährung
(siehe *Kapitel 3.3*). Die durchschnittliche Rückfallrate nach einer Geldstrafe ist im
Vergleich zu anderen Sanktionen am niedrigsten.[270] Das größte Rückfallrisiko besteht für Haftentlassene aus einer unbedingten Jugend- bzw. Freiheitsstrafe.[271] In
den beiden untersuchten Anwendungsbereichen der elektronischen Aufsicht wurde
der Großteil der Probanden hinsichtlich des Indexdelikts zu einer unbedingten Freiheitsstrafe verurteilt, sodass ein Effekt hätte erwartet werden können. Die Variable
hatte jedoch keinen signifikanten Einfluss auf das Rückfallverhalten. Auch kam es
zu keiner Eskalation der Sanktionen für die Rückfalldelikte. So folgten auf eine Be-
währungsstrafe mit Bewährungswiderruf oder sogar auf eine unbedingte Freiheitsstrafe – Ersatzfreiheitsstrafen sind von der Analyse nicht umfasst – für die Rückfalldelikte überwiegend Geldstrafen. Von den insgesamt N = 49 registrierten Rückfalldelikten wurden 61,2 % (n = 30) mit einer Geldstrafe sanktioniert. Dieser Befund
entspricht auch der bundesweiten Rückfallstatistik. So werden entlassene Strafgefangene zwar im Vergleich zu mit Geldstrafe sanktionierten Tätern am häufigsten
rückfällig;[272] allerdings kehrt weniger als die Hälfte durch das Rückfalldelikt in den
Strafvollzug zurück.[273] Die Verhängung der Geldstrafen könnte des Weiteren dafür
sprechen, dass der Rückfall in mehr als der Hälfte der Fälle von eher niedriger Intensität war. *Henneguelle et al.*[274] beobachteten in ihrer quasi-experimentellen Studie, dass die Rückfalldelikte der Probanden unter elektronischer Aufsicht von deutlich geringerer Intensität waren als jene der inhaftierten Probanden in der Vergleichs-
stichprobe.[275] Weiterhin konstatierten sie, dass die elektronische Aufsicht als Sub-
stitut für eine Inhaftierung einen langfristigen positiven Effekt auf die Legalbewährung nach Beendigung der elektronischen Aufsicht ausübt. Im baden-württembergischen Projekt entfielen 73,3 % (n = 22) der Geldstrafen für die Rückfalldelikte auf

---

269   *Jehle et al.* 2016, S. 9.

270   *Albrecht* 1982, S. 209; zu einem ähnlichen Ergebnis kommt *Tetal* 2018, S. 537.

271   *Jehle et al.* 2016, S. 9.

272   *Jehle et al.* 2016, S. 8.

273   *Jehle et al.* 2016, S. 8.

274   *Henneguelle, Monnery & Kensey* 2016, S. 650.

275   Dazu auch *Marklund & Holmberg* 2009, S. 41.

die Kontrollgruppe. Dies spricht für eine tendenziell höhere Anzahl weniger schwerwiegender Rückfälle in der Kontrollgruppe. *Henneguelle et al.* führten die weniger gravierende Deliktschwere der Fußfesselträger auf die gänzliche Haftvermeidung durch die elektronische Überwachung zurück, da hierdurch Prisonisierungseffekte vermieden wurden und sich die kriminellen Verhaltensweisen nicht verstärken konnten.[276]

In der baden-württembergischen Studie waren die elektronisch überwachten Probanden zeitweise den Einflüssen der Haft ausgesetzt. Dies könnte ein Grund sein, wieso sich die Annahme von *Henneguelle et al.* im Modellprojekt nicht bestätigen ließ. In jener wäre grundsätzlich ein Argument für den Einsatz der elektronischen Aufsicht als Haftvermeidungsinstrument zu sehen. Trotzdem bleibt zu beachten, dass die inhaftierte Kontrollgruppe trotz der Haft bei der Sanktionsfolge im Vergleich zur Treatmentgruppe keinen „Negativtrend" verzeichnete. Dies wiederum ist vermutlich auch auf das generell niedrige Risikopotenzial der Stichprobe zurückzuführen.

Das Strafmaß des Indexdelikts wirkte sich signifikant auf das Rückfallverhalten aus. Das Rückfallrisiko sank, je höher das Strafmaß des Indexdelikts ausfiel. Es stellt sich die Frage, wie dies zu erklären ist, da es auf den ersten Blick verwundern mag. Denn zunächst könnte mit Blick auf mögliche Prisonisierungseffekte davon auszugehen sein, dass das Risiko der kriminellen Verfestigung und negativer Langzeitfolgen der Haft ansteigen und somit eine lange Haftstrafe tendenziell umso rückfallbegünstigender wirken müsste, je länger der Gefangene im geschlossenen System des Strafvollzugs untergebracht ist. Im Rahmen des Modellprojekts wurden überwiegend Strafen in folgender Größenordnung verhängt: Im Mittel wurden die Probanden zu M = 23,7 Monaten Strafhaft verurteilt, wobei der Schwerpunkt auf kürzeren Strafen lag (siehe *Kapitel 4.4.2*). Die Rückfallrate ist bei Strafen zwischen sechs und 24 Monaten statistisch gesehen am höchsten und nimmt dann kontinuierlich ab.[277] Dies hängt u. a. damit zusammen, dass Strafen zwischen sechs und 24 Monaten bei positiver Legalprognose im Regelfall zur Bewährung ausgesetzt werden (§ 56 StGB) und somit ohnehin von einer schlechten Prognose und einem hohen Rückfallrisiko für diese Gruppe von Verurteilten ausgegangen werden muss, wenn die Strafe vollstreckt wurde.[278]

Die vorzeitige Entlassung und die Vorstrafenanzahl zeigten sich ebenfalls als signifikante Einflussfaktoren für das Rückfallrisiko. So sank jenes signifikant, wenn der Gefangene vorzeitig aus der Haft entlassen wurde. Der vorzeitigen Haftentlassung liegt ebenfalls eine Vorselektion zugrunde, ebenso wie bei der Gewährung von Lockerungen. Die vorzeitige Haftentlassung setzt nach § 57 Abs. 1 StGB eine positive Legalprognose des Gefangenen voraus. Daher liegt bereits ein Selektionseffekt vor,

---

276 *Henneguelle, Monnery & Kensey* 2016, S. 650.
277 *Jehle et al.* 2016, S. 56.
278 BeckOK-StGB/*von Heintschel-Heinegg*, § 56 Rn. 3.

sodass der Einfluss dieser Variablen nicht verwundert, sondern der allgemeinen Erwartung entspricht. Die Vorstrafenanzahl hat insofern eine Indizwirkung, als eine erhöhte Gefährdungslage eines Rückfalls besteht, je mehr Vorstrafen der Gefangene vorweist. Dies spricht dafür, dass die Person durch frühere Ereignisse oder Prozesse, die sich in normabweichenden Verhaltensweisen niedergeschlagen haben, bereits negativ beeinflusst wurde.[279] Aus der Vorstrafenbelastung lässt sich ebenfalls die Hafterfahrung ableiten, die insbesondere für kurz- und langfristige Prisonisierungseffekte von Bedeutung ist und sich auf das Legalverhalten auswirken kann (siehe *Kapitel 3.2*). In diesem Zusammenhang ist ein Vergleich der Ergebnisse zwischen der Fußfesselgruppe in der Entlassungsvorbereitung (Hausarrest) und den Probanden unter elektronischer Aufsicht im Freigang interessant. Bei der Hausarrestgruppe könnte ein größeres Potenzial für die Verringerung der Prisonierungseffekte angenommen werden, da sich die Treatmentgruppe in der Entlassungsvorbereitung durch den Hausarrest zu einem früheren Zeitpunkt außerhalb des Vollzugs befand. Die Freiganggruppe hingegen wurde nicht gänzlich aus der Haft herausgenommen, sondern verblieb im offenen Vollzug. Es ist denkbar, dass sich die Kontrollgruppe des Freigangs gegenüber den vorzeitig in den Freigang verlegten elektronisch überwachten Gefangenen benachteiligt fühlte und dieser Effekt daher stärker ausfiel als in der Substichprobe der Hausarrestprobanden. Denn bei diesen war die tatsächliche Entlassung schon deutlich absehbarer als bei den Freigängern.

Entgegen der theoretischen Erwartung (siehe *Kapitel 3.2*) zeigte auch die Variable des Schulabschlusses keinen statistisch bedeutsamen Effekt. Dies könnte daran gelegen haben, dass es in der Stichprobe kaum Probanden ohne Bildungsabschluss gab. Die Variable steht argumentativ im Zusammenhang mit der Beschäftigungssituation, da der Bildungsabschluss den Zugang zu einer späteren Arbeitsstelle eröffnet und somit richtungsweisend ist. So zeigte die Regressionsanalyse, dass Probanden mit einem Arbeitsverhältnis nach Haftentlassung ein signifikant niedrigeres Rückfallrisiko aufwiesen als solche ohne festes Beschäftigungsverhältnis. Die Probanden der elektronisch überwachten Treatmentgruppe waren nach Beendigung der Maßnahme seltener arbeitslos als die Kontrollgruppe nach der Haftentlassung (siehe *Kapitel 4.4.3*). Dies könnte mit der elektronischen Aufsicht oder sogar bereits mit ihren Gewährungsvoraussetzungen zusammenhängen. Eine Voraussetzung zur Teilnahme am Modellprojekt war ein Arbeits- bzw. Ausbildungsverhältnis. Ein festes Beschäftigungsverhältnis kann kriminalpräventiv wirken, da es der Tagesstrukturierung dient und den Beschäftigten finanziell absichert.[280] Weiterhin bedeutet die Einbindung in die Arbeitswelt soziale Integration und stärkt das Selbstwertgefühl.[281] *Andersen* und *Telle*[282] konnten in ihrer Studie die genauen Wirkmechanismen der elek-

---

279   *Meier* 2007, S. 182.

280   *Blath, Dillig & Frey* 1982, S. 181.

281   *Mecklenburg* 2008, S. 9.

282   *Andersen & Telle* 2016.

tronischen Aufsicht zwar nicht ergründen, jedoch erschien der Erhalt des Arbeitsplatzes als ein wesentlicher Beitrag der elektronischen Aufsicht zur erfolgreichen Legalbewährung. Die elektronische Aufsicht trägt durch die Haftverkürzung oder sogar -vermeidung dazu bei, dass der Überwachte seinen Arbeitsplatz gar nicht erst verliert, oder sie soll die Suche nach einem Arbeitsplatz unterstützen. Während der Überwachung können die definierten Zonen dem Überwachten dabei helfen, rechtzeitig bei der Arbeit zu erscheinen.

Eine aktuelle dänische Studie[283] kommt außerdem zu dem Ergebnis, dass die elektronische Überwachung die Rate höherer Schulabschlüsse im Vergleich zu den regulär Inhaftierten um 18 % steigert. In Dänemark ist die elektronische Überwachung freiwillig. Wie in Baden-Württemberg wird sie in Form des Hausarrests mit einem festgelegten Wochenplan vollzogen, inklusive einer Verpflichtung zur Arbeit bzw. zum Schulbesuch von ebenfalls mindestens 20 Stunden pro Woche. Die elektronische Überwachung gilt durch ihre Einbettung in ein Gesamtkonzept aus Arbeitsmarktintegration/Schulbildung, Alkohol- und Drogentests sowie unangekündigten Besuchen von Bewährungshelfern als erfolgversprechend. Insofern könnte die elektronische Aufsicht einen Beitrag zu Arbeitsmarktintegration und Schulbildung geleistet haben.

5.5 Fazit

Ein rückfallvermeidender oder -reduzierender Effekt der elektronischen Aufsicht konnte in der quantitativen Analyse zusammenfassend nicht nachgewiesen werden. Daher können die aufgestellten Hypothesen (siehe *Kapitel 4.1*), nach denen die elektronisch überwachten Probanden im Vergleich zur Kontrollgruppe aufgrund der elektronischen Fußfessel eine niedrigere Rückfallquote aufweisen, nicht bestätigt werden. Die Analyse zeigte jedoch eine Vielzahl von Faktoren, die das Rückfallrisiko signifikant beeinflussen. Die elektronische Aufsicht kann diesen Faktoren jedoch nur begrenzt oder gar nicht begegnen. Die positiven Effekte der elektronischen Aufsicht in ausländischen Untersuchungen sind oftmals auf Gründe zurückzuführen, die in der Person der Probanden liegen, oder aber auf Begleitmaßnahmen der elektronischen Aufsicht, die im baden-württembergischen Modellprojekt so nicht stattfanden. Von der elektronischen Überwachung allein geht demzufolge keine Resozialisierungswirkung aus. Dies lässt die Einbettung in ein Gesamtkonzept mit weiteren Unterstützungsmaßnahmen unerlässlich erscheinen.

---

283 *Larsen* 2017, S. 159.

Kapitel 6

Quantitative Zusatzanalyse (Zwillingsgruppen)

Die vergleichende Untersuchung der Treatmentgruppen mit der im Matched-Pair-Verfahren gezogenen Zwillingsgruppen erfolgte vor dem Hintergrund möglicher Einflüsse auf die Substichproben dahingehend, dass im Rahmen von Interventionen im Strafvollzug häufig spezielle (methodische) Schwierigkeiten entstehen, wie bereits *Schwedler* und *Wößner*[284] für das vorliegende Modellprojekt ausführlich diskutiert haben. Wird ein Teilnehmer bspw. zufällig einer Kontrollgruppe zugeteilt, so könnte er sich benachteiligt fühlen – obwohl der Nutzen der Maßnahme empirisch noch nicht belegt ist. Die dadurch möglicherweise ausgelöste Frustration kann dann das Ergebnis beeinflussen, wenn der Proband deswegen nicht mehr bereit ist, an der begleitenden Untersuchung teilzunehmen, oder wenn er eine Reaktanz entwickelt und sich dadurch sein Verhalten ändert. Wie die Interviews mit den Probanden ergaben, sprechen die Gefangenen außerdem miteinander über die Maßnahme. Für die einer Kontrollgruppe zugewiesenen Probanden könnten bspw. die Wahrnehmung von Ungerechtigkeit und die hieraus entstehende mögliche Enttäuschung über die Nichtzuteilung zur Treatmentgruppe eine Rolle spielen. Der Verlauf des Modellprojekts bestätigte insgesamt die Bedeutung des Einbezugs von Zwillingskontrollgruppen. Denn einerseits gab es Ausfälle bei der Erhebung der Daten der Kontrollgruppe, insbesondere im Rahmen der Probandeninterviews. Darüber hinaus gab es Dropouts nach der Zuweisung zur Treatmentgruppe. Die Zwillingsbildung, die erst nach dem Ende der Projektlaufzeit erfolgte, wurde sowohl für die Probanden des elektronisch überwachten Hausarrests als auch für jene des elektronisch überwachten Freigangs durchgeführt.[285]

6.1 Deskriptive Rückfallstatistik

Dem Parallelisierungsverfahren entsprechend wiesen die Probanden der Treatment- und der Zwillingsgruppen in beiden Anwendungsbereichen (elektronisch überwach-

---

284   *Schwedler & Wößner* 2015, S. 20.

285   Vgl. hierzu *Kapitel 4.3.* Die Matching-Variablen waren folgende: Alter zum Zeitpunkt des Indexdelikts, Familienstand, berufliche Situation zum Zeitpunkt des Indexdelikts, Staatsangehörigkeit, Migrationshintergrund, Vorstrafenanzahl, Art des Indexdelikts und Strafmaß des Indexdelikts.

te Entlassungsvorbereitung [Hausarrest] sowie elektronisch überwachter Freigang) eine hohe Vergleichbarkeit auf. Die Gruppen unterschieden sich nur in wenigen Merkmalsbereichen signifikant voneinander (vgl. *Abbildung 15*).

Abbildung 15   *Signifikante Unterschiede in der Stichprobe (Treatment- bzw. Zwillingsgruppe)*

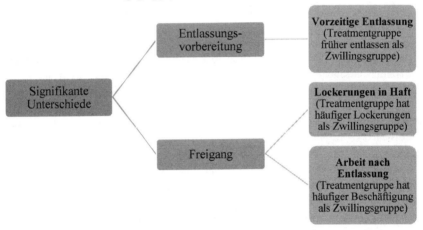

Die Vergleichsanalyse der Treatment- und der Zwillingsgruppen bezieht sich auf einen Katamnesezeitraum von zwölf Monaten, da dies der Zeitraum war, für den für alle Probanden Informationen aus den BZR-Auszügen vorhanden waren. Die in *Tabelle 19* enthaltenen Angaben zum Rückfall der jeweiligen Treatmentgruppe weichen daher von den in *Tabelle 6* dargestellten Rückfallhäufigkeiten ab, da dort ein längerer Katamnesezeitraum berücksichtigt werden konnte. Insgesamt ergaben sich auch bei den Vergleichen der Treatment- mit den Zwillingsgruppen in beiden Anwendungsbereichen keine signifikanten Unterschiede bei den Rückfallquoten.

Tabelle 19   *Übersicht der Rückfallquoten der jeweiligen Treatment- und Zwillingsgruppen*

	T-EV	Z-EV	T-FG	Z-FG
Katamnesezeitraum (in Monaten)	12	12	12	12
Probandenanzahl (N)	19	19	24	26
davon rückfällige Probanden (n)	3	2	6	3
davon rückfällige Probanden (%)	**15,8 %**	**10,5 %**	**25 %**	**11,5 %**

T = Treatmentgruppe; Z = Zwillingsgruppe; EV = Entlassungsvorbereitung; FG = Freigang

Der χ^2-Test ergab weder einen statistisch bedeutsamen Unterschied der Rückfallquoten im Bereich der elektronisch überwachten Entlassungsvorbereitung (Hausarrest) (χ^2 (1, N = 38) = 0,23; p = ,63) noch im elektronisch überwachten Freigang (χ^2 (1, N = 50) = 1,53; p = ,22).

Im Anwendungsbereich der elektronisch überwachten Entlassungsvorbereitung (Hausarrest) gab es weder in der Treatment- noch in der Zwillingsgruppe Probanden mit mehreren Rückfalldelikten. Im Anwendungsbereich des elektronisch überwachten Freigangs wurden Probanden in beiden Gruppen mehrfach rückfällig, wobei dies zahlenmäßig von untergeordneter Bedeutung war (vgl. *Tabelle 20*). Die Treatmentgruppe wies insgesamt doppelt so viele Rückfalldelikte auf wie die Zwillingsgruppe; diese zählte aber insgesamt zwei Probanden weniger.

Tabelle 20   *Anzahl der Rückfalldelikte je Proband in der Zwillingsgruppenanalyse (Freigang)*

	Probanden gesamt	rückfällige Probanden	Anzahl der Rückfalldelikte				Delikte gesamt
			1	2	3	4	
T-FG	24	6	4	2	0	0	8
Z-FG	26	3	2	1	0	0	4

T = Treatmentgruppe; K = Kontrollgruppe; EV = Entlassungsvorbereitung

Des Weiteren wurde der einschlägige Rückfall[286] untersucht. Beide Probanden der Zwillingsgruppe im Bereich der elektronisch überwachten Entlassungsvorbereitung (Hausarrest), die innerhalb eines Jahres nach der Haftentlassung rückfällig wurden, wiesen einen einschlägigen Rückfall auf (Gewaltdelikt, Vermögensdelikt). Im Bereich des elektronisch überwachten Freigangs wurden zwei der sechs ehemals elektronisch überwachten Probanden einschlägig rückfällig, je einer im Rahmen eines Eigentums- und eines Vermögensdelikts. In der Zwillingsgruppe wurden zwei der drei rückfälligen Probanden einschlägig rückfällig. Ein Proband wurde wegen eines Eigentumsdelikts verurteilt, der andere wegen eines Vermögensdelikts. Auch diese Analyse zeigte somit, dass der einschlägige Rückfall überwiegend im Bereich der Vermögens- und Eigentumsdelikte zu beobachten war. Aufgrund der geringen Fallzahl lässt sich über die Relevanz des einschlägigen Rückfalls aber nur schwer eine Aussage treffen. Insofern kann hier auf die Ausführungen der Vergleichsanalyse der jeweiligen Treatment- und Kontrollgruppen verwiesen werden (vgl. *Kapitel 5.1.3* und *5.4*).

---

286   Für die kriminalitätstheoretische Bedeutung des einschlägigen Rückfalls und die hier zugrunde gelegte Definition vgl. *Kapitel 5.1.3*.

6.2   Logistische Regression

6.2.1   Elektronisch überwachte Entlassungsvorbereitung (Hausarrest)

Auch für die Zwillingsgruppenanalyse wurde die logistische Regression eingesetzt. Die vormals elektronisch überwachte Treatmentgruppe stellt die Referenzgruppe der Analyse dar. Wie *Tabelle 21* zu entnehmen ist, unterscheiden sich die Rückfallwahrscheinlichkeiten der beiden Gruppen nicht signifikant voneinander.

Tabelle 21   *Analyse des Effekts der elektronischen Aufsicht in der Zwillingsgruppenanalyse (Entlassungsvorbereitung)*

Variable	Koef.	SD	Odds Ratio	p
Z-EV	-0,17	± 0,98	0,63	0,633
cons	-1,67	± 0,63	0,18	0,008
Obs.: 38	Pseudo-R²: 0,01	AIC: 33,36	BIC: 36,64	

Z = Zwillingsgruppe; EV = Entlassungsvorbereitung

Darüber hinaus wurde der Einfluss anderer Kovariaten auf den Rückfall untersucht. Aufgrund der möglichen Selektionseffekte (siehe *Kapitel 4.3*) ist es von Interesse, für den Vergleich der Treatment- und der Zwillingsgruppe zunächst dieselben Kovariaten wie bei der Kontrollgruppenanalyse zu untersuchen. Als Vergleichsanalyse diente die Untersuchung der Treatment- und der Kontrollgruppe in der Entlassungsvorbereitung (Hausarrest) in einem Katamnesezeitraum von 24 Monaten (siehe *Kapitel 5*). Diese unterschiedlichen Untersuchungszeiträume sind methodisch durchaus kritisch zu sehen. Sie sind jedoch unumgänglich, da die Kontrollgruppe im Freigang im einjährigen Katamnesezeitraum keine Rückfälle aufwies und somit eine Analyse im Einjahreszeitraum nicht möglich war.[287]

Die Analyse derselben Kovariaten, die in der Kontrollgruppenanalyse einen Effekt auf den Rückfall zeigten, ergab, dass der Substanzmissbrauch (p = ,2) sowie Lockerungen in Haft (p = ,25) in der Zwillingsgruppenanalyse in keinem statistisch bedeutsamen Zusammenhang mit dem Rückfall standen (vgl. *Anhang 25*). Auch die elektronische Aufsicht hatte keinen signifikanten Einfluss auf das Legalverhalten (p = ,5). Losgelöst von der Analyse der Treatment- und der Kontrollgruppe wurden weiterhin die verbleibenden Variablen mittels der logistischen Regression auf statistisch bedeutsame Effekte hin untersucht. Hierbei ist zu berücksichtigen, dass die Gruppen bei jener Variablen homogen sein sollten, anhand derer das Matching vor-

---

287   Die Probanden der Kontrollgruppe im Freigang wurden im Zeitraum von 14 bis 21 Monaten nach der Haftentlassung erneut straffällig.

genommen wurde. Tatsächlich ergaben die Matching-Variablen[288] keine signifikanten Abweichungen in der Regressionsanalyse. Die einzige Variable, die auf einem Signifikanzniveau von 5 % einen statistisch bedeutsamen Einfluss auf die Legalbewährung zeigte, war die psychologische Behandlung vor der Indexhaft (p = ,046; siehe *Anhang 26*). Probanden, die sich schon vor der Indexhaftzeit wegen psychologischer Auffälligkeiten einer Behandlung unterzogen hatten, wiesen eine 10,7-fach höhere Rückfallquote auf. Ein Effekt der elektronisch überwachten Maßnahme konnte nicht gefunden werden (p = ,61). Die übrigen Kovariaten zeigten keine statistisch bedeutsamen Einflüsse auf die Legalbewährung.

Auch im Rahmen der multivariaten logistischen Regression wurde für die Untersuchung der Zwillingsgruppe zunächst das Endmodell getestet, welches für die Vergleichsanalyse der Treatment- und der Kontrollgruppe ausgewählt worden war (siehe *Tabelle 11*). Für die Variable Alter bei der ersten Straftat lagen bei der Zwillingsgruppe jedoch keine Daten vor. Das Endmodell, das somit nur die Variablen Lockerungen und Substanzmissbrauch enthielt, zeigte kein statistisch bedeutsames Ergebnis. Auch ein Effekt der Maßnahme unter elektronischer Aufsicht konnte nicht beobachtet werden (siehe *Anhang 27*). Das von der vorherigen Analyse der Kontroll- und der Treatmentgruppe unabhängige Endmodell mit der höchsten Modellgüte[289] wird in der folgenden *Tabelle 22* dargestellt.

Tabelle 22   *Multivariate Analyse in der Zwillingsgruppenanalyse (Endmodell Entlassungsvorbereitung)*

Variable	Koef.	SD	Odds Ratio	p
Z-EV	-2,31	± 2,26	0,09	0,306
Alter Indexdelikt	-0,52	± 0,29	0,60	0,077
psychologische Behandlung vor der Indexhaft	5,05	± 2,55	156,36	**0,047***
Familienstand	4,11	± 2,56	61,17	0,108
cons	6,07	± 4,44	432,94	0,171
Obs.: 38 * p ≤ ,05 **Pseudo-R²: 0,49**		**AIC: 25,01**	**BIC: 33,2**	

Z = Zwillingsgruppe; EV = Entlassungsvorbereitung

Auch hier zeigte sich kein Effekt der elektronischen Aufsicht. Zwar ist der Einfluss der vor der Haft durchlaufenen psychologischen Behandlung gerade noch signifikant, doch er kann aufgrund der geringen Stichprobengröße nicht als bedeutsam interpretiert werden. So hatten sich in der Zwillings- wie auch in der Treatmentgruppe

---

288   Vgl. *Kapitel 4.3*.

289   Vgl. für die Beurteilungskriterien der Modellgüte *Kapitel 4.2.1.2*.

jeweils zwei der 19 Probanden vor der Haft schon einmal in psychologischer Behandlung befunden.

6.2.2   Elektronisch überwachter Freigang

Auch im Bereich des elektronisch überwachten Freigangs gab es keine statistisch signifikanten Unterschiede zwischen den Rückfallrisiken der Treatment- und der Zwillingsgruppe (siehe *Tabelle 23*).

Tabelle 23   *Analyse des Effekts der elektronischen Aufsicht in der Zwillingsgruppenanalyse (Freigang)*

Variable	Koef.	SD	Odds Ratio	p
Z-FG	-0,94	± 0,77	0,39	0,225
cons	-1,10	± 0,47	0,33	0,020
Obs.: 50	**Pseudo-R²: 0,03**	**AIC: 49,59**	**BIC: 53,41**	

Z = Zwillingsgruppe; FG = Freigang

Im nächsten Schritt wurden (wie zuvor) zunächst dieselben Variablen getestet, die in der Vergleichsanalyse der Treatment- und der Kontrollgruppe statistisch bedeutsame Resultate ergeben hatten. Im Rahmen des elektronisch überwachten Freigangs konnte die Kontrollgruppe als Vergleichs- und Bezugspunkt im gleichen Katamnesezeitraum von zwölf Monaten untersucht werden. Hier konnte folglich ein identischer Vergleichszeitraum zugrunde gelegt werden.

Zehn von insgesamt 30 Probanden (im Gegensatz zu 15 Probanden im Katamnesezeitraum von 24 Monaten) wurden innerhalb des ersten Jahres nach der Entlassung in der Kontrollgruppe rückfällig. Im Ergebnis dieser 12-Monats-Analyse von Kontroll- und Treatmentgruppe ergaben sich gegenüber dem zweijährigen Untersuchungszeitraum (siehe *Kapitel 5*) teilweise Unterschiede, was im Folgenden dargestellt werden soll: In keinem Modell konnte ein Effekt der elektronisch überwachten Maßnahme nachgewiesen werden. Entgegen den Ergebnissen der zweijährigen Beobachtungszeit lag jedoch auch kein signifikanter Einfluss der Variablen Alter zum Zeitpunkt des Indexdelikts, vorzeitige Haftentlassung, Strafmaß des Indexdelikts und Arbeit bei Haftentlassung mehr vor. Für die Variablen Alter bei der ersten Straftat, Substanzmissbrauch, Vorstrafenanzahl und Lockerungen in Haft konnte jedoch auch im einjährigen Katamnesezeitraum ein statistisch bedeutsamer Effekt beobachtet werden (siehe *Anhang 28*). Diese Ergebnisse sollen nun der Zwillingsgruppenanalyse gegenübergestellt werden. Im Rahmen des Vergleichs der Treatment- und der Zwillingsgruppe konnte lediglich für die Vorstrafenanzahl ein signifikanter Einfluss auf die Legalbewährung nachgewiesen werden (p = ,006). So erhöhte sich das

Rückfallrisiko mit jeder zusätzlichen Vorstrafe um das 1,25-Fache (siehe *Anhang 29*). Ein Effekt der Maßnahme unter elektronischer Aufsicht zeigte sich nicht.

In der multivariaten Analyse der Kontrollgruppe im einjährigen Katamnesezeitraum war der Einfluss der eingeschlossenen Variablen Alter zum Zeitpunkt des Indexdelikts, Lockerungen in Haft und Vorstrafenanzahl ebenso signifikant wie im zweijährigen Beobachtungszeitraum (siehe *Anhang 30*). Dieses Modell wurde daher auch für die Zwillingsgruppenanalyse getestet (siehe *Anhang 31*). Allerdings zeigte sich eine höhere Modellgüte, sobald die Variable Lockerungen in Haft von der Zwillingsgruppenanalyse ausgeschlossen wurde (vgl. *Tabelle 24*).

Tabelle 24   *Multivariate Analyse in der Zwillingsgruppenanalyse (Endmodell Freigang)*

Variable	Koef.	SD	Odds Ratio	p
Z-FG	-1,10	± 0,96	0,33	0,253
Alter	-0,18	± 0,10	0,84	0,071
Vorstrafenanzahl	0,34	± 0,13	1,40	**0,008***
cons	1,67	± 2,31	5,33	0,468
Obs.: 38 * p ≤ ,05		Pseudo-R²: 0,35	AIC: 38,55	BIC: 46,2

Z = Zwillingsgruppe; FG = Freigang

Die Untersuchung ergab, dass das Rückfallrisiko mit jeder zusätzlichen Vorstrafe signifikant (p = ,008) um das 1,4-Fache anstieg. Das Rückfallrisiko stand dabei in keinem Zusammenhang mit der elektronischen Aufsicht.

6.3   Survival Analysis

Um die Wirksamkeit der elektronischen Aufsicht ebenfalls anhand des zeitlichen Rückfallverlaufs zu bewerten, wurde eine Survivalanalyse durchgeführt (vgl. *Abbildung 16*).[290]

Aufgrund der geringen Zählrate war es auch bei der Zwillingsgruppenanalyse schwierig, anhand der reinen Verlaufsübersicht eine Aussage über das zeitliche Rückfallverhalten zu treffen. Daher wurde (wie bei der Analyse der Treatment- und der Kontrollgruppe) eine getrennte Untersuchung der Anwendungsbereiche anhand der Darstellung mit dem Konfidenzintervall[291] gewählt.

---

290   Vgl. zur Erklärung der Kaplan-Meier-Analyse bereits die *Kapitel 4.2.1.3* und *5.3*.

291   Vgl. zum statistischen Hintergrund der Konfidenzintervalle *Kapitel 4.2.1.3*.

Abbildung 16   *Kaplan-Meier-Überlebensfunktion (Vergleich der Treatment- und Zwillingsgruppen)*

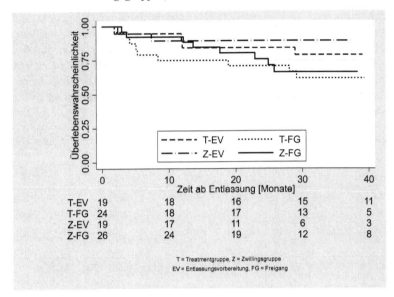

Abbildung 17   *Kaplan-Meier-Überlebensfunktion für die Entlassungsvorbereitung (Hausarrest)*

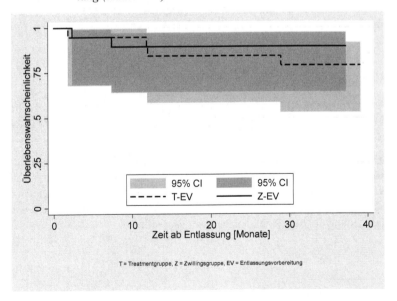

Die Survivalkurven der Probanden nach der elektronisch überwachten Entlassungsvorbereitung (Hausarrest) lagen, wie *Abbildung 17* zeigt, im jeweiligen Konfidenzintervall der Vergleichsgruppe und traten nicht aus diesem aus. Demzufolge ist zwischen der Treatment- und der Zwillingsgruppe kein zeitlicher Unterschied im Rückfallverhalten erkennbar. Dies lässt sich mit dem Log-Rank-Test[292] bestätigen (p =
,51). Der folgenden *Abbildung 18* sind die Verläufe und Konfidenzintervalle für den
Anwendungsbereich des elektronisch überwachten Freigangs zu entnehmen.

Abbildung 18   *Kaplan-Meier-Überlebensfunktion für den Freigang*

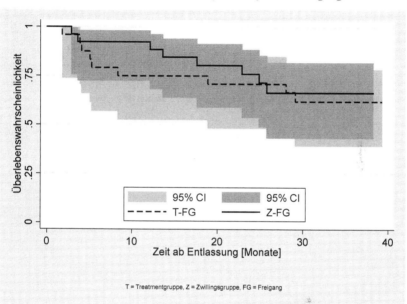

Auch hier ist jedoch kein statistisch bedeutsamer Unterschied in den Verlaufskurven
ersichtlich, da sie sich jeweils in den Konfidenzintervallen befinden. Der Log-Rank-
Test bekräftigt dieses Ergebnis (p = ,71).

Zusammenfassend muss daher festgestellt werden, dass die Survivalanalyse zu keinen nennenswerten Ergebnissen führte. Weitere Analysen (bspw. Cox-Regression)
erweisen sich somit als redundant.

---

292   Zur Bedeutung des Log-Rank-Tests vgl. *Kapitel 5.3.1.1.*

6.4 Fazit

Die Zwillingsgruppen wurden aus den eingangs diskutierten Überlegungen zur Randomisierung herausgebildet. Allerdings blieben die Ergebnisse zum Rückfall auch für die vom Modellprojekt völlig unabhängig gebildeten Zwillingsgruppen stabil. Ein signifikanter Unterschied beim Rückfallrisiko der Treatment- und der Zwillingsgruppe wurde durch keines der eingesetzten statistischen Verfahren gefunden. Die Analysen der Zwillingsgruppen bestätigen somit das Ergebnis der randomisierten Hauptuntersuchung (Vergleich Treatment- und Kontrollgruppe), dass die elektronische Aufsicht keinen Effekt auf das Rückfallrisiko hat. Methodisch ist anzumerken, dass die Matching-Variablen Alter zum Zeitpunkt des Indexdelikts, Familienstand, Staatsangehörigkeit, berufliche Situation zum Zeitpunkt des Indexdelikts, Vorstrafenanzahl, Art des Indexdelikts und Strafmaß des Indexdelikts sich ebenfalls in keinem der beiden Anwendungsbereiche auf das Rückfallrisiko auswirkten. Dies spricht für ein erfolgreiches Matched-Pair-Verfahren, d.h. es kann davon ausgegangen werden, dass das Ergebnis nicht durch das Matching verzerrt wurde.

Kapitel 7

Qualitative Analyse der Probandeninterviews

In der folgenden qualitativen Analyse soll untersucht werden, inwiefern sich in den Narrativen der befragten elektronisch überwachten Probanden Anhaltspunkte für eine kriminalpräventive Wirkungsweise der elektronischen Aufsicht identifizieren lassen. Die Ergebnisse der Analyse werden in diesem Kapitel mit den theoretischen Vorüberlegungen in Bezug gesetzt und diskutiert. Für die Rückfallanalyse ist zwischen dem Zeitraum während der elektronisch überwachten Maßnahmen und den Auswirkungen für die Zeit danach (also nach der Abnahme der elektronischen Fußfessel) zu unterscheiden. Vorliegend ist von besonderem Interesse, ob die elektronische Überwachung einen nachhaltigen Effekt auf die Legalbewährung nach Beendigung der Maßnahme ausübt.

7.1 Selbstkontrolle

Zunächst könnte sich eine nachhaltige Wirkung der elektronischen Aufsicht daraus ergeben, dass die während der elektronischen Aufsicht möglicherweise erlernte Selbstkontrolle im späteren Verlauf internalisiert wird. Bei diesem Gedanken steht zunächst die Annahme im Vordergrund, dass eine kontinuierliche Ortungsmöglichkeit per GPS das Gefühl ständiger Überwachung erzeugen kann. Die Probanden berichteten nahezu geschlossen, dass sie sich durch die elektronische Fußfessel überwacht fühlten:

> Ich habe ja immer im Hinterkopf, dass man immer sieht, wo ich bin, wo ich mich aufhalte, wie ich mich bewege. Man sieht halt alles. […] Man fühlt sich überwacht. Das ist kein gutes oder angenehmes Gefühl, finde ich jetzt persönlich. (T-EV-26)

> Es ist nicht nur einfach, also meiner Ansicht nach ist es nicht einfach nur so, dass man eben was bei sich hat, was sich elektronisch meldet, sondern man entwickelt auch ein gewisses Maß an Beobachtungsgefühl, oder das Gefühl, beobachtet zu werden, was so umgangssprachlich als Paranoia bezeichnet wird. Ähm ja, das entwickelt man schon sehr stark. (T-FG-08)

Dabei wurde das durch die elektronische Aufsicht intendierte Überwachungsgefühl von der Mehrheit als belastend empfunden. *Dölling et al.*[293] konstatierten in ihrer Studie über Abschreckungseffekte, dass eine kontinuierliche Überwachung das Gefühl eines erhöhten Entdeckungsrisikos erzeugen kann. Dieses Bewusstsein könnte den Fußfesselträger wiederum davon abschrecken, während der Überwachung neue Straftaten zu begehen.[294] Denn wenn man weiß,

> wo die Leute sind, [ist] auch die Wahrscheinlichkeit erhöht, dass wenn sie was Verbotenes tun, dass man sie dann auch erwischt. (T-FG-17)

Im Sinne der Rational Choice Theory[295] könnte dieses erhöhte Entdeckungsrisiko bei einer Abwägung auf der Kostenseite zum Tragen kommen, was sich kriminalpräventiv auswirken könnte, da sich die Begehung der Straftat dann nicht mehr „rentiert". So stellt sich ein Proband die Frage, was

> nachher der Taterfolg [ist], wenn [man] 'ne 5-Euro-Zigarettenschachtel geschmuggelt ha[t] und dabei erwischt wurde, oder wenn [man] in irgend'ne Kneipe oder sonstwo hingeh[t]. Macht keinen Sinn. (T-FG-04)

Dieses empfundene erhöhte Entdeckungsrisiko sowie der daraus resultierende Abschreckungseffekt ließen sich im Großteil der Interviews feststellen, was einer der Probanden wie folgt in Worte fasste:

> Ich denke, im ersten Moment ist es auf jeden Fall eine Abschreckung. Man überlegt sich zweimal, ob man es macht, was man vielleicht ohne Fußfessel nicht machen würde. (T-FG-32)

Die erhöhte Entdeckungsgefahr führt bei einer solchen „Kosten-Nutzen-Analyse" jedoch längst nicht immer zu einer Abstandnahme von der geplanten Tat. So zeigte *Tunnell*[296] in seiner Studie über Abschreckungseffekte und Wiederholungstäter, dass die Abwägung trotz erhöhter Entdeckungsgefahr für die Begehung der Straftat ausfallen kann, weil sich der Täter z.B. dennoch sicher ist, nicht überführt zu werden, oder von der Verhängung einer unempfindlichen Strafe ausgeht. Besonders fraglich erscheint außerdem, ob dieser angenommene Wirkmechanismus nachhaltige Effekte auf die Selbstkontrolle hat und somit auch über die Zeit der elektronischen Überwachung hinaus wirksam bleibt. Diesbezüglich berichtete eine Vielzahl der Probanden, dass sie die elektronische Fußfessel bereits mit fortschreitender Überwachungsdauer kaum noch wahrnehmen. Dies legt die Interpretation nahe, dass der Abschreckungseffekt bereits während der Überwachung verblasst und nachhaltige Auswirkungen

---

293   *Dölling, Entorf, Hermann & Rupp* 2009, S. 201.

294   Vgl. hierzu die Gesetzesbegründung zur Einführung der elektronischen Aufenthaltsüberwachung auf Bundesebene im Bereich der Führungsaufsicht, BT-Drs. 17/3403, S. 17; so auch *Payne* 2014, S. 381–391.

295   Vgl. bereits *Kapitel 3.2.*

296   *Tunnell* 1990, S. 673; *Akers & Sellers* 2004, S. 27.

kaum zu erwarten sind. Während die physische und psychische Wahrnehmung der elektronischen Aufsicht anfangs noch präsent war, sank sie bei der Mehrzahl der Probanden im zeitlichen Verlauf kontinuierlich ab.[297]

> Also am Anfang war das bei mir schon, aber dann. Naja, am Anfang schaut man ja ständig hin. Aber wenn nix mehr ist, kein Alarm oder so ist, dann schaut man einfach drüber weg. Das ist so. (T-FG-01)

> Die ersten zwei bis drei Wochen habe ich immer gedacht, ich werde abgehört oder sowas. Aber irgendwann habe ich das, also als ob nichts wäre, ich habe das total vergessen. [...] Wenn ich den ganzen Tag in Bewegung bin, ich vergesse das ganz. [...] Ich vergesse das Ding. (T-EV-31)

Aber nicht nur der Gewöhnungseffekt, sondern auch technische Probleme wie Fehlalarme und fehlende Ortungsmöglichkeiten können zu einer Verringerung des potenziellen Abschreckungseffekts führen. So berichteten fast alle Probanden etwas in der Art, dass sie quasi „die Uhr danach stellen" könnten, wann das „Gerät an[fängt] zu spinnen" oder „kein Signal mehr" hat (T-FG-23). Auch *Meloy*[298] beschreibt die nach wie vor hohe Fehleranfälligkeit der GPS-Technik und stellt fest, dass aufgrund der Häufigkeit von Technikproblemen Zonenalarme vom Überwachungspersonal sogar ignoriert würden, obwohl sie möglicherweise berechtigterweise ausgelöst wurden. Erscheint die Technik als unzuverlässig und wird den Probanden deren Lückenhaftigkeit bewusst, so könnten sie die Maßnahme weniger ernst nehmen und die Zeiten ohne GPS-Ortung zu Zonenübertritten oder neuen Straftaten nutzen. Während der anderthalbjährigen Projektlaufzeit wurden bei der Überwachungsstelle ca. 20.000 technische Meldungen registriert. Hiervon waren 1.286 Meldungen sog. Verstoßmeldungen, was einem Mittelwert von 28,6 Verstoßmeldungen pro Proband entspricht.[299] 45 % (n = 579) dieser Verstöße waren Zonenverletzungen. Allerdings konnte häufig nicht festgestellt werden, ob es sich dabei wirklich um ein Fehlverhalten der Probanden handelte. Wiederholt führten bspw. Verzögerungen im Straßenverkehr zur verspäteten Rückkehr in die festgelegte Zone. Allerdings gab im Modellprojekt kein Proband an, aufgrund technischer Probleme die Situation ausgenutzt oder dies überhaupt in Betracht gezogen zu haben. Diese Annahme ließ sich daher aufgrund der vorhandenen Daten nicht bestätigen. Für den Zeitraum nach der elektronischen Aufsicht ist aus den genannten Gründen wohl aber davon auszugehen, dass das Überwachungsgefühl nicht fortwirkt und somit auch kein Abschreckungseffekt mehr besteht. Eine grundlegende Veränderung der Selbstkontrolle und ein

---

297 Der Großteil der Probanden empfand die elektronische Fußfessel körperlich als überhaupt nicht bis kaum störend. Lediglich 10 % der Probanden empfanden die Fußfessel körperlich tatsächlich als störend; vgl. *Schwedler & Wößner* 2015, S. 78.

298 *Meloy* 2009, S. 167 f.

299 *Schwedler & Wößner* 2015, S. 58.

daraus resultierender positiver Effekt auf die Legalbewährung sind von der elektronischen Fußfessel insoweit eher nicht zu erwarten.

Für die Annahme einer nachhaltigen Wirkung der elektronischen Aufsicht kann im Sinne der Routine Activity Theory argumentiert werden, dass die durch den Wochenplan vorgegebene Tagesstruktur internalisiert wird und diese zu einer geregelten Lebensführung und dadurch bedingt zu weniger Rückfalltaten nach der Maßnahme führt. Während dem Gefangenen im Gefängnis gesagt wird, wie er sich zu verhalten hat, welche Termine er wahrnehmen und wann er aufstehen muss, ist er unter elektronischer Aufsicht selbst für sich und seinen Tagesablauf verantwortlich. Zwar unterliegt er auch hier derartigen Vorgaben, muss jedoch ein höheres Maß an Selbstdisziplin mitbringen, um diese einzuhalten. Tatsächlich äußerten die Probanden häufig, dass ein unstrukturierter Alltag das Risiko erneuter Straffälligkeit in sich berge:

> Also ich habe so in den Tag gelebt. Ohne festen Plan. Ich hatte keine Arbeit, also ich hatte eine Ausbildung angefangen, die ich dann hingeworfen habe nach einem Jahr. Ja, es war einfach kein strukturierter Alltag da. Deswegen sind auch die ganzen Straftaten entstanden letztendlich. Jetzt danach, also ich habe einen Arbeitsplatz, da gehe ich jeden Tag hin. Ich habe einen strukturierten Tagesablauf, ich habe meine Wohnung. Also mein Leben hat sich komplett geändert eigentlich dadurch auch. Weil ich da halt auch, also so blöd es sich anhört, ich habe da kennengelernt, im Vollzug, meinen Tagesablauf zu planen und zu strukturieren. […] Also ein Stück weit hat mir das schon fürs Leben geholfen auch. (T-FG-29)

Im Rahmen der elektronischen Aufsicht in Hessen stellten die Zielgruppe Straftäter dar, denen es an

> Eigenverantwortung und Selbstdisziplin mangelt [und] die bislang nicht zu einer Strukturierung ihres Tagesablaufs in der Lage waren, so dass ihnen entweder der Widerruf der Bewährung droht oder von vornherein die Versagung einer Strafaussetzung zur Bewährung.[300]

Im baden-württembergischen Modellprojekt sollte der individuell erstellte Wochenplan ebenfalls gerade solchen Gefangenen helfen, rechtzeitig bei der Arbeit zu erscheinen oder wichtige Termine einzuhalten.[301] Im Idealfall sollte der Proband damit auch eine sinnvolle Zeiteinteilung für die Zeit nach der Überwachung verinnerlichen. Den Lernprozess, den die elektronische Überwachung bewirken soll, beschrieb ein Proband folgendermaßen:

> Das war für mich wie eine neue Chance. Hey, hör mal zu, du darfst gehen. Du bist zwar trotzdem noch, also der riesige Vorteil ist natürlich die Disziplin, die man haben muss oder aufbaut mit der Zeit. Du weißt, du bist zwar, du könntest zwar, aber du darfst nicht. Also abhauen oder so. Wegschnipsen, Wasser reinschmeißen, Flugzeug

---

300   Vgl. www.justiz.bayern.de/presse-und-medien/pressemitteilungen/archiv/2015/59.php [24.08.2016].

301   Vgl. LT-Drs. Baden-Württemberg 14/4670, S. 19.

steigen und tschüss. Aber einfach dieses Gefühl von man könnte zwar, aber man macht es nicht. Für mich ist das was Schönes. Einfach zu wissen: Guck, jetzt hast du es geschafft. (T-EV-37)

Der Wochenplan dient darüber hinaus der Fernhaltung von kriminogenen Orten aufgrund der Haupteinschlusszone in der eigenen Wohnung bzw. (beim Freigang) im Freigängerheim.[302] Dabei sahen viele Probanden gerade das durch die elektronische Fußfessel vorgeschriebene „Daheimbleiben" (T-FG-06) als hilfreich dafür an, nicht auf „dumme Gedanken [zu] kommen" (T-FG-06). Durch den vorgegebenen Wochenplan während der Überwachung und bestenfalls durch die erlernte Tagesstruktur für die Zeit nach der elektronischen Aufsicht soll der Betroffene schlichtweg „keine Zeit mehr" haben, „um kriminell zu werden" (T-FG-09). Außerdem soll die elektronische Überwachung im Sinne der Incapacitation Theory[303] als „virtuelles Gefängnis"[304] eine physische Barriere zur Verhinderung weiterer Straftaten darstellen. Allerdings sind eine geregelte Tagesstruktur und der Ausschluss von kriminogenen Orten nicht für jeden Delikttyp geeignete Ansätze. Denn nicht allen Straftaten kann durch das „Daheimbleiben" bzw. eine geregelte Tagesstruktur begegnet werden. So zeigte sich insbesondere bei den in der Stichprobe dominierenden Vermögensdelikten (37 % der Indexdelikte), dass diese häufig im Rahmen der Erwerbstätigkeit und zu Hause in Form des Betrugs bei Internetgeschäften begangen wurden. In solchen Fällen dürfte ohnehin kein Effekt hinsichtlich einer Verinnerlichung der Tagesstruktur zu erwarten gewesen sein.

Ich mein, warum lassen sie mich mit 'ner Fußfessel raus, und warum nicht ohne 'ne Fußfessel? Was hindert mich, [...] wenn ich 'ne Straftat begehen will, na, ich bin ja ein kleiner Betrüger [...]. Ich bin ein kleiner, Anführungsstriche, dummer Betrüger. [...] Was hindert mich daran, mit der Fußfessel irgend'ne Straftat zu begehen. Also [...] das hindert mich ja nicht dran. [...] Im Endeffekt ist es Jacke wie Hose. (T-FG-25)

Es scheint somit auch auf den zu erwartenden Delikstyp einer Rückfalltat anzukommen, ob die durch die elektronische Fußfessel vorgegebene Tagesstruktur zur Prävention überhaupt geeignet ist. Auch bleibt zu bedenken, dass eine Vielzahl der Straftaten im sozialen Nahraum geschehen, in dem sich der Überwachte gerade aufhalten soll. Ein Effekt wäre aber insbesondere bei Einbruchdiebstählen, Betäubungsmittelkriminalität und Straßenverkehrsdelikten denkbar. So wird der Proband in den Zeiten, in denen er sich in seiner Wohnung aufhalten muss, von typischen Drogenumschlagsplätzen ferngehalten oder am Führen eines Kraftfahrzeugs ohne Fahrerlaubnis gehindert werden. Im Falle eines Einbruchdiebstahls kann genau nachvollzogen werden, ob der Proband sich zum fraglichen Zeitpunkt am Tatort aufgehalten

---

302 *Killias et al.* 2010, S. 1166.

303 *Zimring & Hawkins* 1995.

304 Vgl. www.faz.net/aktuell/politik/inland/elektronische-fussfesseln-ein-virtuelles-gefaengnis-1 4207076.html vom 01.06.2016 [27.07.2016].

hat.[305] Es kann aber auch umgekehrt nachvollzogen werden, dass ein Proband sich zu einem Tatzeitpunkt nicht am Tatort aufhielt und somit als Verdächtiger ausscheidet. Die elektronische Aufsicht hat in diesem Sinne auch eine gewisse Alibifunktion.

Von nachhaltigen Internalisierungseffekten nach Abnahme der elektronischen Fußfessel berichten die Probanden so gut wie nie. Die Einhaltung des Wochenplans während der Überwachung sollte der elektronischen Aufsicht inhärent sein, da ein Verstoß dagegen sofort auffiele und – falls eine Verwarnung als Konsequenz nicht ausreicht – den Abbruch der Maßnahme nach sich zöge. Teilweise wird die Nachhaltigkeit verneint, weil die Probanden bereits zuvor ohne festgelegten Wochenplan keine Schwierigkeiten hatten, ihre Termine wahrzunehmen, und somit gar keine Veränderung eintreten konnte. Dabei ist zum strukturierten Tagesablauf jedoch zu beachten, dass bei einem Großteil der Probanden von vornherein wenig Interventionsbedarf bestand. Sie lebten überwiegend mit ihren Familien zusammen und hatten einen festen Arbeitsplatz. Ferner spricht eine relativ kurze Anwendungsdauer eher gegen eine nachhaltige Verinnerlichung der Tagesstruktur für die Zeit nach der elektronischen Überwachung.

Anders als in der vorliegenden Untersuchung stellten *Di Tella* und *Schargrodsky* eine geringere Rückfallrate von elektronisch überwachten Probanden im Vergleich zu im Vollzug Verbliebenen fest.[306] Die elektronisch überwachten Probanden standen dort mit durchschnittlich 420 Tagen vergleichsweise lange[307] unter elektronischer Aufsicht.[308] Jene Studie lässt allerdings einige methodische Fragen offen. Ob eine längere Anwendungsdauer eher zu dem gewünschten Effekt der Rückfallvermeidung beiträgt, bleibt somit trotz dieser Studie weiterhin unklar und erscheint eher unwahrscheinlich. In Baden-Württemberg lag die maximal zulässige Anwendungszeit gem. § 2 Abs. 3 EAStVollzG bei sechs Monaten (ca. 183 Tagen). Die durchschnittliche Überwachungsdauer in der Entlassungsvorbereitung (Hausarrest) betrug $M = 92,1$ Tage, im Freigang waren es $M = 84,6$ Tage.[309] In der Entlassungsvorbereitung (Hausarrest) verteilte sich die Anwendungsdauer gleichmäßig zwischen einem und sechs Monaten. Im Anwendungsbereich des Freigangs lag der Schwerpunkt (über die Hälfte) auf einer Anwendungsdauer von zwei bis vier Monaten. Dieser Aspekt kann auch im Zusammenhang mit dem Normzweck des § 47 StGB betrachtet werden. Demgemäß soll eine Freiheitsstrafe unter sechs Monaten nur dann ausgesprochen werden, wenn spezial- oder generalpräventive Gründe den Freiheitsentzug

---

305 *Haverkamp, Schwedler & Wößner* 2012b, S. 64.

306 *Di Tella & Schargrodsky* 2009, S. 28.

307 Bspw. durchschnittlich 29 Tage bei *Andersen & Telle* 2016; 45–120 Tage bei *Lapham, C'de Baca, Lapidus & McMillan* 2007, S. 1618; über sechs Monate bei *Klein-Saffran* 1995, S. 24; über zwölf Monate bei *Bales, Blomberg, Gaes, Barrick, Dhungana & McManus* 2010.

308 *Di Tella & Schargrodsky* 2009, S. 37.

309 *Schwedler & Wößner* 2015, S. 59.

unverzichtbar machen.[310] Die Ultima-Ratio-Klausel wird insbesondere dadurch begründet, dass kurze Freiheitsstrafen der Resozialisierung des Täters zuwiderlaufen[311] und die Erfahrungswerte im Strafvollzug die Annahme bestärken, dass sechs Monate nicht genügen, um eine Wirkung zu erzielen, sodass kurze Strafen, die mehr Schaden als Nutzen bringen, als „spezialpräventiv verfehlt"[312] angesehen werden können. Ob eine längere Anwendung der elektronischen Überwachung hingegen wirklich zu nachhaltigen Effekten führen würde, erscheint fraglich. Überwiegend ist die Anwendungsdauer der elektronischen Fußfessel auch international gesehen tendenziell kurz.[313] Insgesamt gibt es zu wenige Langzeituntersuchungen, um hier valide Rückschlüsse ziehen zu können.

Zur Erreichung fortwährender Veränderungen bedarf es aus Probandensicht weiterer (psychosozialer[314]) Maßnahmen, auch über die Zeit der Überwachung hinaus. So sahen viele Probanden die elektronische Aufsicht als „ein gutes Angebot", für das man jedoch „Hilfsangebote" brauche (T-FG-08). Exemplarisch soll hier der missbräuchliche Substanzkonsum angeführt werden, der in der quantitativen Analyse einen negativen Einfluss auf die Legalbewährung zeigte. Die Probanden berichteten vom missbräuchlichen Konsum psychotroper Substanzen, dass dieser „in den Knast oder in den Ruin oder in den Tod" (T-FG-05) führen könne und somit einen starken Risikofaktor für die Legalbewährung darstelle.

> Ich bin Alkoholiker und hab eigentlich ständig, täglich mehr oder weniger getrunken, und dabei kam es oft zu Zusammenkünften mit der Polizei, sprich, manchmal auch Anzeigen, also Bedrohung oder Nötigung oder Erregung öffentlichen Ärgernisses und so weiter. (T-FG-22)

> Im Endeffekt hat's dadurch nur Probleme gegeben, durch den ganzen Drogenkonsum und so. Hast nie Geld in der Tasche, hast nur Probleme so mit Leuten und so und bist auch so allgemein von der Person her viel aggressiver und so. Das merk ich ja jetzt, wo ich jetzt, ich hab ja jetzt über ein halbes Jahr nichts genommen, und ich merk's ja jetzt auch selber an der Person. Ich bin viel ruhiger geworden und so, viel klarer im Kopf und so, auch vom Denken her. Hab halt viel damit kaputt gemacht und so.

---

310 MüKo-StGB/*Maier*, § 47 StGB Rn. 2. Die Strafverfolgungsstatistik zeigt, dass trotz des Ziels der Vermeidung von Kurzstrafen unter sechs Monaten und dem damit zusammenhängenden Vorrang der Geldstrafe gem. § 47 StGB im Jahr 2015 etwa 28 % (n = 29.861) aller ausgesprochenen Freiheitsstrafen (N = 107.089) unter sechs Monaten lagen, hiervon wiederum 27 % (n = 8.172) ohne Bewährungsaussetzung. Vgl. Statistisches Bundesamt, Strafverfolgung, Fachserie 10, Reihe 3, 2015, S. 160; vgl. www.destatis.de/DE/Publikationen/Thematisch/Rec htspflege/StrafverfolgungVollzug/Strafverfolgung2100300157004.pdf?__blob = publication File [20.03.2018]; *Albrecht, Arnold & Schädler* 2000, S. 468.

311 MüKo-StGB/*Maier*, § 47 StGB Rn. 2.

312 BeckOK-StGB/*von Heintschel-Heinegg*, § 47 Rn. 1. BGHSt 22, 192, 199; OLG Köln, Neue Zeitschrift für Strafrecht 2003, S. 421 m.w.N.

313 Vgl. Fn. 307.

314 Vgl. die Gesetzesbegründung zu § 6 EAStVollzG in LT-Drs. Baden-Württemberg 14/4670, S. 19.

Probleme mit Wohnung gekriegt und alles, deswegen und so. Konnt meine Schulden nicht bezahlen und so. (T-FG-05)

Häufig kommt es im Zusammenhang mit dem Konsum von Alkohol und illegalen Drogen zu erneuten Straftaten, wie Diebstahl und Raub (Beschaffungskriminalität), Verstößen gegen das Betäubungsmittelgesetz und Folgestraftaten wie Straßenverkehrsdelikten (Fahren unter dem Einfluss berauschender Substanzen).[315] Dem Risikofaktor Alkohol- und Drogenmissbrauch kann die elektronische Aufsicht weder im Rahmen der vorzeitigen Entlassung noch in jenem der überwachten Vollzugslockerungen oder auch einer Haftvermeidung entgegenwirken. Hier wird besonders deutlich, dass Begleitmaßnahmen – angepasst an den Bedarf der Probanden – unabdingbar sind, soll das Rückfallrisiko nachhaltig gesenkt werden. Einen wesentlichen Beitrag kann die elektronische Aufsicht an dieser Stelle insofern leisten, als während der laufenden Überwachung die Einhaltung der Termine bei der Suchtberatung unterstützt werden kann.

Eine nachhaltige Internalisierung dahingehend, dass ein gewisses Pflichtbewusstsein zur Termineinhaltung entwickelt würde – sollte es vorher noch nicht vorhanden gewesen sein –, erscheint aus bereits dargelegten Gründen unwahrscheinlich. Die elektronische Aufsicht kann hierbei jedoch strukturierend-kontrollierend Unterstützung leisten. Die Notwendigkeit von Begleitmaßnahmen wird auch durch die Studie von *Henneguelle et al.*[316] betont: Probanden, die nicht nur elektronisch überwacht wurden, sondern während der Überwachung bspw. Kontrollbesuche von Justizvollzugsbeamten erhielten, hatten ein deutlich niedrigeres Rückfallrisiko. Der Europarat pointiert ebenfalls, dass die elektronischen und technischen Elemente Bestandteil von Behandlung oder allgemeiner Unterstützung sein sollten. Dieses Erfordernis wurde bereits 1992 in den Empfehlungen 23 und 55 zu Alternativen Sanktionen dargelegt.[317] Im baden-württembergischen Projekt gab es über die elektronische Überwachung hinaus sozialarbeiterische Begleitmaßnahmen. Diese zusätzlichen Hilfsangebote sahen viele Probanden jedoch als „defizitär" (T-FG-08) an.

Zusammenfassend lässt sich sagen, dass direkte Auswirkungen der elektronischen Fußfessel, nachhaltige Veränderungen oder eine Ausbildung von Selbstkontrolle für die Zeit nach der Maßnahme unwahrscheinlich sind. Die isolierte elektronische Überwachung genügt nicht; stattdessen ist eine Einbettung in ein Gesamtkonzept zur Resozialisierung unerlässlich.

Diese elektronische Fußfessel garantiert auch nicht, dass morgen dann nichts passiert, wenn ein Mensch sich nicht in diesem Punkt geändert hat oder so. Verstehen Sie, was

---

315   *Enzmann & Raddatz* 2005, S. 151.

316   *Henneguelle, Monnery & Kensey* 2016, S. 629.

317   Recommendation No. R (92) 16 of the Committee of Ministers to Member States on the European Rules on Community Sanctions and Measures. Adopted by the Committee of Ministers on 19/10/1992.

ich meine? Also Kontrolle und vollständige Überwachung, sowas existiert nicht. Da muss mehr als eine elektronische Fußfessel sein. (T-EV-18)

7.2 Prisonisierung und Resozialisierung

Es liegt nahe, davon auszugehen, dass die elektronisch überwachten Maßnahmen zum Erhalt des sozialen Nahraums beitragen, die (Re-)Integration in den Arbeitsmarkt fördern und Prisonisierungseffekte verringern. Der Gesetzgeber hat in § 3 StVollzG (auf welchen § 1 Abs. 2 EAStVollzG verweist) Gestaltungsgrundsätze für den Strafvollzug normiert. Diese begründen zwar keine subjektiv-öffentlichen Rechte der Gefangenen, sind jedoch richtungsweisend für die Vollzugsgestaltung.[318] Dem Gegensteuerungsgrundsatz (§ 3 Abs. 2 StVollzG) nach soll den schädlichen Folgen der Inhaftierung entgegengewirkt werden, die insbesondere aus dem erwähnten Prisonisierungseffekt resultieren können.[319] Die elektronische Fußfessel könnte hierzu beitragen. Dabei stellt sich die Frage, ob die elektronische Aufsicht nur mit einer Maßnahme sinnvoll verbunden werden kann, welche die Inhaftierung gänzlich vermeidet, oder ob auch solche Maßnahmen sinnvoll mit der elektronischen Überwachung kombiniert werden können, bei denen nur eine vorzeitige Herauslösung aus dem geschlossenen Vollzug stattfindet.

Die Zeit der Inhaftierung wurde von vielen Probanden als „tiefste[r] Punkt" (T-EV-01) ihres Lebens erlebt. Sie schilderten nahezu geschlossen Belastungen durch „wenig Privatsphäre" (T-FG-09) sowie das Gefühl, behandelt zu werden „wie ein Kleinkind" (T-EV-33) und sich dadurch „entmündigt" (T-FG-06) zu fühlen.

Wenn Sie aus dem aktiven Leben einfach mal rausgerissen sind und plötzlich in ein Hochsicherheitsgefängnis kommen, bis Sie sich dann einfach überhaupt halbwegs fangen können, dann die Ferne von der Familie, und und und, das war für mich einfach mal ein unbeschreibliches Bild. Es ist einfach mal für mich nur schwarz und neblig [...]. (T-EV-01)

Während der Inhaftierung? Ja, na klar, da habe ich auch Depressionen gekriegt. [...] Man hat manchmal das Gefühl, [...] in der Zelle drin, als wenn man in einem Sarg liegt und jemand macht den Deckel zu. Und man ist lebendig begraben. So ein Gefühl ist das, wenn man da sitzt. Da schnürt es einem echt die Luft ab ein bis zwei Stunden. Das ist, ich sage mal, ein Beklemmungsgefühl oder Platzangst, das ist heftig. Ich habe eigentlich nie im Leben richtig Angst gehabt. [...] Da kriegt man richtig Angst. Wenn

---

318 BeckOK-StVollzG/*Neubacher*, § 3 Rn. 49.
319 *Schwind/Böhm/Jehle/Laubenthal/Jehle* StVollzG, § 3 Rn. 11. Dem Angleichungsgrundsatz nach soll das Leben im Vollzug den allgemeinen Lebensverhältnissen außerhalb der Justizvollzugsanstalt so weit wie möglich angeglichen werden. Absatz 3 nennt den Integrationsgrundsatz, der sich mit dem Vollzugsziel der Resozialisierung deckt und eine Ausgliederung aus der Gesellschaft verhindern soll, vgl. *Müller-Dietz* 1990, S. 308.

man nicht weiß, was mit einem passiert. […] Man wird regelrecht geistig vergewaltigt, und man kann nichts dagegen machen. (T-EV-03)

Die Inhaftierung birgt wegen einer möglichen Prisonisierung[320] und durch die Gefängnissubkultur ein hohes Risikopotenzial für die spätere Legalbewährung.[321] Gerade die Probanden eines eher niedrigen Risikolevels geben an, in der Justizvollzugsanstalt mit „Leuten zusammen[zukommen], da zieht's dir die Socken aus" (T-FG-06). Das Gefängnis kann deshalb zu einer Verfestigung krimineller Neigungen führen – und die Vorstellung vom Gefängnis als „Schule des Verbrechens"[322] unterstreicht das.

Also ich muss sagen, man lernt im geschlossenen Vollzug nur noch mehr Mist als so. Die meisten Leute, die reinkommen, gerade wegen Schwarzfahren und so, die gehen raus und werden erst richtig kriminell. (T-FG-32)

Da [in Haft] sind lauter Straftäter, das ist ja klar. […] Drogenhandel. Russischer Handel, es gibt viele Drogen in Haft. […] Da sind viele dabei, die haben halt die falschen Kontakte bekommen. (T-FG-24)

Der mögliche Entwicklungsprozess hin zu einem „hardened criminal"[323] kann somit dem Resozialisierungsziel zuwiderlaufen und rückfallbegünstigend wirken. Der Europarat hat in seinen Empfehlungen zur elektronischen Überwachung aus dem Jahr 2010 darauf hingewiesen, dass sich die Intensität der elektronischen Fußfessel an den Erfordernissen des individuellen Falls orientieren solle, wobei die Schwere der Straftat und das Rückfallrisiko als Kriterien hervorgehoben werden.[324] In der Begründung der Empfehlungen ist die Rede von einem positiven Beitrag der elektronischen Überwachung zur Stabilisierung von Bewährungsprobanden und für die Veränderung krimineller Lebenswege.[325] Auch *Yeh*[326] geht von einem rückfallreduzierenden Effekt der elektronischen Aufsicht aus, in der Annahme, dass er über die Maßnahme hinaus anhalte, weil damit die Festsetzung krimineller Verhaltensmuster verhindert werde. *Killias et al.*[327] kommen in ihrer randomisierten Studie zu dem Ergebnis, dass es einen positiven Effekt der elektronischen Aufsicht auf das Rückfallverhalten gebe, und erklärten diesen mit dem Fernhalten von kriminellen Milieus

---

320   Vgl. zum theoretischen Hintergrund bereits *Kapitel 3.2.*

321   *Schwind/Böhm/Jehle/Laubenthal/Jehle* StVollzG, § 3 Rn. 12.

322   *Sonnen* 2002, S. 64.

323   *Di Tella & Schargrodsky* 2013, S. 29.

324   Recommendation CM/Rec(2010) 1 of the Committee of Ministers to member states on the Council of Europe Probation Rules (Adopted by the Committee of Ministers on 20/01/2010 at the 1075th meeting of the Ministers' Deputies), Nr. 57, 58.

325   European Committee on Crime Problems (CDPC) – d. Commentary to Recommendation CM/Rec(2010) 1 of the Committee of Ministers to member states on the Council of Europe probation rules, S. 16.

326   *Yeh* 2010, S. 1090.

327   *Killias et al.* 2010, S. 1155.

bzw. mit dem reduzierten Kontakt zu kriminellen Peers. Verglichen wurden die elektronisch überwachten Probanden mit Gefangenen, die gemeinnützige Arbeit leisteten, bei der genau wie im Gefängnis Kontakt zu anderen Straffälligen bestand.

Die Gefahr der Verfestigung krimineller Neigungen ist insbesondere für die Probandenklientel der vorliegenden Studie relevant, da es sich bei ihr größtenteils um Straffällige eines niedrigen Risikoniveaus handelt, die noch keine lange „Strafgefangenenkarriere" (T-FG-22) hinter sich haben. Ohne die elektronische Fußfessel wären die Gefangenen „länger in Haft gewesen, also länger eingesperrt, ausgeschlossen" (T-EV-26). *Clemmer*[328] beschreibt einen linearen Anstieg des Prisonisierungseffekts im Verlauf der Inhaftierung: je länger die Haftzeit, desto höher der Prisonisierungsgrad, desto geringer die Chancen für eine erfolgreiche Wiedereingliederung. Ihm zufolge könnten schädliche Folgen des Strafvollzugs demnach auch durch eine Haftverkürzung eingedämmt werden. *Wheeler*[329] dagegen konstatiert in seiner Untersuchung, dass der Prisonisierungseffekt in der Mitte der Haftzeit am stärksten ist. Beginn und Ende der Inhaftierung sollten kaum mehr Einfluss auf die Inhaftierten haben, sodass die elektronische Fußfessel eher als Haftvermeidungsinstrument eingesetzt werden müsse, da die vorzeitige Entlassung keinen Einfluss mehr haben solle. Die Probanden im baden-württembergischen Modellprojekt waren im Durchschnitt zu Haftstrafen von ca. zwei Jahren verurteilt worden, wobei die Tendenz zu kürzeren Strafen ging. Da die elektronische Aufsicht beim Einsatz zur Inhaftierungsvermeidung scheiterte, waren alle Probanden zeitweise den Einflüssen der Haft ausgesetzt. Allerdings hat eine Inhaftierung nicht nur zur möglichen Folge, dass schädliche Verhaltensweisen adaptiert werden. Auch andere Konsequenzen ergeben sich aus der Inhaftierung, die einen erneuten Rückfall möglicherweise begünstigen. So können durch die Inhaftierung Schulden entstehen bzw. deren Abbezahlung kann dadurch erschwert werden.

> Ich begehe eine Straftat, mein Arbeitgeber kündigt mich, weil er eben jemanden braucht. Man bekommt alles weggenommen, es laufen so Verträge weiter wie Handyvertrag, Internetvertrag, den kann man ja so schnell nicht kündigen. Der Schuldenberg steigt, da sammeln sich die Schulden an bei mir. [...] Also man wird ja nicht nur für drei Jahre weggesperrt, also es heißt ja nicht nur Freiheitsentzug. Sondern einfach das komplette soziale Umfeld, das wird schon alles zusammengetrampelt. [...] Das hat nicht nur was mit Freiheitsentzug zu tun, der Mensch fängt bei Null an. Ja, Existenzvernichtung in Deutschland. (T-FG-26)

Die elektronische Aufsicht kann hier auch als Haftverkürzungsinstrument Abhilfe schaffen, indem der Betroffene frühestmöglich wieder in den Arbeitsmarkt integriert wird, seinen Job bestenfalls nicht verliert und über die Zeit auch keine für den Arbeitsmarkt wichtigen Kompetenzen einbüßt.[330] Die Verkürzung der Haft kann sich

---

328 *Clemmer* 1958.
329 *Wheeler* 1961, S. 697.
330 *Andersen & Andersen* 2012; siehe hierzu auch *Western, Kling & Weiman* 2001, S. 410.

dadurch auch positiv auf die Schuldenproblematik auswirken. So berichtete ein Proband, dass er dank der elektronischen Fußfessel in den Freigang kam und so einer Beschäftigung mit „regulärem" Gehalt nachgehen konnte, was ihm die Schuldenrückzahlung erleichterte:

> Deswegen bin ich mit der Fußfessel ins Freigängerheim gegangen hier. Nicht so rüber [geschlossener Vollzug] für 1,40 € schaffen und dann im Monat 150 €. Den Rest hier, wenn ich draußen Schulden habe, so die Pfändung da. Ich habe schon draußen Schulden. Ich bekomme hier vollen Lohn, etwas zum Essen, Rest Unterhalt und Pfändung, was weggeht. Hauptsache Schuldenberg geht runter. Aber drüben [im geschlossenen Vollzug] ist es nicht so. (T-FG-12)

Einige Probanden berichten hingegen, dass die elektronische Aufsicht der Inhaftierung gleichkomme, ähnliche Schwierigkeiten mit sich bringe und ihnen bewusst gewesen sei, dass sie „weiterhin Gefangene" (T-FG-22) seien:

> Bist dann gleich nicht frei, sondern die gleichen Prinzipien wie dort: Gewisse Uhrzeiten daheim sein, Wochenende darfst du machen, was du willst. Das wäre, also wegen dem habe ich alles verloren. Deswegen fange ich komplett grad neu an. [...] Und die Regeln waren nun mal das gleiche System wie dort [im Gefängnis], dass ich morgens gehe und abends komme. (T-EV-37)

> Dann habe ich gesagt: Ja, wie ist das, wie ein Hund in Fesseln. Aber deshalb wie ein Hund wie hinter Gittern und Kette auf dem Hals, dann lieber am Fuß. [...] Du gehst nach Hause, du bist raus, aber du bist nicht raus. (T-EV-31)

Dies ließe den Schluss zu, dass auch durch die elektronische Aufsicht rückfallfördernde Prisonisierungseffekte ausgelöst werden könnten, zum Beispiel ein Autonomieverlust. In diesem Bereich konnte jedoch in der ersten Untersuchungsphase im elektronisch überwachten Hausarrest eine signifikante Verringerung der wahrgenommenen Autonomiebegrenzung festgestellt werden.[331] Dort äußerten die Probanden oft, dass sie durch die elektronische Überwachung mehr Freiheit und Freiräume erfahren hätten. Der von den Hausarrestanten betonte positive Aspekt größerer Freiräume wurde von den überwachten Freigängern in dieser deutlichen Form, gerade wegen des Settings, nicht entsprechend wahrgenommen. Damit ist auch die Frage angesprochen, ob elektronische Überwachungsmaßnahmen, die an die Stelle des Gefängnisses treten, dennoch als Strafe und Belastung empfunden werden und aus dieser Perspektive eine wirksame Sanktion im Sinne der negativen Spezialprävention darstellen – oder ob sie dafür als zu wenig punitiv erlebt werden. Dieser Aspekt wird auch in der internationalen Forschung vielfach aufgegriffen.[332] Die elektronische

---

331   *Schwedler & Wößner* 2015, S. 111.

332   Bspw. *Killias et al.* 2010, S. 1156: „Many practitioners feel that sitting at home under curfew during nights and leisure-time hours does not require a 'real effort' (like community service) and may, therefore, not be sufficiently punitive"; siehe zu dieser Thematik auch *Gainey & Payne* 2000, S. 84; *Renzema* 2003, S. 5.

Überwachung könnte den Strafzweck der negativen Spezialprävention verfehlen, wenn sie aufgrund fehlender Punitivität keine abschreckende Wirkung erzielen kann.[333] Der ehemalige sächsische Justizminister *Steffen Heitmann*[334] und der ehemalige hessische Justizminister *Christean Wagner*[335] äußerten dahingehend starke Bedenken. Sie fürchteten, dass (im Gegensatz zur Inhaftierung) von der elektronischen Überwachung keinerlei abschreckende und somit kriminalpräventive Wirkung ausgehe. *Killias et al.*[336] konstatierten, dass der elektronischen Aufsicht die Punitivität fehle, weil das bloße „Zuhausesein" keiner Anstrengung bedürfe, wie es beispielsweise bei gemeinnütziger Arbeit der Fall sei. In der von *Gainey und Payne*[337] durchgeführten Triangulationsstudie zur elektronischen Aufsicht im Hausarrest zeigte sich, dass die Probanden diese zwar nicht als Strafe erlebten, aber auch nicht als geringfügige Verwarnung abtaten. Gerade hinsichtlich der Punitivität von Sanktionen tritt häufig der gesellschaftliche Strafanspruch in den Vordergrund. Das gesellschaftliche Bedürfnis nach Strafe ist jedoch nicht das Ziel des Justizsystems, sodass es nicht darum gehen darf, eine Strafe besonders hart auszugestalten.[338] Die Gesetzesbegründung zum EAStVollzG führt zum punitiven Charakter der elektronischen Aufsicht aus, dass

> das Vollzugsprogramm anspruchsvoll ist und den Gefangenen umfassend fordert. Von einem Absitzen der Strafe auf Balkon oder Terrasse beim Weißbier kann nicht die Rede sein. Dementsprechend zeigen die ausländischen Erfahrungen, dass die elektronische Aufsicht von den Gefangenen durchaus als Belastung wahrgenommen wird.[339]

Dem Argument fehlender Punitivität ist außerdem entgegenzuhalten, dass die elektronische Aufsicht mit dem Ziel der Internalisierung einer neuen Lebensstruktur von den Gefangenen durchaus eine anspruchsvolle Mitwirkung erwartet. Insgesamt zeichnete sich die Tendenz ab, dass auch die elektronische Überwachung von den Probanden durchaus als Strafe wahrgenommen wurde:

---

333 Gemäß der negativen Spezialprävention soll der Täter von der Begehung neuer Straftaten abgeschreckt und die Gesellschaft vor ihm geschützt werden; vgl. *Schönke/Schröder/Stree/Kinzig* StGB, Vorbemerkungen zu den §§ 38 ff. Rn. 7.

334 „Es wird kaum jemand verstehen, dass man künftig seine Strafe zu Hause vor dem Fernseher mit einer Büchse Bier in der Hand absitzen kann"; vgl. www.taz.de/1/archiv/archiv-start/?ress ort = sw&dig = 2002%2F06%2F19%2Fa0094&cHash = ecf8260a31/ [29.08.2016]; Justizminister von 1990 bis 2000.

335 Es sei nicht vorstellbar, „dass ein rechtskräftig verurteilter Täter in seiner Wohnung bei Bier und Fernsehen seine Strafe absitzt", *Wagner* 2002, S. 48; Justizminister von 1999 bis 2005.

336 *Killias et al.* 2010, S. 1155.

337 *Gainey & Payne* 2000, S. 84.

338 *Gainey & Payne* 2000, S. 85. Bereits *Beccaria* argumentierte gegen übermäßige Strafen, *Beccaria* 1764, S. 182.

339 Siehe LT-Drs. Baden-Württemberg 14/4670, S. 19.

Ja gut, das ist die Frage, ob sie es als Strafe empfinden, wenn sie im Gefängnis sind. Dann sage ich Ihnen, sind da sehr sehr viele, die das gar nicht als Strafe empfinden. [...] Es gibt verschiedene Möglichkeiten, die Leute zu bestrafen. Und diese Strafe als Wort oder als Bedeutung als Strafe, ja, da machen die noch dumme Sprüche: Der sitzt die Strafe auf der Couch ab oder wie auch immer. [...] Sie wissen, dass sie überwacht sind. Das ist einfach mal, da sind sehr viele Leute, die damit nicht zurechtkommen. Dann müssen sie sich an gewisse Zeiten halten. Dann müssen sie sich nochmal auseinandersetzen mit verschiedenen Sachen, wie z.B. Fehlfunktionen. [...] Also unter dem Strich ist es einfach mal eine zeitgemäße, für das 21. Jahrhundert eine Strafe. (T-EV-01)

Also wenn man mal nicht in die Schule geht, dann ist es, als wenn man in der JVA seinen Hofgang verpasst hat. Dann merkt man, dass dieses Zuhausehocken einen belasten kann. (T-EV-18)

Diese Wahrnehmung, dass die elektronische Überwachung von den Probanden als belastend und einschränkend empfunden wird, lässt eine abschreckende Wirkung denkbar erscheinen. Gleichwohl mag dieser Abschreckungseffekt nicht dieselbe Intensität haben, wie es bei einer Inhaftierung der Fall wäre; dies betrifft insbesondere den Anwendungsbereich des elektronisch überwachten Hausarrests:

Gefängnis spürt man zum Beispiel mehr, weil man ist geschlossen in vier Wänden. Aber [...] mit der Fußfessel spürt man das auch. (T-EV-13)

Die elektronische Fußfessel stellt sich somit als eine Mischung aus auf Fremdkontrolle basierender und Selbstdisziplin fördernder Maßnahme dar. Die Vermeidung (und Verkürzung) der Inhaftierung könnte jedoch auch nachteilig wirken. So schildern einige Probanden auch positive Hafterfahrungen. Die Inhaftierung kann als „Zäsur" dienen und einen *turning point*[340] darstellen. Im Sinne von „wenn du's jetzt nicht lernst, dann lernst du's nie" (T-FG-06) kann die Haft zu Überlegungen über die weitere Gestaltung des Lebensverlaufs führen. Für diesen Probanden (T-FG-06) war es die erste vollstreckte Freiheitsstrafe bei 16 Vorverurteilungen. Rückfällig wurde er nun im zweijährigen Katamnesezeitraum nicht. Insoweit können neben Prisonisierungsprozessen auch andere, sogar kriminalpräventive Wirkungen der Haft eintreten. Im Sinne der negativen Spezialprävention könnte der sog. *taste of prison* auch abschreckend wirken, wie es die folgenden Zitate veranschaulichen.[341]

Sonst [bei Inhaftierung] wäre ich Gott weiß wo geendet. Wahrscheinlich wär' ich dann irgendwo in der Ecke gelegen, dann wäre nix mehr gegangen, dann wäre ich dann hin gewesen oder so. Dann lieber so auf die Weise, dann lernt man's lieber so auf die harte Tour, dass man mal die Augen öffnen kann. Und das find ich halt auch gut so, dass es so passiert ist. Ich bin froh um die Erfahrung. [...] Die Zeit hier drin hat mir gezeigt und so, ich hab' hier viele kaputte Menschen kennengelernt. Wo mir

---

340 Zur Inhaftierung als *turning point* vgl. *Western & Wildeman* 2009, S. 230; *Edin, Nelson & Paranal* 2001, S. 7.

341 *Kreuzer* 2004, S. 215.

gezeigt hat, so will ich nicht enden. Deswegen bin ich halt froh um die Erfahrung. (T-FG-05)

Ich habe auch damals gesagt, ich bin so froh, dass die mich früh gefangen haben. Denn wer weiß, wie es sonst ausgesehen hätte. Das hat schlimm angefangen. Also das waren ein oder zwei Diebstähle, und dann, also das war echt – ich bin froh, dass ich reingekommen bin und gesehen, was mir meine Familie bedeutet. (T-EV-31)

Offen bleibt, auf welche Gruppe von Gefangenen diese Sichtweise zutrifft. Wird die elektronische Fußfessel als Haftvermeidungsinstrument eingesetzt, so wird dieser „Haftschock" (K-EV-05) nicht erlebt.[342] Gleichwohl könnte die Inhaftierung trotz dieser positiven Deutung weitere negative Spuren hinterlassen, da zu den Prisonisierungsfolgen nicht nur die akute Belastung während der Inhaftierung und der Kontakt zu anderen Straffälligen zählen, sondern auch die langfristigen Konsequenzen einer (wenn auch kurzen) Strafhaft. Wie bereits angedeutet, zählen hierzu insbesondere der Verlust der Arbeitsstelle und von fachlichem Know-how, der Wohnung, sozialer Bindungen sowie die Stigmatisierung. Eine vorzeitige Lockerung bzw. Entlassung unter elektronischer Aufsicht kann auch für den Erhalt des Arbeitsplatzes und sozialer Bindungen relevant sein. So beschrieben die Probanden mehrheitlich, dass der Verlust des Arbeitsplatzes und stützender Kontakte ein hohes Risikopotenzial für einen Rückfall darstelle:

Dadurch [Inhaftierung] verlieren die meisten Arbeit, verlieren soziale Bindungen, sozialen Kontakt. Dann kommen die raus, und ein paar Wochen später kommen die wieder rein. Weil erstens kein Geld, keine Wohnung, okay, mit Wohnung helfen die vielleicht, aber was ist das Erste? Keine Arbeit, gleich Alkohol oder Drogen, kein Geld, gehen klauen oder was weiß ich, bauen Scheiße, und dann später gehen die wieder rein. (T-FG-23)

Der Erhalt sozialer Bindungen ist, wie anhand der Social Control Theory[343] aufgezeigt, ein wesentlicher Faktor für den Wiedereingliederungsprozess und ein straffreies Leben.[344] Wie zuvor bereits erwähnt, betonte auch der Europarat in seinen Empfehlungen 23 und 55 zu Alternativen Sanktionen 1992,[345] dass die Maßnahme der Überwachung und Kontrolle auch dem Ziel der persönlichen Entwicklung und der sozialen Eingliederung des Straftäters dienen sollen (Nr. 55). Die Inhaftierung hingegen kann als beachtlicher Einschnitt häufig zu einer Beendigung sozialer Kontakte führen oder die Neuaufnahme erschweren. Nahezu alle Probanden empfinden ihre Familie als „gesellschaftliche Stütze" (T-EV-01). Während der Inhaftierung haben sie „schlichtweg die blanke Angst, das zu verlieren" (T-FG-04). So wurde viel-

---

342 *Meier/Rössner/Trüg/Wulf/Wulf* JGG, § 16a Rn. 12.

343 Vgl. zum theoretischen Hintergrund bereits *Kapitel 3.2.*

344 *Hirschi* 1969; *Gottfredson & Hirschi* 1990.

345 Recommendation No. R (92) 16 of the Committee of Ministers to Member States on the European Rules on Community Sanctions and Measures. Adopted by the Committee of Ministers on 19/10/1992.

fach ein Gefühl der Verantwortung für die Familie geschildert und mit dem Problem kontrastiert, dass diese Verantwortung aus dem Gefängnis heraus nicht oder nur unzureichend wahrgenommen werden könne und das Gefühl entstehe, die „Familie halt sozusagen im Stich gelassen" (T-EV-18) zu haben. Die Möglichkeit, für die Familie da sein zu können, war ein Anreiz für viele Probanden, von nun an ein Leben ohne Kriminalität führen zu wollen. Dies war außerdem ein großer Motivationsfaktor, an der Maßnahme des EAStVollzG teilzunehmen. So berichtete die Mehrheit, die Familie nur deswegen nicht verloren zu haben, da sie aufgrund der elektronischen Fußfessel vorzeitig aus dem geschlossenen Vollzug herausgekommen seien:

> Also ich denke, wenn ich jetzt nicht raus wäre, ich hätte meine Familie verloren. Da bin ich mir sicher. [...] Ich habe nicht nur die Freiheit gewonnen, sondern auch wieder meine Familie. Das habe ich nur der Fußfessel zu bedanken. [...] Also ich hätte bestimmt meine Familie verloren. [...] Die Fußfessel war meine Rettung, meine Familie zu halten. Ich habe meine Familie, ich habe gesehen, was mir meine Familie bedeutet, was ich an denen habe. (T-EV-31)

> Und da hab' ich mich dann allerdings in einem Teufelskreis bewegt, der sehr, ähm, also der mich wirklich an den Rand der Existenzfrage auch gebracht hat. Nämlich bei der Überlegung nicht so sehr „jetzt hast du was falsch gemacht und jetzt hast du alle Konsequenzen zu tragen", sondern schlichtweg: Familie. Ich wusste, du hast hier eigentlich eine Bilderbuchfamilie mit, glücklich, Frau, zwei Kinder, alles ist in einer völlig heilen Welt, und es wird von jetzt auf nachher ganz anders sein. (T-FG-04)

Für jene, „die eine Familie haben oder Familie schätzen" (T-EV-31), stellt sich die Fußfessel aus Probandensicht als „goldwert" (T-EV-31) dar. Die Belastungen durch die elektronische Überwachung können aber auch negative Effekte auf das Familienleben haben und das Zusammenleben aufgrund der Einschränkungen und ungewohnten Situation erschweren.[346]

Insgesamt wünschen sich die Probanden, dass die Maßnahme hinsichtlich ihrer Resozialisierung und des Erhalts des sozialen Nahraums möglichst frühzeitig angesetzt wird, um die durch die Inhaftierung denkbaren Schäden möglichst gering halten zu können:

> Es geht ja wahnsinnig viel kaputt. Bei mir ist alles kaputt gegangen. Privat, Beziehung, Freunde, alles. Und ich denke, je früher man wieder resozialisiert ist, desto weniger geht kaputt. [...] Diese Teilnahme im sozialen Umfeld, das hat viel gebracht. Das frühere „Wieder-da-Sein". (T-FG-13)

Insbesondere bei Niedrigrisikotätern ist „Wegsperren" aus Probandensicht „das falsche Signal und ziemlich kontraproduktiv" (T-EV-02). Allerdings darf in der Diskussion nicht vergessen werden, dass die Freiheitsstrafe bzw. die Sanktion generell auf einer rechtskräftigen Verurteilung beruht, der Verurteilte für sein Handeln verantwortlich war und daher die daraus folgenden Belastungen zu tragen hat. *Fallesen*

---

346 *Vanhaelemeesch, Vander Beken & Vandevelde* 2014, S. 278.

und *Andersen*[347] beobachteten einen unverkennbaren Rückgang sozialen Kapitals durch das Haftstigma, während die elektronische Aufsicht das Stigmatisierungsrisiko im sozialen Umfeld signifikant senken konnte und somit zum Erhalt sozialer Bindungen beitrug. Insgesamt könnten die Maßnahmen des EAStVollzG also durchaus geeignet sein, den protektiven Faktor „Erhalt des sozialen Nahraums" zu stützen. Es bleibt jedoch zu bedenken, dass die Qualität von sozialen Kontakten und nicht nur ihre bloße Existenz dafür ausschlaggebend ist, ob es sich um einen stützenden oder gar kriminalitätsfördernden Faktor handelt.

Zu einem „normalen Leben" (T-FG-22), wie es sich überaus häufig als Bezeichnung für ein straffreies Leben fand, gehörte für die Probanden aber ein Gesamtpaket: „Arbeiten gehen, Wohnung, Frau, Kind" (T-FG-05). Die Einbindung in die Arbeitswelt ist für den Wiedereingliederungsprozess von großer Bedeutung. Die Probanden haben häufig aufgrund von Straftaten und Gerichtskosten, aber auch aus anderen Gründen hohe Schulden, sodass ein regelmäßiges Einkommen wichtig ist und das Beschäftigungsverhältnis dem Tag Struktur verleihen kann. Die Möglichkeit der Beibehaltung des Arbeitsplatzes oder die Suche nach einem solchen waren neben dem Erhalt der Familie die größten Motivationsfaktoren, an der Maßnahme teilzunehmen:

> Für mich war einfach nur wichtig, den Job nicht zu verlieren. Und ich hätte ziemlich viel dafür getan. Und da war's mir auch recht, ob's jetzt mit Fußfessel ist oder ob sie mir einen Stein an den Fuß binden, das wäre mir egal gewesen. Hauptsache, ich verlier' den Job nicht. Hätte ich den Job jetzt so nicht gehabt, so mit den Umständen, mit dem Arbeitsverhältnis und so, wär' mir das egal gewesen, dann hätte ich das hier auf der linken Arschbacke abgesessen – Entschuldigung, wenn ich das so sag'. Aber das war mir halt sehr wichtig und so. Dann hätten sie mir auch ruhig noch eins um den Hals binden können, das wäre kein Problem gewesen. [...] Ich hätte meinen Job verloren. Über das Jahr hinweg. Hätte ich meinen Job verloren. Wär' nach dem Jahr rausgekommen, hätte nicht vor oder zurück gewusst. Weil ohne Arbeit, ich kenn's nicht ohne Arbeit. (T-FG-05)

Für die Gefangenen im elektronisch überwachten Freigang war es möglich, ihrem regulären Beschäftigungsverhältnis „außerhalb der Mauer" weiterhin nachzugehen oder sich bereits einen Arbeitsplatz für die Zeit nach der Entlassung zu beschaffen und ihre Eignung dafür unter Beweis zu stellen, sodass sie ab dem ersten Tag in Freiheit einer geregelten Beschäftigung nachgehen konnten. Auch für die Probanden im elektronisch überwachten Hausarrest könnte die vorzeitige Entlassung den Verlust des Arbeitsplatzes abwenden. Aus dem geschlossenen Vollzug heraus ist die Arbeitssuche sehr schwierig:

> Wenn du da drin bist, hast du fast gar keine Chance, dir eine Arbeit zu suchen. (T-EV-03)

---

347 *Fallesen & Andersen* 2017, S. 155.

Hinsichtlich dieses Risikofaktors ist die Maßnahme als hilfreich einzuschätzen. Das EAStVollzG sollte insgesamt einen fließenderen Übergang in die Freiheit ermöglichen. Der durch eine elektronische Überwachung ermöglichte frühere und strukturierte Übergang vom geschlossenen Strafvollzug in die Freiheit hat ferner eine positive Beurteilung durch den Anti-Folter-Ausschuss des Europarats erfahren.[348] Die elektronische Aufsicht wurde von den Probanden überwiegend als entsprechend hilfreich empfunden, um „wieder in den Alltag rein[zu]kommen" (T-EV-06) und sich an die „Freiheit […] zu gewöhnen" (T-FG-22). Die Entlassungsvorbereitung ist insgesamt von großer Wichtigkeit, da es ein „Schock" (T-FG-11) sein könne, „von jetzt auf nachher komplett frei zu sein" (T-FG-11) und „von heut' auf morgen ins kalte Wasser geschmissen" (T-EV-37) zu werden. Die elektronische Aufsicht kann diesen Übergang „homöopathisch" (T-FG-11) gestalten. In der ersten Untersuchungsphase (siehe *Abbildung 1*) war die Entlassungssituation der Probanden bereits als positiv einzuschätzen gewesen. Allerdings ergaben sich Anhaltspunkte, dass dies nicht durch die elektronische Aufsicht hervorgerufen worden war. Der positive Übergang schien insbesondere darauf zurückführbar, dass die Probanden überwiegend in ihre vorherigen Lebens- und Arbeitsverhältnisse zurückkehren konnten. Dies korreliert mit der Wahrnehmung vieler Probanden, dass sie bei sich selbst gar keine Notwendigkeit der (behutsamen) Reintegration oder Resozialisierung sahen, da sie nach eigener Sicht insbesondere wegen der häufig eher kurzen Strafdauer „nie wirklich weg vom normalen Leben" (T-EV-21) gewesen waren und „nichts verloren" (T-EV-30) hatten:

Also resozialisierende Wirkung hatte das in der Form nicht, weil warum, es war nicht notwendig, mich zu resozialisieren. Ich bin ein sozialer Mensch. (T-EV-01)

Eigentlich brauchte ich diese Zeit [Übergangszeit] nicht. […] Ich habe es schon lange verstanden, dass ich einen sehr großen Fehler gemacht habe. Ich habe früher ein ganz normales Leben geführt. Ich bin kein Drogensüchtiger, ich bin kein Alkoholiker, ich bin kein was weiß ich, irgendwelche Gewalttäter. […] Ich habe ein normales Leben geführt, es war plötzlich irgendwas, schwer jetzt zu beschreiben. Deswegen sagen wir so, ich brauchte keine Übergangszeit. (T-FG-02)

Allerdings darf nicht vergessen werden, dass eine Verkürzung der (vielleicht ohnehin eher kurzen) Haftstrafe auf die elektronische Aufsicht zurückgeführt werden kann. Denn die vorzeitige Entlassung in den elektronisch überwachten Hausarrest oder die Herauslösung aus dem geschlossenen Vollzug in den Freigang waren nur aufgrund der elektronischen Aufsicht möglich. Eine kurze Haftstrafe, etwa durch frühzeitige Herausnahme aus dem Vollzug unter elektronischer Aufsicht, kann demnach verhindern, dass überhaupt ein Resozialisierungsbedarf entsteht. Die Proban-

---

348   Response of the Government of Austria to the Report of the European Committee for the Prevention of Torture and Inhuman or Degrading Treatment or Punishment (CPT) on its visit to Austria from 15 to 25/02/2009, CPT/Inf (2010) 6, Strasbourg, 11/03/2010, S. 22.

den, die diesen Gedanken äußerten,[349] wurden auch tatsächlich im Katamnesezeitraum von zwei bzw. drei Jahren nicht rückfällig. Daran zeigt sich, dass die positiven Ausgangsvoraussetzungen im Laufe der Haft- bzw. Überwachungszeit nicht zerstört wurden. Daran anknüpfend lässt sich berechtigterweise die Frage stellen, ob die elektronische Aufsicht für Niedrigrisikotäter dann überhaupt einen Unterschied machen kann und ihr Einsatz für diese Tätergruppe sinnvoll ist. Da den sog. *low-risk offenders* bereits ein niedriges Rückfallrisiko und daher eine gute Integrationschance in die Gesellschaft zugeschrieben wird,[350] erscheint es fraglich, welchen Mehrwert die auf Resozialisierung ausgerichtete elektronische Überwachung erbringen kann. Dabei zeichnete sich immer wieder ab, dass die Probanden deswegen keinen oder nur einen geringen Resozialisierungsbedarf bei sich sahen, weil sie früher wieder am Leben außerhalb des Gefängnisses teilnehmen konnten – allerdings ermöglicht durch die elektronische Fußfessel, was häufig vergessen wird. Neben den Probanden, welche die Resozialisierung als nicht notwendig ansahen, gab es auch einige, die der Maßnahme das Resozialisierungspotenzial absprachen:

> Anleitung und Resozialisierung im Sinne von „wir beobachten dich, wir stellen dich auf die Probe" und Ähnliches, das gibt's nicht. Hier drin, sie [die Fußfessel] hat mir nichts, aber auch gar nichts gebracht, was irgendwie, also wenn ich jetzt von Resozialisierung spreche, dann ist es für mich Kontakte mit Freunden, Bekannten, Familie. Das Wichtigste kommt immer zuletzt. Nein, überhaupt nicht, weil ich hab' ja deswegen nicht mehr Kontakt gehabt. Da gab's ja nichts. Und früher in den Beruf reinzukommen war's ja dann auch nicht, weil, mit ofB [Freigang ohne freies Beschäftigungsverhältnis] war ich ja bereits an der Arbeitsstelle dran gewesen. Also das hat dadurch ja keinen Tag Verschiebung gebracht. (T-FG-04)

Wurden die Probanden jedoch nach dem Grund gefragt, wieso aus ihrer Sicht die elektronische Aufsicht in Baden-Württemberg implementiert worden war, so sah der Großteil den Sinn in der frühen Möglichkeit zur Resozialisierung und Wiedereingliederung:

> Es ist, denk' ich mal, für manche Leute ein guter Weg zur Resozialisierung. Dass sie wieder langsam drauf hingeführt werden, jetzt grad so mit dem Freigang find' ich das eigentlich gar nicht schlecht, dass man so Schrittchen für Schrittchen, und dann trotzdem noch ein bisschen überprüft: „Was macht der Kerle, wenn wir ihn nicht unter Aufsicht haben?" Find' ich eigentlich so, zur Resozialisierung ist das eigentlich gar nicht schlecht, find' ich. Es ist eine ganz gute Geschichte. (T-FG-05)

Hierbei nannte ein Proband ausdrücklich die Vermeidung von Wiederholungstaten, hatte also die Rückfallprävention als Ziel der elektronischen Aufsicht im Blick:

> Dann eigentlich die frühere Resozialisierung. Für solche, die das einfach mal notwendig haben. Da ist das deutlich besser, effektiver. Dadurch kann ich mir auch vorstellen,

---

349   T-EV-01, T-EV-21, T-EV-30, T-FG-02, T-FG-08.

350   Vgl. *Jeglic, Maile & Calkins-Mercado* 2011, S. 38.

dass die Wiederholungstäter einfach mal deutlich, also die Wiederholungstaten deutlich zurückgehen. [...] Das ist ja einfach mal so: Sie sind frei, aber sind trotzdem nicht frei. (T-EV-01)

Wird die Maßnahme unter elektronischer Aufsicht von den Gefangenen als eine Hilfsmaßnahme zur Wiedereingliederung gesehen und nicht nur als eine Möglichkeit des Staates, Haftplätze und somit Haftkosten und Personal einzusparen, dann könnten sich hieraus ganz andere Effekte und ein anderer Umgang mit dieser „zweiten Chance" (T-FG-26) ergeben. Der Gefangene, der in der Maßnahme einen – auch vom Staat intendierten – Mehrwert für sich selbst oder ein Hilfsprogramm sieht, wird dies vermutlich viel eher annehmen, als wenn die damit verbundenen Ziele als rein ökonomisch empfunden werden, die ausschließlich dem Staat zugute kommen sollen. In diesem Zusammenhang wurde die elektronische Aufsicht zwar größtenteils, jedoch eben nicht von allen Probanden positiv wahrgenommen. *Gainey* und *Payne*[351] verglichen in ihrer Triangulationsstudie den elektronisch überwachten Hausarrest mit den negativen und kriminogenen Aspekten der Inhaftierung. Die Probanden bewerteten die elektronische Aufsicht aus dieser vergleichenden Perspektive heraus als positiv. Ein entsprechendes Bild lässt sich auch für das baden-württembergische Modellprojekt zeichnen, denn die Gesamtbewertung durch die Fußfesselträger fiel hier ebenfalls überwiegend positiv aus, sofern sie die elektronische Aufsicht mit den Einschränkungen und Unannehmlichkeiten einer Inhaftierung verglichen.[352] Einige Probanden nahmen gegenüber der elektronischen Fußfessel aber auch eine sehr kritische Haltung ein; so bezeichnete sie einer der Probanden zum Beispiel als „beleidigend" (T-EV-37) und als etwas, womit der Staat signalisiere, wir seien ein „Überwachungsstaat" (T-EV-37). Hieraus kann sich eine ablehnende Haltung ergeben, sodass der mögliche Hilfseffekt der Maßnahme vom Gefangenen nicht angenommen wird oder er gar aktiv dagegen arbeitet. Andererseits jedoch zeigte sich, dass der Gefangene trotzdem positiv beeinflusst werden konnte, auch wenn er der Maßnahme ablehnend gegenüberstand, und zwar im Sinne einer „Jetzt erst recht"-Haltung:

> Ich wollte ja auch zeigen, dass ich mich davor schon geändert habe und nicht jetzt durch die. Ich wollte denen einfach diesen Triumph nicht lassen. Ich wollte nicht, dass die denken, ich habe mich wegen denen, also die haben mich sozusagen fertig gemacht, Disziplin beigebracht, und jetzt bin ich anders. Sondern ich habe denen bewiesen, dass ich davor schon so war. (T-EV-37)

---

351   *Gainey & Payne* 2000, S. 84.
352   *Schwedler & Wößner* 2015, S. 97.

7.3   Stigmatisierung

Einen weiteren rückfallbegünstigenden Aspekt stellt die Stigmatisierung dar, die bereits durch die öffentliche Hauptverhandlung entstehen und durch eine Inhaftierung besondere Intensität erhalten kann. Sie kann im Sinne des Labelling-Ansatzes[353] einen Prozess sekundärer Devianz in Gang setzen: Der Verurteilte akzeptiert die ihm zugeschriebene Rolle als „Delinquent" und handelt danach. Dies kann eine kriminelle Karriere einleiten oder verfestigen und somit neue Straftaten provozieren.[354] Dieses Argument gegen eine klassische Inhaftierung wurde auch in einer bereits 1997 im baden-württembergischen Landtag eingebrachten Anfrage zur Einführung des elektronisch überwachten Hausarrests ins Feld gebracht.[355] Dort heißt es, dass die elektronische Fußfessel als Haftvermeidungs- oder Haftverkürzungsinstrument geeignet sei, Stigmatisierung und Etikettierung durch die Abwendung oder Verkürzung einer Inhaftierung zu verhindern. Auch die Gesetzesbegründung zum EASt-VollzG sah die „Vermeidung von Stigmatisierung [...] gegenüber dem herkömmlichen Strafvollzug"[356] als wesentliches Element der elektronischen Aufsicht.

Man hat nichts gemerkt, dass ich im Gefängnis bin oder so. Weil ich war immer wie frei. (T-EV-09)

Klingt jetzt bisschen blöd, wenn ich sage, aber wie Urlaub. Wenn man irgendwo, keiner hat gewusst, wo ich bin und was ich bin. Viele haben gedacht, ich bin in Urlaub. Weil wenn man ein Jahr weg ist, na, und nicht ein Jahr kommt, dann wissen die Leute, irgendwas stimmt nicht. Aber eine Woche. (T-EV-13)

Insbesondere könnte jedoch den Langzeitfolgen der Inhaftierung entgegengewirkt werden. *Andersen* und *Andersen*[357] stellten am Beispiel der Arbeitsmarktsituation fest, dass sich die Teilhabechancen auf dem Arbeitsmarkt durch das Stigma der Inhaftierung – im Gegensatz zur Anwendung der elektronischen Aufsicht – deutlich verschlechterten. Aber auch bei der elektronischen Aufsicht könne eine Stigmatisierung durch das Vorstrafenregister verursacht werden. Allerdings fanden die Autoren heraus, dass die vormals inhaftierten Probanden im Gegensatz zu den elektronisch überwachten Straftätern deutlich negativer wahrgenommen wurden, da die Inhaftierung gegenüber nicht freiheitsentziehenden Sanktionen am negativsten besetzt ist.

Als mögliches Problem erwies sich jedoch, dass die elektronische Überwachung selbst eine Stigmatisierung auslösen könnte, da die Gefangenen mit der elektroni-

---

353   *Tannenbaum* 1938, S. 17 f.

354   *Lemert* 1951, S. 77; *Ehret* 2007, S. 33–37; *Becker* (1963) sieht in der Stigmatisierung und Etikettierung eine regelrechte Erschaffung einer neuen Identität und knüpft daran mit der sog. self-fulfilling prophecy an: Der Delinquent wird die ihm zugeschriebene Rolle rechtfertigen und in sein Selbstbild übernehmen.

355   Siehe LT-Drs. Baden-Württemberg 12/1043.

356   Siehe LT-Drs. Baden-Württemberg 14/4670.

357   *Andersen & Andersen* 2012, S. 8.

schen Fußfessel eine sichtbare „Markierung" tragen. *Gainey* und *Payne*[358] beobachteten in ihrer bereits im Rahmen der Punitivität diskutierten Studie eine erhebliche Stigmatisierungsgefahr bei der elektronischen Überwachung. Auch die Probanden des bayerischen Pilotprojekts[359] (siehe *Kapitel 1*) hatten wegen der potenziellen Sichtbarkeit der elektronischen Fußfessel große Angst vor einer Verwechslung mit Sexualstraftätern und einer damit einhergehenden Stigmatisierung, welche die Resozialisierungsbemühungen hätte konterkarieren können.[360] Die baden-württembergischen Modellprojektteilnehmer äußerten hinsichtlich dieser Verwechslungsgefahr ebenfalls vielfach Ängste. Diese einseitige Wahrnehmung der elektronischen Aufsicht resultierte vornehmlich daraus, dass zum Implementationszeitpunkt der elektronischen Fußfessel in Baden-Württemberg in den Medien die Überwachung ehemaliger Sicherungsverwahrter sowie gefährlicher Gewalt- und Sexualstraftäter intensiv diskutiert wurde:

> Weil das Problem war halt, kurz vor der Entlassung kam ein Bericht in den Tagesthemen über die elektronische Fußfessel, wo es dann hieß: Nahe Zukunft sollen Sexualstraftäter und all solche Menschen halt, ich will jetzt keine Kraftausdrücke benutzen, auf jeden Fall diese Menschen sollen eine solche elektronische Fußfessel kriegen. Ich hatte natürlich die Sorgen, dass wenn Menschen das jetzt sehen und denken, ich bin einer von denen. Das würde mich belasten. Das ist so das Einzige, was mich belasten würde. (T-EV-18)

Diese Verwechslungsgefahr mit Sexualstraftätern war für viele Probanden eine große Belastung, und sie sahen sich oft gezwungen, „sich da erstmal [zu] rechtfertigen, dass es eben nicht so ist" (T-FG-29). Allerdings brachten einige Probanden auch ihre Gleichgültigkeit gegenüber einer Entdeckung zum Ausdruck:

> Ich mein, in meiner Freizeit, auf'm Weg zur Arbeit, wenn draußen gutes Wetter war, bin ich auch mit kurzen Hosen runtergelaufen, na. Rumgelaufen und klar, logisch. Mich haben dann auch paar Leute drauf angesprochen, was das ist, in der S-Bahn oder so, na. Und ich hab' das denen klipp und klar gesagt. (T-FG-10)

> Mir ist es dann mal schon passiert, dass ich in der Straßenbahn, dass ich dann, wenn ich meine Beine überkreuzt hab, dass das Ding dann rausgeguckt hat, und dass die Leute dann halt blöd geguckt haben, aber das interessiert mich nicht. Sowas interessiert mich gar nicht. (T-FG-25)

Die Sichtbarkeit der elektronischen Fußfessel soll nicht Bestandteil der Bestrafung sein und ist vom Gesetzgeber nicht intendiert.[361] Gerade wegen der medialen Berichterstattung ist das Gerät jedoch insbesondere im Zusammenhang mit Hochrisikotätern bekannt und schnell als elektronische Fußfessel zu identifizieren. Diese

---

358   *Gainey & Payne* 2000, S. 84.

359   Vgl. hierzu *Breuer et al.* 2013, S. 146 ff.

360   *Breuer et al.* 2013, S. 153.

361   Vgl. www.heise.de/tp/artikel/9/9392/1.html [08.02.2016].

kann daher wie eine Kennzeichnung wirken, die den Träger als Straftäter kenntlich macht und Gefahr suggeriert. Der Großteil der Probanden äußerte Angst über eine Entdeckung des Geräts, da es den Leuten häufig „nur darum [gehe] abzustempeln" (T-EV-37). Sie sahen sich häufig „in Erklärungsnot", da „die Leute [...] nicht aufgeklärt" seien und man daher „immer die schlechtere Karte" habe (T-EV-01). Viele Probanden bereiteten Ausreden vor und deklarierten die elektronische Fußfessel als „Heizgerät für die Socken" (T-EV-07), „Langzeit-EKG" (T-EV-34) oder „Schrittzähler" (T-FG-26). Überwiegend versuchten die unter elektronischer Überwachung gestellten Probanden, die Entdeckung der Fußfessel durch andere Personen zu vermeiden:

Gut, ich hab's, ich muss dazu sagen, sehr gut versteckt gehabt. Ich hab' immer eine Binde um meinen Fuß herumgemacht, dann hab' ich Socken angezogen, unter der Fußfessel, und über der Fußfessel hab' ich auch 'nen Socken angezogen. Und ich hab' dementsprechende Hosen mir besorgt, dass die an der unteren Fußseite dicker ausfallen. Und dadurch, ich hab' also da schon sehr viel Wert drauf gelegt, dass es nicht zur Erscheinung kommt. (T-FG-03)

Also ich würde jetzt keine kurze oder 2/3-Hose anziehen, auch in der größten Hitze. Eben um das zu vermeiden, dass das jeder auf der Straße sieht. (T-FG-24)

Gelegentlich waren die Angaben innerhalb der Interviews jedoch widersprüchlich. So berichteten manche Probanden, dass ihnen die Entdeckung der Fußfessel keine Sorgen bereite; trotzdem ergriffen sie Maßnahmen, um die Fußfessel zu verstecken:

Interviewer: Gab es Situationen in der Öffentlichkeit, dass Sie das Gefühl hatten, dass Sie jemand schief anschaut, dass jemandem das aufgefallen sein könnte?

Proband: Das könnte sein, aber es ist mir nie aufgefallen. Und um ehrlich zu sein, das ist mir auch egal so. [...]

Interviewer: Ja, okay. Wenn jetzt Sommer gewesen wäre oder Sie die Möglichkeit zum Boxen gehabt hätten, hätten Sie die Fußfessel auch offen getragen? Also mit kurzer Hose?

Proband: Ich wäre dann natürlich in ein Gym gegangen, wo ich die Leute kenne und die mich kennen. Diese Möglichkeit gibt es ja. Dann hätte ich das natürlich gemacht.

Interviewer: Und in der Öffentlichkeit?

Proband: Nein, hätte ich nicht gemacht. [...] Ich glaube, das ist selbstverständlich im Menschen, dass wenn etwas außergewöhnlich oder ungewöhnlich erscheint, dass man dann einen näheren Blick drauf wirft oder drauf starrt. Das brauche ich nicht. (T-EV-18)

Es zeichnete sich ab, dass die elektronische Fußfessel im engen sozialen Umfeld häufig offen getragen und darüber gesprochen wurde. In der Öffentlichkeit hingegen war die Angst vor Stigmatisierung größer. So tendierte die Mehrzahl der Probanden dazu, die elektronische Fußfessel im öffentlichen Raum zu verstecken. Interessanterweise wurde deutlich, dass die Probanden zwar häufig Angst vor einer Stigmatisierung äußerten, jedoch schilderten nur zwei von ihnen, diese tatsächlich erlebt zu haben:

> Ich hab so 'n Mädel kennengelernt, so [Alter], hat sie gesagt, ist sie. Hat bei [Firmenname] gearbeitet oder arbeitet noch bei [Firmenname]. Hab mich am Anfang gut mit ihr unterhalten und so. Haben uns gut verstanden und so. Und irgendwann hat sie halt das Ding rausblitzen sehen. Dann hat sie mich gefragt ‚Was ist denn das?'. Und ich hab ihr halt die Wahrheit erzählt und so. Warum ich im Gefängnis bin und so bla bla bla, und was das ist und so, und danach wollt' sie nichts mehr mit mir zu tun haben. Danach war sie geheilt und so. Also, seitdem würdigt sie mich auch keines Blickes mehr. (T-FG-05)

> Meine Freundin und ich hatten auch übelst Krach, war für mich auch eine riesige Überraschung. Sie hat sich für mich dann geschämt. (T-EV-37)

Letztendlich verhindert die Fußfessel als Haftvermeidungsinstrument zwar das Stigma einer Inhaftierung, jedoch läuft sie Gefahr, während des Tragens selbst eine Markierung zu schaffen, die den Träger als Straftäter kennzeichnet und somit seine Reintegration und Resozialisierung beeinträchtigen kann.[362] Diese Stigmatisierung wird zusammenfassend von den Probanden jedoch überwiegend „nur" befürchtet und selten tatsächlich erlebt. Diese Befürchtung kann jedoch bereits dazu führen, dass Motivation und Bemühungen des Betroffenen gehemmt werden, da er von vornherein von einem Misserfolg aufgrund der Stigmatisierung ausgeht und seine Anstrengungen als nicht lohnenswert ansieht. Auch die reine Stigmatisierungsangst ohne ein entsprechendes Erleben kann sich somit kontrapräventiv auswirken.

Gainey und *Payne*[363] stellten in ihrer Rückfallstudie zur elektronischen Aufsicht fest, dass Sanktionen, die an viele verschiedene Aspekte anknüpfen (hier z.B. an die Verringerung von Prisonisierung und Stigmatisierung, den Erhalt des sozialen Nahraums, die Arbeitsmarktintegration etc.), die höchste Wahrscheinlichkeit für einen nachhaltig positiven Effekt mit sich bringen. Diese (demnach vielversprechende) Zielvielfalt konnte auch im baden-württembergischen Projekt beobachtet werden. Zusammenfassend lässt sich jedoch sagen, dass weniger die elektronische Aufsicht selbst als vielmehr die durch sie ermöglichte frühzeitige Herauslösung aus dem geschlossenen Vollzug zu einer positiven Nachentlassungssituation beitragen konnte. Der weiche Übergang in die Freiheit und eine damit verbundene und an die Bedürfnisse angepasste begleitete Entlassungsvorbereitung sind wichtig für einen erfolgreichen (Wieder-)Eingliederungsprozess. Es wurde deutlich, dass die die elektronische Aufsicht begleitenden Hilfsprogramme essenziell sind und durch den Einsatz der Technik nicht in ihrer Bedeutung oder Intensität geschmälert werden dürfen.

---

362 *Nellis* 2015, S. 26.
363 *Gainey & Payne* 2000, S. 84.

Letztendlich liegt es an jedem Einzelnen, die durch die elektronische Aufsicht gewährte Möglichkeit auf ein straffreies Leben zu nutzen. Die elektronische Aufsicht ist, wie andere Sanktionen auch, keine „magic bullet".[364]

> Die Fußfessel hat mir ermöglicht, einen Neustart zu machen. Was ich draußen mache, das war mir überlassen. Ob ich jetzt mit der Fußfessel eine Stunde spazieren gehe oder mir in der Stunde eine Arbeit suche oder eine Wohnung suche, das mache ja ich selber. Das habe ich nur ermöglicht bekommen durch die Fußfessel. Also ich kann jetzt nicht sagen: Gott segne die Fußfessel, die hat mir alles ermöglicht. (T-FG-34)

7.4 Fazit

Die qualitative Analyse der Probandeninterviews ging von den in *Kapitel 4.1* formulierten Fragestellungen aus. Die Frage nach dem Erhalt möglicher Schutzfaktoren wie der Arbeitsmarktintegration oder des sozialen Umfelds lässt sich dahingehend beantworten, dass sich die frühzeitige Herauslösung aus dem geschlossenen Vollzug und der durch die elektronische Aufsicht sanfter gestaltete Übergang in die Freiheit positiv auf die Legalbewährung auszuwirken scheinen. Gerade für Niedrigrisikotäter kann die durch die elektronische Überwachung ermöglichte frühere Öffnung des Vollzugs darauf hinwirken, dass trotz der zeitweisen Inhaftierung kein Resozialisierungsbedarf entsteht, da der Gefangene protektive Faktoren wie Wohnung, Arbeit und soziales Umfeld erhalten kann.

Die elektronische Aufsicht und die damit verbundenen Maßnahmen könnten zwar Prisonisierungseffekte ein Stück weit abwehren, andererseits aber auch hervorrufen, da ebenso und besonders der elektronisch überwachte Hausarrest durchaus Einschränkungen mit sich bringt. Vor dem Hintergrund der Inhaftierung wird der elektronisch überwachte Hausarrest jedoch als weniger einschränkend und eingriffsintensiv erlebt.

Zur Frage nach einer nachhaltigen Internalisierung einer Tagesstruktur und der damit erhöhten Selbstkontrolle lassen sich (gemessen an den Erfahrungsberichten der Probanden) keine nachhaltigen Effekte mit Sicherheit bestätigen. Eine verstärkte Ausbildung nachhaltig wirkender Selbstkontrolle konnte ebenso wenig beobachtet werden wie eine kriminalpräventive Internalisierung der Tagesstruktur. Insgesamt kann nicht mit Sicherheit davon ausgegangen werden, dass die elektronische Aufsicht während der laufenden Überwachung einen derart starken Überwachungsdruck auslöst, dass es zu keinen Zonenverletzungen kommt.

Die Analyse bestätigte die Annahme, dass von der elektronischen Überwachung resozialisierungshindernde Wirkungen ausgehen können. Es zeigte sich, dass sie Gefahr läuft, selbst eine Stigmatisierung auszulösen, die sich negativ auf den weiteren

---

364 *Tonry & Hamilton* 1995, S. 112.

Nachentlassungsverlauf und die Legalbewährung auswirken kann, obwohl die elektronische Aufsicht das Stigma „Haft" auch verringern oder verhindern kann.

Es scheinen außerdem insbesondere die mit der elektronischen Aufsicht verbundenen Maßnahmen und nicht die elektronische Überwachung selbst zu sein, denen ein kriminalpräventives Potenzial attestiert werden kann. Die möglichen Wirkmechanismen gehen somit nur teilweise von der elektronischen Fußfessel selbst aus, zu einem größeren Teil jedoch von der durch sie ermöglichten frühzeitigen Herauslösung aus dem geschlossenen Vollzug, also in den Hausarrest bzw. Freigang (vgl. *Abbildung 19*).

Abbildung 19   *Mögliche Effekte der elektronischen Aufsicht und der mit ihr verbundenen Maßnahmen*

Mögliche Effekte der elektronischen Aufsicht

Mögliche Effekte der mit der elektronischen Aufsicht verbundenen Maßnahmen

Prisonisierung entgegenwirken

Erhalt sozialer Bindungen (Social Control Theory)

Abschreckung (Rational Choice Theory)

Resozialisierung (Arbeit, Wohnung, soziales Umfeld)

Struktur, Fernhaltung von kriminogenen Orten (Routine Activity Theory)

Stigmatisierung entgegenwirken

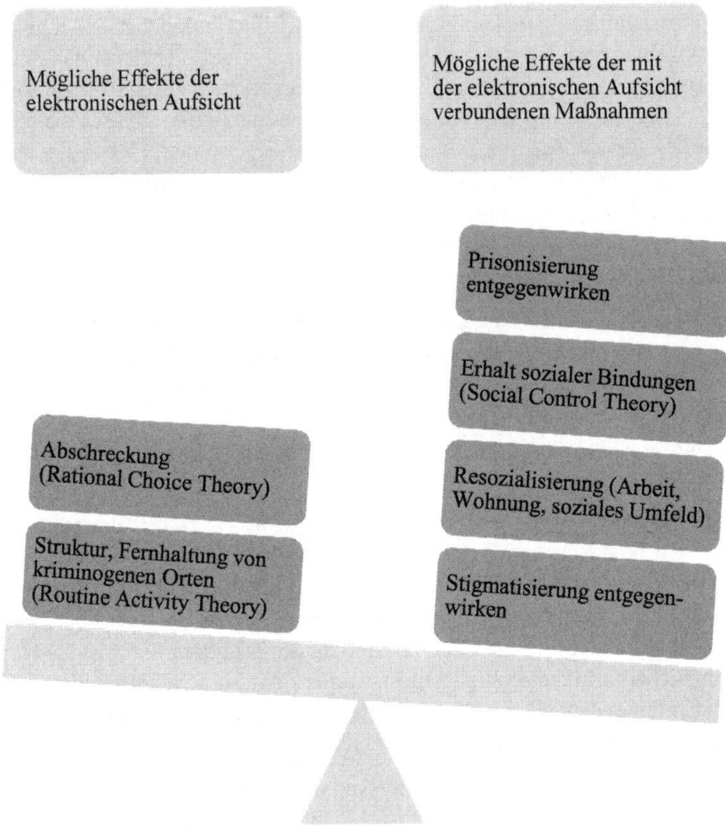

Die bereits in *Kapitel 3.2* formulierte Einschätzung, der Effekt des elektronisch überwachten Hausarrests bzw. der elektronisch überwachten Vollzugslockerungen sei
nur schwer vom Einfluss der elektronischen Aufsicht an sich zu trennen, wird durch
die qualitativen Analysen bekräftigt. Konnten positive Effekte beobachtet werden,
so waren diese auf die vorzeitige Herauslösung aus dem geschlossenen Vollzug zurückzuführen. Es ist also stets zu prüfen, inwieweit dies auch ohne elektronische
Aufsicht möglich gewesen wäre und inwiefern der Einsatz der Überwachungstechnik eher dem Sicherheitsinteresse der Gesellschaft geschuldet ist.

Kapitel 8

Zusammenfassende Diskussion

Insgesamt zeigte die vorliegende empirische Untersuchung keine rückfallvermeidende oder resozialisierende Wirkung der elektronischen Aufsicht. Die Resultate der Zwillingsgruppenanalyse stützen dieses Ergebnis. Die quantitative Analyse bestätigte das erste Jahr nach der Haftentlassung als am kritischsten hinsichtlich des Rückfalls. Dabei wirken zahlreiche Faktoren auf die Legalbewährung ein, auf welche die elektronische Aufsicht wiederum keinen oder nur einen sehr geringen Einfluss haben kann. Dies unterstreicht die Bedeutung von deren Einbettung in ein Gesamtkonzept mit entsprechenden Begleitmaßnahmen, um das Rückfallrisiko nachhaltig zu senken und einen Resozialisierungseffekt erzielen zu können. Notwendig sind hierfür individuelle (psycho)soziale Maßnahmen, deren Durchführung von der elektronischen Aufsicht – teilweise und bei gegebener Notwendigkeit – unterstützt bzw. begleitet werden kann. Auch der Europarat hat in seinen jüngsten Empfehlungen zur elektronischen Überwachung die Bedeutung unterstützender professioneller Maßnahmen zur Erreichung des Resozialisierungsziels erneut betont.[365]

Neben der quantitativen Analyse zeigte die qualitative Analyse Möglichkeiten, aber auch Grenzen der elektronischen Aufsicht aus Probandenperspektive auf. Der Mehrwert der Between-Method-Triangulation bestätigte sich, da andernfalls interessante und zentrale Aspekte unberücksichtigt geblieben wären. Die qualitative Analyse ergab, dass die elektronische Aufsicht an sich keine langfristige Veränderung der inneren Einstellung des Überwachten bewirkt, sondern eher zu einer vorübergehenden „oberflächlichen Verhaltensmanipulation"[366] ohne nachhaltige (Norm-)Internalisierung führt. Nachhaltige Veränderungen der Persönlichkeit oder eine dauerhafte Internalisierung einer Tagesstruktur, wie es die theoretischen Vorüberlegungen zur Routine Activity Theory vermuten ließen, sind durch die elektronische Aufsicht nicht zu erwarten. Selbst Probanden, die die elektronische Aufsicht als Strukturierungshilfe sahen (z.B. T-FG-29), wurden im Untersuchungszeitraum rückfällig.

Ein durch die elektronische Überwachung anvisierter Abschreckungseffekt durch das erhöhte Entdeckungsrisiko scheint – sofern er überhaupt erlebt wurde – bereits während der laufenden Überwachung abzunehmen und nach der Entfernung des Ge-

---

365 Recommendation (2014)4 of the Committee of Ministers to Member States on Electronic Monitoring. Adopted by the Committee of Ministers on 19/02/2014, Rule 8.

366 *Stolle* 2015, S. 68.

räts gänzlich zu verschwinden. Der aus dem Rational-Choice-Ansatz abgeleitete Abschreckungsgedanke lässt sich jedoch nicht nur auf das erhöhte Entdeckungsrisiko beziehen, sondern auch auf den Gedanken der Abschreckungswirkung von Sanktionen im Allgemeinen.

Dem elektronisch überwachten Hausarrest kann in dieser Analyse – und dies entspricht dem internationalen Forschungsstand[367] – eine strafende Wirkung jedenfalls nicht gänzlich abgesprochen werden. Das könnte dafür sprechen, dass der durch eine Inhaftierung mitintendierte Abschreckungseffekt[368] auch bei der elektronischen Überwachung bzw. beim elektronisch überwachten Hausarrest als Haftalternative vorhanden sein und sich somit kriminalpräventiv auswirken könnte. Jedoch lässt sich bereits die abschreckende Wirkung einer Inhaftierung grundsätzlich infrage stellen.[369] Der elektronisch überwachte Hausarrest wird aus Sicht der Betroffenen als Belastung wahrgenommen, aber überwiegend als weniger eingriffsintensiv erlebt als die Inhaftierung. Dies könnte gegen einen Abschreckungseffekt der elektronischen Aufsicht sprechen. Es gibt bisweilen aber keinerlei Belege für die Annahme, dass das Rückfallrisiko nach eingriffsintensiveren Sanktionen geringer ist als nach milderen.[370] *Heinz* kommt sogar zu folgendem Ergebnis: „Wenn es eine Tendenz gibt, dann eher die, dass nach härteren Sanktionen die Rückfallraten höher sind."[371] *Tetal*[372] stellte diese Tendenz insbesondere für Verurteilungen wegen Eigentums- und Vermögensdelikten fest, die auch in der Stichprobe der vorliegenden Studie dominierten. Dieser Befund entspricht der vielfach beobachteten und abgesicherten Erkenntnis, dass Sanktionen aus spezialpräventiver Sicht austauschbar sind, ohne dass sich daraus ein wesentlicher – positiver oder negativer – Einfluss auf das Rückfallrisiko ergibt.[373] *Böhm* schreibt hierzu, dass

> alle Sanktionen und deren unterschiedliche Ausgestaltung den gleichen Erfolg haben, sofern man ihnen nach im Wesentlichen für die Frage der Rückfälligkeit entscheidenden Merkmale, wie Geschlecht, Alter, kriminelle Vorbelastung, Schulerfolg, Ausbildungsstand, Freizeitgewohnheiten und Arbeitsverhalten ähnliche Probanden zuweist.[374]

Das höchste Rückfallrisiko in der vorliegenden quantitativen Untersuchung lag zusammenfassend bei Gefangenen, die während der Inhaftierung keine Lockerungen erhalten hatten und missbräuchlichen Substanzkonsum aufwiesen sowie bereits im

---

367   Vgl. die Nachweise in *Kapitel 7.2.*

368   *Nagin, Cullen & Jonson* 2009, S. 115; *Raaijmakers, Loughran, de Keijser, Nieuwbeerta & Dirkzwager* 2016, S. 3 ff.

369   *Nagin & Snodgrass* 2013, S. 625; *Green & Winik* 2010, S. 357; *Entorf* 2008, S. 61.

370   *Raaijmakers, de Keijser, Nieuwbeerta & Dirkzwager* 2016, S. 32; *Heinz* 2007.

371   *Heinz* 2007, S. 9.

372   *Tetal* 2018, S. 554.

373   Vgl. hierzu *Albrecht* 1982, S. 241; *Tetal* 2018; *Meier* 2015, S. 32; *Spiess* 2012, S. 293.

374   *Böhm* 1996, S. 274.

tendenziell jungen Alter durch strafbare Handlungen auffällig geworden waren – und zwar unabhängig davon, ob sie an der Maßnahme „Elektronische Aufsicht im Vollzug der Freiheitsstrafe" teilnahmen oder nicht. So erläutert *Böhm* weiter, dass Personen, die gewisse Risikofaktoren nicht aufweisen,

> eben selten rückfällig [werden], gleichgültig, ob man ein gegen sie anhängiges Verfahren gegen die Zahlung einer Geldbuße einstellt, eine Hauptverhandlung durchführt und Geldstrafe verhängt, sie zu einer kurzen Freiheitsstrafe verurteilt und diese zur Bewährung – mit oder ohne Bewährungshilfe – aussetzt oder sie diese Strafe ganz oder teilweise verbüßen lässt.[375]

Stationäre Sanktionen führen im Vergleich zu ambulanten Sanktionen einer Vielzahl von Studien zufolge nicht zu einer Reduzierung der Rückfallrate.[376] Diese Feststellung hat insbesondere den Sinn freiheitsentziehender Sanktionen infrage gestellt.

Streng[377] plädiert jedoch trotz der von ihm so benannten „Gleichwirkungsthese"[378] verschiedener Sanktionen auch dafür, dass es in spezialpräventiver Hinsicht im Einzelfall durchaus sinnvoll sein kann, anstatt zur elektronischen Fußfessel zu einer „stationären – und deshalb harten – Sanktion zu greifen".[379] Zum Beispiel ist dies bei erhöhter Fluchtgefahr unter der ambulanten Maßnahme oder einer zu hohen Rückfallgefahr denkbar, wenn die elektronische Überwachung wegen des Sicherheitsbedürfnisses der Bevölkerung nicht verantwortet werden kann. Sofern sie jedoch gegenüber der Inhaftierung als eine mildere Sanktion angesehen wird, könnte für den Einsatz dieses weniger eingriffsintensiven Mittels plädiert werden, sofern es gleichermaßen dazu geeignet ist, zur Sicherheit der Bevölkerung beizutragen.[380] Denn die Auswahl einer Sanktion oder deren Ausgestaltung hat sich stets am Verhältnismäßigkeitsgrundsatz zu orientieren.

Insgesamt ist jedoch zu bedenken, dass die elektronische Aufsicht der Resozialisierung auch zuwiderlaufen und somit kontrapräventiv wirken kann. So können durch die elektronische Fußfessel selbst Prisonisierungs- und Stigmatisierungseffekte ausgelöst werden. Trotzdem bringt die elektronische Überwachung – insbesondere in Kombination mit der vorzeitigen Herauslösung aus der Haft – auch positive Begleiteffekte hinsichtlich der Resozialisierung mit sich, von denen häufig jedoch nur individuell berichtet wird. Die Haftverkürzung, die damit verbundene Rückkehr zur Familie und die Möglichkeit der Beibehaltung der Arbeitsstelle waren wesentliche Resozialisierungsfaktoren und motivierten primär zur Teilnahme am Modellprojekt. Diese Faktoren kristallisierten sich in der Zielgruppe gleichzeitig aber als nicht

---

375 *Böhm* 1996, S. 274.
376 *Wermink, Nieuwbeerta, de Keijser, Blokland, Apel, Ramakers & Dirkzwager* 2015, S. 137.
377 *Streng* 2007, S. 65.
378 *Streng* 2007, S. 72.
379 *Streng* 2007, S. 72.
380 *Kaiser* 1996, S. 978; *Tetal* 2018, S. 555.

besonders bedeutsame Ansatzpunkte für die Rückfallprävention heraus, da die Stichprobe diesbezüglich ein gutes Ausgangsniveau zeigte. Der ausbleibende resozialisierende Effekt der elektronischen Überwachung könnte somit auch ein Stück weit auf den niedrigen Resozialisierungsbedarf der Probanden zurückzuführen sein. Zu einem solchen Ergebnis kommen auch *Wallace-Capretta* und *Roberts*.[381] Sie stellten in ihrer Studie zur elektronischen Überwachung im Rahmen der Bewährungsaufsicht fest, dass die elektronisch überwachten im Vergleich zu den die normale Bewährung durchlaufenden Probanden kein geringeres Rückfallrisiko aufwiesen. Dabei betonten sie, dass es sich bei den elektronisch überwachten Probanden ohnehin um Niedrigrisikotäter gehandelt habe, sodass der ausbleibende Effekt eher darauf zurückführbar sei und die Probanden im Rahmen der herkömmlichen Methoden vermutlich genauso effektiv hätten beaufsichtigt werden können.[382] Dies wirft nicht nur die Frage eines Net-Widening-Effekts auf, sondern auch, inwiefern die elektronische Überwachung bei Low-Risk-Probanden überhaupt ein Resozialisierungspotenzial entfalten kann. Auch *Dünkel et al.* sehen die elektronische Überwachung bei Niedrigrisikotätern als wenig effektiv an[383] und konstatieren, dass sie umso eher ein mögliches Resozialisierungspotenzial zeigen könne, je gefährlicher die überwachte Klientel sei.[384]

Abschließend betrachtet, blieben die Ergebnisse zu resozialisierungsfördernden Veränderungen bereits in der ersten Untersuchungsphase[385] hinter den Erwartungen zurück. Die elektronische Aufsicht stellt sich im Modellprojekt in erster Linie als ein Kontrollinstrument und als Mittel zum Zweck dar – nämlich einer vorzeitigen Entlassung.

---

381 *Wallace-Capretta & Roberts* 2013, S. 44 ff.

382 *Wallace-Capretta & Roberts* 2013, S. 51.

383 *Dünkel, Thiele & Treig* 2017b, S. 475 ff.

384 *Dünkel, Thiele & Treig* 2017b, S. 526.

385 Vgl. *Kapitel 2.3* sowie ausführlich zu den Ergebnissen der ersten Untersuchungsphase *Schwedler & Wößner* 2015.

Kapitel 9

(Verfassungs-)Rechtliche Betrachtung der elektronischen Überwachung

Im Rahmen des baden-württembergischen Modellversuchs betonte der damalige baden-württembergische Justizminister, dass entlassene Sicherungsverwahrte nicht als Probanden des Modellprojekts infrage kämen. Trotzdem habe man dies stets im Hinterkopf: „Die Erfahrungen mit diesem Modellversuch werden uns helfen, auch im Bereich der Sicherungsverwahrten die elektronische Überwachung schnell umsetzen zu können, wenn der Bundesgesetzgeber die rechtlichen Voraussetzungen dafür schafft."[386] Dies sollte nur drei Monate später der Fall sein. Doch inwieweit die Erfahrungen aus dem einen Anwendungsbereich auf den anderen tatsächlich übertragen werden können, soll der folgende Vergleich verdeutlichen.

Am 01.01.2011 trat das „Gesetz zur Neuordnung des Rechts der Sicherungsverwahrung und zu begleitenden Regelungen" in Kraft.[387] Seitdem ist es auf Bundesebene gem. § 68b Abs. 1 S. 1 Nr. 12 StGB möglich, aus dem Straf- oder Maßregelvollzug Entlassene im Rahmen der Führungsaufsicht anzuweisen, die für eine „elektronische Überwachung des Aufenthaltsortes erforderlichen technischen Mittel ständig in bereitem Zustand bei sich zu führen". Die Anwendungsbereiche der elektronischen Überwachung im Rahmen der Führungsaufsicht und im baden-württembergischen Modellprojekt waren bzw. sind dabei sehr unterschiedlich. Zum einen wurden im baden-württembergischen Modellprojekt überwiegend Probanden mit einem niedrigen Risikolevel überwacht, während es sich bei Führungsaufsichtsfällen um Probanden mit einem höheren Risikolevel und schwerwiegenderen Anlassdelikten, wie Gewalt- und Sexualstraftaten, handelte. Zum anderen kam die elektronische Aufsicht in Baden-Württemberg während oder anstatt des Strafvollzugs zum Einsatz. Im Gegensatz dazu ist der Adressatenkreis bei der Führungsaufsicht bereits aus der Haft oder der Maßregel entlassen. Letztendlich stand hinter der Einführung der elektronischen Aufsicht auf Bundesebene aber eine ähnliche Motivation wie hinter dem baden-württembergischen Modellprojekt. Die elektronische Aufsicht soll bzw. sollte den Überwachten im Sinne der positiven Spezialprävention von der Begehung wie-

---

386 Vgl. www.jum.baden-wuerttemberg.de/pb/,Lde/2006460/?LISTPAGE = 2006140 [07.10. 2016].

387 Siehe BT-Drs. 17/3403.

terer Straftaten abhalten.[388] Die abschreckende Wirkung der elektronischen Überwachung sollte im Rahmen der Führungsaufsicht, wie auch im Modellprojekt, aus
der erhöhten Entdeckungsgefahr resultieren und somit zur Rückfallprävention beitragen.[389] Parallelen ließen sich außerdem insoweit ziehen, als die Fernhaltung von
kriminogenen Orten und die Ausschaltung kriminogener Reize für den Bundes- wie
auch für den Landesgesetzgeber eine wichtige Rolle spielen bzw. spielten.[390] Auf
Bundesebene ging es dabei insbesondere um die Festlegung von Verbotszonen,[391]
beispielsweise den Wohnort der/des Geschädigten, Spielplätze oder Kindergärten.
Auch im baden-württembergischen Modellprojekt wurden Gebots- und Verbotszonen eingerichtet, die sich in der Regel auf arbeitsplatzrelevante Beschränkungen und
den Wohnsitz des Probanden bezogen. Letztendlich sollte der elektronischen Aufsicht aber sowohl auf Bundes- als auch auf Landesebene eine Doppelfunktion zukommen: Als unterstützender Begleiter soll sie zur Wiedereingliederung des Täters
beitragen, zur gleichen Zeit aber durch eine bessere Kontrolle dem Schutz der Allgemeinheit vor weiteren Straftaten dienen.[392]

Die Führungsaufsicht (§§ 68 ff. StGB) ist präventiver Natur und richtet sich als ambulante Maßregel in erster Linie an „Vollverbüßer" und „Maßregelerlediger". Die
Weisung der elektronischen Aufenthaltsüberwachung ergeht dabei einwilligungsunabhängig und ist gem. § 145a StGB strafbewehrt. Anders hingegen war die Maßnahme im baden-württembergischen Modellprojekt nur auf freiwilliger Basis möglich. Die Anordnung der elektronischen Aufenthaltsüberwachung im Rahmen der
Führungsaufsicht ist gem. § 68 Abs. 1 S. 2 StGB nur unter vier kumulativen Voraussetzungen zulässig und ist somit strenger als die allgemeinen Anforderungen des
§ 68 Abs. 1 StGB: Die vollständig verbüßte Freiheitsstrafe muss mindestens drei
Jahre betragen haben, sofern die Führungsaufsicht nicht aufgrund einer erledigten
Maßregel eintritt. Des Weiteren muss eine Katalogstraftat des § 66 Abs. 3 S. 1 StGB
Anlass für die Freiheitsstrafe oder Unterbringung gewesen sein und eine Wiederho-
lungsgefahr dieser Katalogstraftaten bestehen. Die Weisung muss außerdem erforderlich erscheinen, um die verurteilte Person von der Begehung weiterer Straftaten
abzuhalten; mithin muss sie eine spezialpräventive Wirkung erzielen können. Die
Gesetzesnovelle von 2011 scheint dabei den Prozess zu einer „immer schärfer aus-
gestalteten Führungsaufsicht"[393] fortzusetzen.

---

388   Siehe BT-Drs. 17/3403, S. 17; Baden-Württemberg LT-Drs. 14/4670, S. 14.

389   Siehe BT-Drs. 17/3403, S. 17.

390   Siehe BT-Drs. 17/3403, S. 17.

391   Die Weisung des § 68b Abs. 1 S. 1 Nr. 12 StGB dient somit auch der Überwachung anderer
        Weisungen wie bspw. des Ortsverbots gem. § 68b Abs. 1 S. 1 Nr. 2 StGB.

392   Siehe Baden-Württemberg LT-Drs. 14/4670 und 12/1043, S. 4; BT-Drs. 17/3403, S. 18. All-
        gemein zur Führungsaufsicht siehe *Schönke/Schröder/Stree/Kinzig* StGB, § 68 Rn. 1–4.

393   *Brauneisen* 2011, S. 312.

Treibende Kräfte hinter der Gesetzesänderung waren vor allem die Entwicklungen im Bereich der Sicherungsverwahrung und die daraus entstandene rechtspolitische Situation. Am 17.12.2009[394] stufte der Europäische Gerichtshof für Menschenrechte (EGMR) die rückwirkende Aufhebung der zehnjährigen Höchstdauer der primären Sicherungsverwahrung als einen Verstoß gegen Art. 5 Abs. 1 und Art. 7 der Europäischen Menschenrechtskonvention (EMRK) ein.[395] Zwar hat die EMRK[396] nur den Rang eines einfachen Gesetzes und steht in der Normenhierarchie unterhalb des Grundgesetzes; dennoch soll das deutsche Recht im Licht der EMRK völkerrechtsfreundlich ausgelegt werden.[397] Dem konventionswidrigen Zustand musste daher ein Ende gesetzt werden. Am 04.05.2011[398] erklärte das BVerfG sämtliche Bestimmungen des Rechts der Sicherungsverwahrung als Konsequenz der Straßburger Entscheidung für verfassungswidrig und forderte die Gesetzgebung zur Neuregelung bis zum 31.05.2013 auf. Die elektronische Überwachung war hierbei jedoch eher ein Nebenschauplatz des entstandenen Gesamtkonzepts zur „Neuordnung des Rechts der Sicherungsverwahrung und zu begleitenden Regelungen".[399] Die Neufassung des Weisungskatalogs der Führungsaufsicht gehörte an sich nicht zum Verdikt der Verfassungswidrigkeit. Als Konsequenz des BVerfG-Urteils mussten jedoch zahlreiche Untergebrachte aus der Sicherungsverwahrung entlassen werden. Dies betraf die sog. Altfälle, die vor dem 31.01.1998 untergebracht worden waren und über die frühere Zehnjahreshöchstfrist hinaus in der Sicherungsverwahrung verblieben waren oder bei denen die Sicherungsverwahrung nachträglich angeordnet wurde.[400] Nur wenn eine hochgradige Gefahr schwerster Gewalt- oder Sexualstraftaten aus konkreten Umständen in der Person oder im Verhalten des Untergebrachten erkennbar war

---

394   Endgültig ist das Urteil des EGMR seit der Entscheidung der großen Kammer des EGMR vom 10.05.2010, EGMR Nr. 19359/04 (5. Kammer); EGMR, Neue Zeitschrift für Strafrecht 2010, S. 263.

395   Dieses Urteil des EGMR stellte sich gegen die bereits zu einem früheren Zeitpunkt ergangene Entscheidung des BVerfG vom 05.02.2004, welche insbesondere das in Art. 103 Abs. 2 GG niedergelegte Rückwirkungsverbot im Zusammenhang mit der Entfristung als nicht verletzt angesehen hatte; BVerfG Juristische Schulung 2004, S. 527.

396   Die EMRK ist ein völkerrechtlicher Vertrag und verpflichtet die Unterzeichnerstaaten gem. Art. 1 EMRK, die dort aufgeführten Rechte zu gewähren und Urteile des EGMR gem. Art. 46 Abs. 1 EMRK zu befolgen. Deutschland ratifizierte die EMRK am 07.08.1952; *Pösl* 2011, S. 239 ff.

397   Urteile des EGMR ersetzen keinen nationalen Hoheitsakt und haben keine Gesetzeskraft. Eine Vorschrift vergleichbar mit § 31 BVerfGG gibt es in der EMRK gerade nicht; *Drenkhahn & Morgenstern* 2012, S. 172; BVerfG, Neue Juristische Wochenschrift 2011, S. 1931.

398   BVerfG, Neue Zeitschrift für Strafrecht 2011, S. 450.

399   Siehe BGBl. 2010 Teil 1 Nr. 68, S. 2300.

400   Der EGMR beschäftigte sich nur rudimentär mit dem Institut der nachträglichen Sicherungsverwahrung; es ging vielmehr um die nachträgliche Verlängerung der primären Anordnung der Sicherungsverwahrung. Das BVerfG nahm sich darüber hinaus auch der nachträglichen Sicherungsverwahrung an. In diesem Institut sah das BVerfG einen schwerwiegenden Eingriff in das Vertrauen und Art. 2 Abs. 2 GG; vgl. BVerfG, Neue Zeitschrift für Strafrecht 2011, S. 450.

und dieser an einer psychischen Störung i.S.d. § 1 Abs. 1 Nr. 1 ThUG litt, durfte die Fortdauer der Sicherungsverwahrung angeordnet werden.[401] Andernfalls musste die Entlassung bis zum 31.12.2011 erfolgen. Gemäß § 67d Abs. 3 StGB schließt die Führungsaufsicht ipso iure an die Entlassung aus der Sicherungsverwahrung an. Nicht zuletzt als Reaktion auf die plötzliche Entlassungswelle wurde die neue Weisung der elektronischen Überwachung im Rahmen der Führungsaufsicht in „rekordverdächtigem Tempo"[402] implementiert.[403]

Die Zahl der unter Führungsaufsicht stehenden Entlassenen steigt seit 2008 kontinuierlich an. Von 2008 bis 2015 war ein Zuwachs von fast 50 % zu verzeichnen. Nach der Einführung der elektronischen Aufenthaltsüberwachung durch die Gesetzesnovelle 2011 erhöhte sich die Anzahl der Führungsaufsichtsfälle jedoch nicht stärker als in den Jahren zuvor (vgl. *Tabelle 25*).

Tabelle 25   Anstieg der Führungsaufsichtsfälle im Jahresvergleich (2008–2015)[404]

	FA-Fälle in Deutschland insgesamt	**Anstieg zum Vorjahr**
2008	24.818	–
2009	27.093	9,17 %
2010	29.495	8,87 %
2011	31.488	6,75 %
2012	33.381	6,01 %
2013	34.954	4,71 %
2014	36.724	5,07 %
2015	37.018	0,80 %

Im Vergleich der Bundesländer war die Anzahl der Führungsaufsichtsfälle 2015 mit 230 pro eine Million Einwohner in Baden-Württemberg am niedrigsten.[405] Die Anzahl der deutschlandweiten Führungsaufsichtsfälle (37.018, vgl. *Anhang 32*)[406] ist im Vergleich zur absoluten Gefangenenzahl (62.865)[407] beachtenswert. Von der Weisung der elektronischen Überwachung wurde jedoch insgesamt zurückhaltend

---

401   Pressemitteilung des BVerfG Nr. 31/2011 vom 04.05.2011.

402   *Häßler, Schütt & Pobocha* 2013, S. 57.

403   *Mandera* 2014, S. 13; *Bräuchle & Kinzig* 2016, S. 204.

404   *Kinzig* 2015, S. 243.

405   Vgl. *Anhang 32*. In Berlin wurden in jenem Jahr mit 774 Führungsaufsichtsfällen auf eine Million Einwohner die meisten Personen registriert.

406   Für eine Aufschlüsselung nach Bundesländern vgl. *Anhang 32*.

407   Stichtag 30.11.2016, vgl. www.prisonstudies.org/country/germany [27.06.2017].

Gebrauch gemacht (vgl. *Abbildung 20*).[408] Nur in 0,2 % (n = 76) aller Führungsaufsichtsfälle wurden 2015 elektronisch überwacht. Dies ist auch damit zu erklären,
dass nicht all diese Fälle die qualifizierten Anwendungsvoraussetzungen des § 68b
Abs. 1 S. 3 StGB erfüllten.

*Abbildung 20   Anzahl der Weisungsanordnungen gem. § 68b Abs. 1 S. 1 Nr. 12
StGB in Deutschland (2011–2016)*[409]

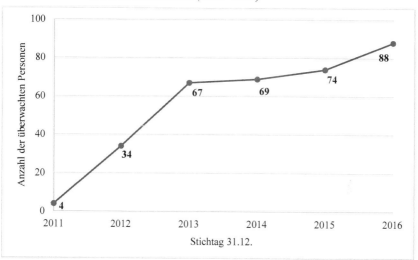

Obwohl die Weisung der elektronischen Aufenthaltsüberwachung in erster Linie für
die sog. Altfälle gedacht war, machten diese letztendlich nur 28 % (n = 21) der Weisungsanordnungen aus.[410] Die Mehrheit aller elektronisch Überwachten war zum
Strafende aus einer Freiheitsstrafe entlassen worden. Während die Fallzahlen der
elektronischen Überwachung zu Beginn kontinuierlich anstiegen, war das Niveau
von 2013 bis 2015 eher konstant und verzeichnete von 2015 bis 2016 wieder einen
Aufwärtstrend (*Abbildung 20*). Bei den Bundesländern divergieren die Anordnungs-
zahlen stark (vgl. *Anhang 33*).[411]

Am 04.06.2011 nahm das Bundesverfassungsgericht (BVerfG) eine nach wie vor
anhängige Verfassungsbeschwerde gegen die Anordnung der elektronischen Aufenthaltsüberwachung im Rahmen der Führungsaufsicht zur Entscheidung an, deren wesentliche Aspekte im Folgenden diskutiert und zu deren Einschätzung Erkenntnisse

---

408   *Bräuchle & Kinzig* 2016, S. 202 f.
409   Vgl. https://justizministerium.hessen.de/presse/pressemitteilung/fuenf-jahre-gemeinsame-ele
      ktronische-ueberwachungsstelle-der-laender-guel [27.08.2017].
410   *Bräuchle & Kinzig* 2016, S. 204.
411   *Bräuchle & Kinzig* 2016, S. 203.

aus der Rückfallstudie des baden-württembergischen Modellprojekts herangezogen werden.[412]

9.1   Fallvignette

Im Folgenden wird die Rechtmäßigkeit der elektronischen Aufsicht de lege lata überprüft. Beleuchtet wird die elektronische Aufenthaltsüberwachung im Rahmen der Führungsaufsicht mit Anmerkungen zum elektronisch überwachten Hausarrest. Als Fallbeispiel dient die Verfassungsbeschwerde gegen die erstmalige Anordnung der elektronischen Aufenthaltsüberwachung im Rahmen der Führungsaufsicht.

Der Beschwerdeführer der seit Juni 2011 anhängigen Verfassungsbeschwerde war 1992 wegen Mordes und gefährlicher Körperverletzung zu einer Gesamtfreiheitsstrafe von 14 Jahren und sechs Monaten verurteilt worden. Wegen einer in der Untersuchungshaft begangenen Gefangenenmeuterei wurde eine Gesamtstrafe von 15 Jahren gebildet. 1995 kam es in der Justizvollzugsanstalt zu einer mehrfachen Geiselnahme im Zuge einer erneuten Gefangenenmeuterei, sodass eine weitere Freiheitsstrafe von fünf Jahren verhängt wurde.[413] Diese Strafen waren am 27.01.2011, kurz nach der Gesetzesnovelle, vollständig vollstreckt. Bereits wenige Monate zuvor hatte die Staatsanwaltschaft die nachträgliche Unterbringung des Verurteilten in der Sicherungsverwahrung gem. § 66b Abs. 1 StGB a.F. beantragt, die jedoch vom LG Neubrandenburg[414] aus rechtlichen Gründen mehrfach abgelehnt wurde.[415] Das LG Rostock ordnete sodann die Führungsaufsicht gem. § 68f Abs. 1 StGB für fünf Jahre an und beschloss u.a.[416] nachträglich die elektronische Überwachung des Beschwerdeführers.[417] Diese sollte mindestens für die Dauer der Behandlungsgespräche in der forensischen Ambulanz und längstens bis zum Ende der Führungsaufsicht gelten.[418] Das OLG Rostock half der daraufhin eingelegten Beschwerde nur insofern ab, als es

---

412   Mittlerweile hat das BVerfG diese Verfassungsbeschwerde (2 BvR 916/11) mit zwei weiteren Verfahren verbunden (2 BvR 2633/11 und 2 BvR 636/12).

413   OLG Rostock, Beschluss vom 28.03.2011, Az. I Ws 62/11.

414   LG Neubrandenburg, Beschluss vom 27.10.2010, Az. 6 NSV 1/10. Da der Beschwerdeführer die Anlasstat auf dem Gebiet der ehemaligen DDR beging, sei die Anwendung des § 66b StGB (a.F.) konventionsrechtswidrig und verstoße gegen das Rückwirkungsverbot gem. Art. 7 Abs. 1 S. 2 EMRK i.V.m. § 2 Abs. 6 StGB.

415   Der Bundesgerichtshof (BGH), der die Entscheidung über die Revision der Staatsanwaltschaft zunächst zurückstellte, verwies die Sache nach der abgewarteten Entscheidung des Großen Senats vom 04.05.2011 mit Urteil vom 14.07.2011 (BGH Az. 4 StR 16/11) zur erneuten Überprüfung zurück; vgl. auch *Haverkamp, Schwedler & Wößner* 2012a, S. 12.

416   Weiterhin Kontaktverbote und Pflicht zur Anzeige des Wohnungswechsels (§ 68b Abs. 1 S. 1 Nr. 3, 8 StGB). Aufenthaltsbezogene Weisungen gem. § 68b Abs. 1 S. 1 Nr. 1 StGB ergingen nicht; vgl. *Kaiser* 2016, S. 133.

417   LG Rostock, Beschluss vom 13.01.2011, Az. 12 StVK 328/10, ergänzt am 26.01.2011.

418   LG Rostock, Beschluss vom 26.01.2011, Az. 12 StVK 328/10.

die angeordnete Dauer der elektronischen Aufsicht zur erneuten Überprüfung stellte. Die Anordnung an sich wurde aufrechterhalten, da das Gericht aufgrund des von Gewalttätigkeiten geprägten Vollzugsverhaltens und der selbstverschuldet unbehandelten Persönlichkeitsstörung des Verurteilten von einer hohen Rückfallgefahr hin zu weiteren schweren Gewaltstraftaten gem. §§ 66 Abs. 3 S. 1 i.V.m. § 66 Abs. 1 Nr. 1a StGB ausging.[419] Der Verurteilte wurde im HEADS[420]-Programm in Thüringen unter der höchsten Gefährlichkeitsstufe geführt.[421]

Weiterhin erachtete der Senat die elektronische Aufsicht zur Überwachung des zusätzlich angewiesenen Kontaktverbots und weiterer Weisungen bzgl. Wohn-, Aufenthalts- und Tätigkeitsverboten als notwendig. Explizit sah das Gericht in der durch die elektronische Aufsicht erhöhten Entdeckungsgefahr einen wesentlichen Aspekt ihrer negativ spezialpräventiven Wirkung. Der Senat verneinte dabei unzumutbare Anforderungen an die Lebensführung des Beschwerdeführers.[422] Angesichts seines hohen Gefährlichkeitsgrads müsse er bei einer Abwägung seines persönlichen Interesses und des Sicherheitsinteresses der Allgemeinheit die von der elektronischen Aufsicht ausgehenden Beeinträchtigungen akzeptieren.[423] Die Verfassungsbeschwerde richtet sich gegen den Beschluss des OLG Rostock vom 28.03.2011. Um die sofortige Abnahme der elektronischen Fußfessel zu erwirken, wurde eine einstweilige Anordnung[424] beantragt, die vom BVerfG abgelehnt wurde.[425] Der Beschwerdeführer rügt eine Verletzung

- der Menschenwürde gem. Art. 1 Abs. 1 GG,
- des Rechts auf informationelle Selbstbestimmung gem. Art. 2 Abs. 1 GG i.V.m. Art. 1 Abs. 1 GG,
- des Rechts auf persönliche Freiheit gem. Art. 2 Abs. 2 GG,
- der Berufsfreiheit gem. Art. 12 GG,

---

419 Eine abstrakte, auf statistische Erkenntnisse zurückgeführte Rückfallgefahr genügt nicht. Eine konkrete Gefahr muss jedoch auch nicht begründet sein. Maßgeblich ist eine Gesamtwürdigung des Täters und der Tat; vgl. OLG Rostock, Beschluss vom 28.03.2011, Az. I Ws 62/11.

420 „Haft-Entlassenen-Auskunfts-Datei Sexualstraftäter".

421 *Haverkamp, Schwedler & Wößner* 2012a, S. 12.

422 Zur Zumutbarkeitsgrenze siehe *Schönke/Schröder/Stree/Kinzig* StGB, § 68b Rn. 25.

423 OLG Rostock, Beschluss vom 28.03.2011, Az. I Ws 62/11.

424 Durch eine einstweilige Anordnung kann ein Zustand vorläufig geregelt werden, wenn dies zur Abwehr schwerer Nachteile, zur Verhinderung drohender Gewalt oder aus anderem wichtigen Grund dringend geboten ist; vgl. § 32 Abs. 1 i.V.m. § 93d Abs. 2 S. 1 BVerfGG. Das Gericht wägt die Folgen ab, die eintreten würden, wenn die einstweilige Anordnung nicht erginge, die Verfassungsbeschwerde aber gegenüber den Nachteilen Erfolg hätte, die entstünden, wenn die einstweilige Anordnung erlassen werden würde, aber die Verfassungsbeschwerde erfolglos bliebe; stRspr. BVerfGE 71, 158, 161.

425 *Haverkamp, Schwedler & Wößner* 2012a, S. 12. Auch die Anträge der verbundenen Verfahren wurden abgelehnt; 2 BvR 2095/14, 2 BvR 480/14, 2 BvR 636/12.

- des Bestimmtheitsgrundsatzes und des Gesetzlichkeitsprinzips gem. Art. 103 Abs. 2 GG
- sowie des Rechtsstaatsprinzips hinsichtlich der Pflicht zur Resozialisierung gem. Art. 20 III GG und § 2 Abs. 1 StVollzG.

9.2   Prüfungsmaßstab

Der Einsatz der elektronischen Aufsicht muss sich an den deutschen Grundrechten und grundrechtsgleichen Rechten messen. Diese Abwehrrechte des Bürgers zur Begrenzung des staatlichen Handlungsspielraums gelten auch in Sonderrechtsverhältnissen, zum Beispiel im Strafvollzug. Das BVerfG hat einem grundrechtsversagenden besonderen Gewaltverhältnis eine deutliche Absage erteilt.[426] Weiterhin ist das Europarecht als Prüfungsmaßstab in Betracht zu ziehen. Der Europarat hat in den Empfehlungen zur Bewährungshilfe aus dem Jahr 2010 die elektronische Überwachung als Bestandteil der Bewährungshilfe und -überwachung aufgegriffen.[427] Auch in den Empfehlungen 23 und 55 zu Alternativen Sanktionen aus dem Jahr 1992,[428] auf die im Zusammenhang mit der elektronischen Überwachung in den weiter ausgearbeiteten Empfehlungen des Jahres 2000 ausdrücklich Bezug genommen wurde,[429] geht es um die Achtung der Menschenwürde und der Privatsphäre (Nr. 23). Hierbei handelt es sich jedoch um unverbindliches „soft law".[430] Als Prüfungsmaßstab kommt jedoch die Europäische Menschenrechtskonvention in Betracht. Die EMRK hat in Deutschland den Rang eines einfachen Bundesgesetzes.[431] Allein auf ihre Verletzung kann sich eine Verfassungsbeschwerde mangels Verfassungsrangs daher nicht stützen.[432] Das Grundgesetz muss jedoch im Lichte der EMRK völkerrechtsfreundlich ausgelegt werden, sodass sie mittelbar tauglicher Prüfungsmaßstab ist.[433]

---

426   BVerfGE 33, 1; *Schröder* 2016, S. 644. Eingriffe im Rahmen von Sonderrechtsverhältnissen können jedoch eher gerechtfertigt sein, siehe *Haverkamp* 2002, S. 182.

427   Recommendation CM/Rec(2010)1 of the Committee of Ministers to Member States on the Council of Europe Probation Rules (Adopted by the Committee of Ministers on 20/01/2010 at the 1075th meeting of the Ministers' Deputies), Nr. 57, 58.

428   Recommendation No. R (92) 16 of the Committee of Ministers to Member States on the European Rules on Community Sanctions and Measures. Adopted by the Committee of Ministers on 19/10/1992.

429   Recommendation Rec(2000)22 of the Committee of Ministers to Member States on improving the implementation of the European rules on community sanctions and measures, Appendix 2, Nr. 1.

430   *Schwarze* 2011, S. 3.

431   *Epping, Lenz & Leydecker* 2015, S. 482.

432   Vgl. § 90 I BVerfGG für die Verfassungsbeschwerde; BVerfGE 111, 307, 317; 10, 271, 274.

433   *Pösl* 2011, S. 139.

Neben der EMRK bildet die Charta der Grundrechte der Europäischen Union (GRCh) den menschenrechtlichen Hintergrund der Rechtsauslegung und könnte ebenfalls heranzuziehen sein. Sie wurde am 01.12.2009 durch den Vertrag von Lissabon auf den Rang der EU-Verträge gehoben und als Primärrecht verbindlich (vgl. Art. 6 EUV).[434] Die GRCh enthält 50 über die deutsche Verfassung hinausgehende Grund- bzw. Menschenrechte. Für die Mitgliedstaaten gilt die GRCh gem. Art. 51 Abs. 1 GRCh ausschließlich bei der Durchführung des Unionsrechts.[435] Mit der Einführung der elektronischen Aufenthaltsüberwachung müsste somit Unionsrecht umgesetzt worden sein. Was darunter zu verstehen ist, ist nach wie vor umstritten. Zum Unionsrecht gehört in erster Linie das Primärrecht (bspw. die Grundfreiheiten), aber auch das Sekundärrecht gem. Art. 288 AEUV.[436] Zur elektronischen Aufenthaltsüberwachung liegen lediglich unverbindliche Empfehlungen ohne Rechtscharakter des Ministerkomitees des Europarats vor.[437] Es handelt sich somit nicht um Unionsrecht gem. Art. 51 GRCh. Die GRCh ist also kein Prüfungsmaßstab. Die elektronische Aufenthaltsüberwachung ist am Grundgesetz und mittelbar an der EMRK zu messen.

9.3 Einwilligung

Das Institut der Führungsaufsicht kennt zwar ein partielles Einwilligungserfordernis, wie § 68b Abs. 2 S. 4 StGB zeigt. Die Weisung der elektronischen Aufenthaltsüberwachung in der Führungsaufsicht gem. § 68b Abs. 1 S. 1 Nr. 12 StGB ergeht jedoch (wie alle Weisungen des § 68b Abs. 1 StGB) einwilligungsunabhängig. Dem Gesetz und der dazugehörigen Gesetzesbegründung zufolge ist die Einwilligung des Verurteilten zur Anordnung der elektronischen Aufenthaltsüberwachung entbehrlich.[438] Begründet wird dies damit, dass die Überwachung die Lebensführung nicht derartig beeinträchtige, wie es bspw. bei den einwilligungsabhängigen Weisungen zu einer stationären Therapie gem. § 56c Abs. 3 StGB oder § 68b Abs. 2 S. 4 StGB der Fall sei. Außerdem sind die Bewegungseinschränkungen mit den ebenfalls einwilligungsunabhängigen Weisungen gem. § 68b Abs. 1 S. 1 Nr. 1 und 2 StGB verknüpfbar.

Die elektronische Aufenthaltsüberwachung in der Führungsaufsicht soll außerdem ihrer Doppelfunktion nach neben dem Ziel der Resozialisierung der Sicherung der Bevölkerung dienen. Ein Einwilligungserfordernis wäre mit dieser Sicherungsfunk-

---

434 *Epping, Lenz & Leydecker* 2015, S. 493.

435 *El-Ghazi & Zerbes* 2014, S. 217.

436 Weiterhin auch Rechtsvorschriften auf sekundärrechtlicher Ermächtigungsbasis (Tertiärrecht); vgl. *Jarass* GRCh, Art. 51 Rn. 15.

437 Grundsätze der Bewährungshilfe von 2010 und die Empfehlungen zu Alternativen Sanktionen von 1992; vgl. Fn. 317, 324, 364; *Cernko* 2014, S. 30; *Kaiser* 2016, S. 143.

438 Siehe BT-Drs. 17/3403, S. 39.

tion nicht vereinbar. Dabei unterscheidet gerade dieses die Führungsaufsicht von der Bewährung (gem. § 56c StGB). Die Verfassungskonformität von deren einwilligungsunabhängigem „übrigen" Weisungskatalog ist anerkannt.[439] Einer Einwilligung im Rahmen der elektronischen Aufenthaltsüberwachung in der Führungsaufsicht bedarf es nicht. Die Anordnung des elektronisch überwachten Hausarrests, beispielsweise im baden-württembergischen Modellprojekt gem. § 11 EAStVollzG, war hingegen von einer Einwilligung des Dispositionsbefugten abhängig. Eine wirksame Einwilligung führt bei disponiblen Grundrechten zu einem Grundrechtsverzicht und schließt bereits das Vorliegen eines Eingriffs aus.[440] Hierfür muss die Einwilligung jedoch gewisse Wirksamkeitsvoraussetzungen erfüllen, wovon die wichtigste die Freiwilligkeit ist. Freiwilligkeit liegt vor, wenn die Einwilligung nicht auf Zwang, Täuschung, Drohung oder Erschleichung beruht und der Einwilligende über ausreichende Kenntnisse der Sachlage verfügt.[441] Die Einwilligung muss folglich das Ergebnis einer autonomen Willensbildung ohne Willensmängel darstellen.[442]

Die Betroffenen wurden im Rahmen des baden-württembergischen Modellprojekts umfangreich über die Freiwilligkeit, den Ablauf und die Voraussetzungen der Maßnahme informiert. Gegen die Freiwilligkeit könnte sprechen, dass sich die Betroffenen als Konsequenz dem geschlossenen Vollzug gegenüberstehen sehen, wenn sie den elektronisch überwachten Hausarrest ablehnen, sodass von einem der Entscheidung inhärenten Zwang auszugehen sein könnte. Mittlerweile ist anerkannt, dass Zwang nicht nur in physischer, sondern auch in psychischer Form wirken kann.[443] *Pätzel*[444] stuft diese Entscheidung jedoch als autonom und somit frei von Zwang ein, da die Wahlmöglichkeiten festgelegt sind. Dem ist zuzustimmen, denn diese schwierige Entscheidungssituation der Betroffenen ändert nichts an der Freiwilligkeit, da kein zusätzlicher Zwang auf die Entscheidenden einwirkt. Der Staat tritt ihnen hier zwar in einem Über-/Unterordnungsverhältnis gegenüber, sodass eine gewisse Drucksituation nicht zu verneinen ist.[445] Gerade im strafrechtlichen Kontext ist jedoch anerkannt, dass nicht in jeder „unfreien Situation [...] eine nicht autonome Entscheidung anzunehmen"[446] ist. Vergleichbar ist an dieser Stelle auch die Wahl zwischen gemeinnütziger Arbeit und der Verbüßung einer Ersatzfreiheitsstrafe. Dass die

---

439   BVerfG, Neue Juristische Wochenschrift 1981, S. 165; MüKo-StGB/*Groß*, § 68b Rn. 2.

440   Die Möglichkeit eines Grundrechtsverzichts ist mittlerweile anerkannt. Ebenso entspricht es der herrschenden Meinung, bei wirksamer Einwilligung bereits den Eingriff zu verneinen; vgl. *Bleckmann* 1988, S. 57; *Epping, Lenz & Leydecker* 2015, S. 54, Rn. 111; *Pieroth, Schlink, Kingreen & Poscher* 2015, S. 44, Rn. 162.

441   *Amelung* 1981, S. 83; *Stern* 1994, S. 914.

442   LG Frankfurt am Main, Neue Juristische Wochenschrift 2001, S. 697.

443   *Amelung* 1981, S. 106, 204; *Merten* 2009, S. 731.

444   *Pätzel* 2000, S. 27.

445   *Illert* 2005, S. 98.

446   LG Frankfurt am Main, Neue Juristische Wochenschrift 2001, S. 697; auch *Schlömer* 1998, S. 203; *Stern* 1994, S. 914.

Einwilligenden eine Beeinträchtigung hinnehmen müssen, steht fest, da diese auf einer rechtskräftigen Verurteilung basiert. *Amelung*[447] postuliert, der Einwilligende wisse „selbst am besten, welche Art der Rechtsgutsbeeinträchtigung ihn am wenigsten trifft". Der Autor bezeichnet diese Form der Einwilligung als „eingriffsmildernde Einwilligung".[448] *Schlömer*[449] sieht in der Entscheidung zwischen Inhaftierung und elektronisch überwachtem Hausarrest keine „Entscheidung mit negativer Folge", da der „elektronisch überwachte Hausarrest [...] keine Vergünstigung gegenüber dem Strafvollzug [ist], die die Verurteilten aus seiner Sicht annehmen müssen oder annehmen sollten", und verneint somit eine Zwangswirkung wegen der Gleichwertigkeit der zu erwartenden Folgen. Hierfür müssten die Alternativen – Regelvollzug oder elektronisch überwachter Hausarrest – jedoch als gleichwertig betrachtet werden können.

Die Inhaftierung stellt eine Freiheitsentziehung dar.[450] Somit stellt sich die Frage, ob es sich bei der elektronischen Aufsicht ebenfalls um eine Freiheitsentziehung oder um eine Freiheitsbeschränkung handelt. Die Freiheitsentziehung ist die intensivste Form der Freiheitsbeschränkung.[451] Im Jahr 2009 stufte der BGH die elektronische Fußfessel als Freiheitsbeschränkung ein und verneinte die für eine Freiheitsentziehung notwendige Haftgleichheit.[452] Im Sinne des nicht mehr gültigen § 2 Freih-EntzG, der von einer Inhaftierung in einer Zelle ausging, würde die elektronische Aufsicht ebenfalls keine Freiheitsentziehung darstellen. Allerdings kann eine nachrangige Norm nicht zur absoluten Definition eines verfassungsrechtlichen Begriffs herangezogen werden.[453] Das BVerfG nimmt für die Einordnung eine graduelle Unterscheidung vor und stellt auf die Intensität des Eingriffs ab. Es ergibt sich jedoch die Frage, wann die Intensität für die Beurteilung als Freiheitsentzug erreicht ist. Hierbei kann insbesondere auf die zeitliche Dauer, den Bewegungsradius oder die Zwangswirkung des eingesetzten Mittels Bezug genommen werden.[454] Aus der elektronischen Überwachung resultiert aufgrund der Wiederinhaftierungsmöglichkeit eine psychische Zwangslage, da bei einem Weisungsverstoß sowohl im Hausarrest als auch in der Führungsaufsicht gem. § 145a StGB der Abbruch der Maßnahme und somit eine erneute Inhaftierung drohen.[455] Weiterhin kann die elektronische Aufsicht insbesondere in der Führungsaufsicht gem. § 68c StGB für eine erhebliche Dauer angeordnet werden. Für eine Freiheitsbeschränkung spräche hingegen, dass

---

447 *Amelung* 1981, S. 106.
448 *Amelung* 1981, S. 106.
449 *Schlömer* 1998, S. 204.
450 BeckOK-GG/*Radtke*, Art. 104 Rn. 3.
451 *Niedzwicki* 2005, S. 260.
452 *Heghmanns* 1999, S. 302; BGH-Urteil v. 12.05.2009, Az. 718/08 (Leitsätze); bereits früher BGH, Neue Juristische Wochenschrift 1998, S. 767.
453 *Haverkamp* 2002, S. 187.
454 *Niedzwicki* 2005, S. 259.
455 *Hudy* 1999, S. 206.

die elektronische Aufenthaltsüberwachung auch auf große Räume, wie die gesamte Bundesrepublik, angewendet werden kann. Das BVerfG sieht eine Freiheitsentziehung in der Aufhebung körperlicher Bewegungsfreiheit nach jeder Richtung hin.[456] Die Einordnung anhand der räumlichen Eingrenzung gewährt jedoch wenig Rechtssicherheit und kann im Verlauf des Hausarrests und der Maßregel verändert werden. Die elektronische Fußfessel ist somit (auch im Interesse eines intensiven Grundrechtsschutzes) als Freiheitsentziehung einzuordnen.[457] Daher spricht auch die Gleichwertigkeit der Alternativen für eine freiwillige Entscheidung. Eine wichtige Rolle spielt dabei auch, dass die Einwilligung zum elektronisch überwachten Hausarrest jederzeit zurückgenommen werden kann.[458]

Die Entscheidung mag also unter gewissem Zwang erfolgen, wird aber nicht erzwungen. Dispositionsbefugte können daher eine wirksame Einwilligung und somit einen Grundrechtsverzicht aussprechen, sofern es sich um ein disponibles Grundrecht handelt. Bereits in diesem Fall ist ein Eingriff zu verneinen.

9.4   Vereinbarkeit der elektronischen Überwachung mit Grund- und Menschenrechten

9.4.1   Menschenwürde (Art. 1 Abs. 1 GG)

Die Würde des Menschen ist bekanntlich unantastbares und höchstes Gut der Verfassung.[459] Eine Definition bereitet indes Schwierigkeiten.[460] Das BVerfG beschrieb die Menschenwürde als den Wert, der einer Person allein kraft ihres Personseins zukommt, ohne Rücksicht auf ihre Eigenschaften, ihren physischen oder psychischen Zustand, ihren sozialen Status oder von ihr erbrachte Leistungen.[461] Die Menschenwürde kann nicht verwirkt werden und kommt auch einem verurteilten Straftäter zu.[462] Artikel 1 Abs. 1 GG schützt nach der sog. Objektformel des BVerfG jeden Menschen davor, einer Behandlung ausgesetzt zu werden, die seine Subjektqualität infrage stellt und ihn zum bloßen Objekt staatlichen Handelns degradiert.[463] Die Menschenwürde ist abwägungsfest, schrankenlos gewährleistet und indisponi-

---

456   BVerfGE 94, 166, 198.

457   So auch *Haverkamp* 2002, S. 187; *Niedzwicki* 2005, S. 260; *Hudy* 1999, S. 206; *Harders* 2014, S. XIII. Andere Ansicht *Redlich* 2005, S. 187.

458   LG Frankfurt am Main, Neue Juristische Wochenschrift 2001, S. 697; *Pieroth et al.* 2015, Grundrechte, S. 43, Rn. 160.

459   *Pieroth et al.* 2015, S. 90.

460   *Epping, Lenz & Leydecker* 2015, S. 294 f.

461   BVerfGE 30, 1 (Ls. 6).

462   BVerfGE 35, 202, 220, 235; 45, 187, 227 ff.

463   BVerfGE 30, 1; 9, 89; 96, 375.

bel.[464] Sollte die elektronische Überwachung, in jeglicher Ausgestaltung, im Widerspruch zur Menschenwürde stehen, wäre sie nicht zu rechtfertigen.

Es drängt sich die Frage auf, ob die Möglichkeit einer dauerhaften und lückenlosen Überwachung mit der Menschenwürde vereinbar ist. Zum einen könnte (1) das Verbot unmenschlicher und erniedrigender Strafe oder Behandlung verletzt sein. Zum anderen könnte (2) der aus der Menschenwürde resultierende Resozialisierungsanspruch während und nach dem Strafvollzug betroffen sein.[465] Weiterhin könnte die Weisung gegen (3) den Nemo-tenetur-Grundsatz verstoßen.[466] Außerdem läge ein Verstoß gegen die Menschenwürde vor, wenn die Anordnung der elektronischen Aufenthaltsüberwachung (4) willkürlich erginge.[467]

9.4.1.1 Verbot unmenschlicher und erniedrigender Strafe oder Behandlung

Strafrechtliche Sanktionen sind nicht per se mit der Menschenwürde unvereinbar, sofern sie menschenwürdig vollzogen werden. Das Verbot unmenschlicher oder erniedrigender Strafe oder Behandlung ist ebenfalls Ausdruck von Art. 3 EMRK. Das Verbot umfasst Behandlungen und Strafen, die bei dem Betroffenen schwerwiegendes physisches oder psychisches Leid hervorrufen können und geeignet sind, den Betroffenen verächtlich zu machen und eine beschämende Wirkung zu entfalten.[468] Auch die lebenslange Freiheitsstrafe und die Sicherungsverwahrung entsprechen dem Grundsatz eines menschenwürdigen Strafvollzugs, solange der Inhaftierte die Möglichkeit hat, danach wieder an einem Leben in Freiheit teilhaben zu können.[469] Damit wird dem Gedanken des Resozialisierungsanspruchs des Gefangenen im Strafvollzug entsprochen, der ihn zum Subjekt macht und gerade nicht zum Objekt des Staates degradiert.[470] Seine Resozialisierung ist dabei das maßgebliche Kriterium einer verfassungskonformen Ausgestaltung der elektronischen Aufenthaltsüberwachung. Je nachdem, ob die elektronische Aufsicht als Alternative zur Inhaftierung im Hausarrest eingesetzt wird oder aber nach der Haftentlassung im Rahmen der Führungsaufsicht, bestehen Unterschiede in der Eingriffstiefe.[471] Durch die elektronische Aufsicht könnte der Betroffene zum Objekt eines Überwachungssystems werden, dessen freie Willensbildung aufgrund der definierten Gebots- und Verbotszonen weitestgehend ausgeschaltet wird. Die elektronische Überwachung soll nach

---

464 Auch eine Rechtfertigungsmöglichkeit durch kollidierendes Verfassungsrecht scheidet aus, BVerfGE 75, 369, 380; *Pieroth et al.* 2015, S. 95.
465 Dreier-GG/*Dreier*, Art. 1 Rn. 142.
466 *Haverkamp* 2002, S. 191.
467 *Kaiser* 2016, S. 153.
468 BVerfGE 109, 133, 150; 1, 348; 6, 439; *Walter* 1999, S. 291; *Isensee* 2011, S. 110; *Jarass/Pieroth* GG, Art. 1 Rn. 19.
469 BVerfG 45, 187.
470 Vgl. hierzu BVerfGE 45, 187, 245; 117, 71, 95 f.
471 *Kaiser* 2016, S. 131.

dem Willen der Gesetzgebung jedoch nicht Selbstzweck sein, sondern den Überwachten im Sinne der negativen Spezialprävention von der Begehung neuer Straftaten abhalten.[472] Hier treffen Kontroll- und Präventionsaspekte aufeinander. Diese Kombination spricht für die Anerkennung des Überwachten als Subjekt.[473] Auch die kontinuierliche Betreuung durch die Bewährungshilfe und die Gemeinsame Überwachungsstelle der Länder (GÜL)[474] deutet darauf hin, dass der Proband als Subjekt wahrgenommen wird. Ferner lassen sich Parallelen zur Situation im Vollzug ziehen. Dort ist der Gefangene (durch Videokameras und Mikrofone) ständiger rechtmäßiger Kontrolle unterworfen. Im Hausarrest, aber auch im Rahmen der Führungsaufsicht, ist ein Rückzug in die eigene Wohnung möglich. Dort ist die Kontrolle deutlich reduziert. Der Betroffene kann somit nicht als Überwachungsobjekt des Staates angesehen werden. Die elektronische Überwachung stellt somit keinen Verstoß gegen das Verbot unmenschlicher und erniedrigender Strafe oder Behandlung dar.[475]

9.4.1.2 Resozialisierungsanspruch

Weiterhin ist der Schutz vor (staatlicher) Stigmatisierung bei Strafgefangenen zu beachten.[476] Die elektronische Fußfessel wird am Fußknöchel getragen und könnte durch mögliches Sichtbarwerden den Träger als Straftäter dekuvrieren oder „Prangerwirkung" entfalten.[477] Zudem könnte die Bevölkerung durch eine etwaige mediale Berichterstattung schnell Rückschlüsse auf die Situation des Überwachten ziehen, woraus soziale Randständigkeit und Isolation resultieren könnten. Stigmatisierung läuft dem verfassungsrechtlichen Resozialisierungsanspruch zuwider. Die Resozialisierung ist nicht nur Ziel des Strafvollzugs (vgl. § 2 StVollzG), sondern dient langfristig auch der Sicherheit der Allgemeinheit und liegt somit zugleich im öffentlichen Interesse.[478]

Der Überwachte trägt die Fußfessel permanent am Körper. Insbesondere die Überwachung in der Öffentlichkeit ist unverzichtbar, da die Einhaltung der Verbotszonen und Weisungen kontrolliert werden soll. Für die Beurteilung einer Maßnahme als erniedrigend kommt der Rechtsprechung nach erschwerend hinzu, wenn die Maßnahme öffentlich stattfindet.[479] Die Kenntlichmachung des Betroffenen als Straftäter

---

472   Siehe BT-Drs. 17/3403, S. 17.

473   So auch *Mohr* 2017, S. 102.

474   Am 01.01.2012 trat der „Staatsvertrag über die Einrichtung einer gemeinsamen elektronischen Überwachungsstelle der Länder" in Kraft und fand im hessischen Bad Vilbel seine Zentralstelle. Initiatoren waren insbesondere Hessen, Bayern und Baden-Württemberg. Diese Bundesländer hatten bereits aufgrund vorheriger (Modell-)Projekte Erfahrungen mit der elektronischen Aufsicht; *Drenkhahn & Morgenstern* 2012, S. 182, Fn. 198.

475   So auch *Haverkamp* 2002, S. 193; *Kaiser* 2016, S. 153.

476   Dreier-GG/*Dreier*, Art. 1 Rn. 11.

477   *Schwedler & Wößner* 2015, S. 80 ff.

478   *Hassemer* 1985, S. 1925.

479   EGMR, Neue Juristische Wochenschrift 2015, S. 3423–3424.

ist vom Gesetzgeber keineswegs beabsichtigt. Allerdings muss die herabwürdigende Wirkung nicht intendiert sein.[480] Eine Grundrechtsverletzung ist trotzdem nicht ausgeschlossen, wenn die Stigmatisierung an sich eine unerwünschte Nebenfolge darstellt.[481]

Die Gefahr von und Angst vor Stigmatisierung zeigte sich deutlich in der qualitativen Analyse des Interviewmaterials im baden-württembergischen Modellprojekt (siehe *Kapitel 7.3*). Auch internationale Studien bestätigen das Stigmatisierungsrisiko.[482] Die elektronische Fußfessel kann aber mit entsprechender Kleidung verdeckt werden. Gleichwohl besteht die Gefahr, dass die Fußfessel versehentlich sichtbar wird. Auch beispielsweise auf dem Weg zur Bewährungshilfestelle könnte man dem Risiko ausgesetzt sein, als straffällige Person „entdeckt zu werden", wenngleich sie hier geringer sein dürfte. Das BVerfG stellte fest, dass es sich „kaum völlig vermeiden lasse [...], dass Dritte von einer Inhaftierung Kenntnis erlangen."[483] Das potenzielle Sichtbarkeitsrisiko stellt somit keine menschenunwürdige Behandlung dar. Der EGMR konstatierte, dass das „Leiden [...] über das hinausgehen müsse, was unvermeidbar mit einer bestimmten Form gerechtfertigter Behandlung [...] verbunden ist".[484] Insofern existiert kein Recht des Verurteilten, in der Öffentlichkeit in keiner Weise mit seiner Tat konfrontiert zu werden.[485]

9.4.1.3 Selbstbelastungsfreiheit (nemo tenetur se ipsum accusare)

Die elektronische Aufsicht könnte weiterhin gegen das Axiom der Selbstbelastungsfreiheit verstoßen, da der Staatsanwaltschaft durch die elektronische Überwachung beweiserhebliche Daten zur Verfolgung neuer Straftaten zur Verfügung stehen könnten, die der Betroffene selbst geschaffen hat. Das BVerfG sieht den Nemo-tenetur-Grundsatz als Ausdruck der Menschenwürde und des Rechtsstaatsprinzips gem. Art. 20 Abs. 3 GG an.[486] Diesem Grundsatz folgend darf niemand gezwungen werden, sich selbst einer Straftat zu bezichtigen oder gegen sich selbst auszusagen und so aktiv zu seiner eigenen Überführung beizutragen. Eine Verletzung dieses Grundsatzes kann zu einem Beweisverwertungsverbot führen.[487]

---

480 Vgl. www.heise.de/tp/artikel/9/9392/1.html [30.07.2017].

481 EGMR, Neue Juristische Wochenschrift 2015, S. 3423.

482 Vgl. beispielsweise *Di Tella & Schargrodsky* 2013, S. 29; *Payne* 2014, S. 386; *Kornhauser & Laster* 2014, S. 445, Fn. 24.

483 BVerfGE 34, 369, 382.

484 EGMR, Neue Juristische Wochenschrift 2001, S. 2694 ff., sog. mutatis mutandis.

485 BVerfG, Neue Juristische Wochenschrift 2000, S. 1859 (*Lebach*-Fall).

486 Dieser Grundsatz ist Ausdruck des Fair-Trial-Prinzips. Das Schweigerecht gewann bereits 1848 an Bedeutung und wurde 1877 in die StPO eingefügt. Durch die EMRK und den Internationalen Pakt über bürgerliche und politische Rechte hat der Grundsatz den Rang einfachen Bundesrechts erlangt. Das BVerfG hat ihm mittlerweile Verfassungsrang zugesprochen; BVerfGE 56, 37, 42.

487 MüKo-StPO/*Jahn/Kudlich*, § 463a Rn. 56.

Auch die elektronisch überwachte Person hat ein Aussageverweigerungsrecht. Jedoch werden gem. § 463a Abs. 4 StPO Positionsdaten erhoben und gespeichert und können zur Gefahrenabwehr, Ahndung und Feststellung von Verstößen sowie insbesondere zur Strafverfolgung gem. § 463a Abs. 4 S. 2 Nr. 5 StPO verwendet werden. Die Positionsdaten können dabei beispielsweise Auskunft über eine Tatortnähe des Überwachten geben. Auch strafbewehrte Weisungsverstöße nach § 145a StGB können durch die erhobenen Daten festgestellt werden. Der Überwachte wird über die Möglichkeit der Bewegungsprofilerstellung jedoch nicht getäuscht. Es erscheint paradox und würde zu einem „erheblichen Vertrauensverlust in die Funktionsfähigkeit der Führungsaufsicht und der Justiz insgesamt [führen] […], wenn […] die entsprechenden Daten nicht zur Verfolgung oder Verhinderung erheblicher Straftaten […] genutzt werden dürften".[488] Ein Verwertungsverbot würde den kriminalpräventiven Zweck der elektronischen Aufsicht konterkarieren.[489] Dass der Überwachte an seiner Überführung ggf. mitwirkt, ist eine Begleiterscheinung der Maßnahme und nicht notwendigerweise eine Verletzung des Verbots der Selbstbelastung. Wie sich am Beispiel der Fahrtenbuchauflage gem. § 31a StVZO zeigt, sind solche Begleiterscheinungen bei Präventionsmaßnahmen zur Verhinderung von Verstößen oder Straftaten verfassungsrechtlich anerkannt.[490] Dies gilt auch für den speziellen Fall des § 145a StGB. Allerdings können die erhobenen Daten auch im Strafprozess Beweisfunktion haben, insbesondere hinsichtlich § 463a Abs. 4 S. 2 Nr. 4 StPO.[491]

Schlömer[492] und *Haverkamp*[493] sehen basierend auf den dargelegten Gründen in der Datenerhebung im Zusammenhang mit § 145a StGB und in der elektronischen Überwachung selbst keinen Verstoß gegen den Nemo-tenetur-Grundsatz. Sie lehnen jedoch bei einer neuen Straftat eine Verwertbarkeit der Daten in der Hauptverhandlung wegen eines Beweisverwertungsverbots ab.[494] Die elektronische Überwachung soll nicht der Aufklärung von Straftaten dienen, sondern gerade zu deren Verhinderung beitragen. Daher ist dem Ergebnis zuzustimmen, in der elektronischen Aufenthaltsüberwachung selbst keinen Verstoß gegen den Nemo-tenetur-Grundsatz zu sehen. Bei der Verwendung der entsprechenden Daten in der Hauptverhandlung könnte ein solcher jedoch vorliegen. Beim elektronisch überwachten Hausarrest genügt laut

---

488   Siehe BT-Drs. 17/3403, S. 44.

489   *Haverkamp* 2002, S. 190.

490   BVerfG, Neue Juristische Wochenschrift 1982, S. 568 (Fahrtenbuchfall) – die darauf basierende Verfassungsbeschwerde wurde nicht zur Entscheidung angenommen; *Haverkamp* 2002, S. 191.

491   *Kaiser* 2016, S. 158.

492   *Schlömer* 1998, S. 249.

493   *Haverkamp* 2002, S. 191.

494   Ebenfalls zu diesem Ergebnis kommen *Mohr* 2017, S. 102; *Hudy* 1999, S. 217; *Morgenstern* 2002, S. 172.

Schlömer begrüßenswerterweise auch nicht eine wirksam erteilte Einwilligung, um die Daten im Strafprozess zur Verwertung freizugeben.[495]

9.4.1.4 Willkürliche Anordnung der elektronischen Aufsicht

Für die Weisung der elektronischen Aufsicht muss beim Betroffenen ein hohes Gefährlichkeitspotenzial vorliegen, insbesondere hinsichtlich schwerer Gewalt- und Sexualstraftaten, vgl. § 66 Abs. 3 S. 1 StGB. Problematisch könnte sein, dass das zuständige Gericht dem Gesetzeswortlaut nach diese Gefährlichkeitsprognose ohne Einholung eines Sachverständigengutachtens stellen kann.[496] Hierdurch könnte der Überwachte zu einem Objekt staatlicher Herrschaft degradiert werden, wenn darin eine willkürliche Anordnung zu sehen wäre. Dieser Grundsatz ist ebenfalls Ausdruck von Art. 6 Abs. 1 EMRK; allerdings erfasst diese Vorschrift strafrechtliche Anklagen und Verurteilungen. Willkür liegt vor, wenn der Richterspruch „unter keinem denkbaren Aspekt rechtlich vertretbar ist und sich daher der Schluss aufdrängt, dass er auf sachfremden Erwägungen beruht" sowie „[...] tatsächlich und eindeutig unangemessen ist".[497]

Das Gericht muss also eine Gesamtwürdigung des Vollzugsverhaltens, der Person und der Taten vornehmen, ohne sich von sachfremden Erwägungen leiten zu lassen. Gegen die Notwendigkeit eines Sachverständigengutachtens spricht die unterschiedliche Eingriffsintensität von elektronischer Aufenthaltsüberwachung und freiheitsentziehender Maßregel.[498] Die Grundrechtsrelevanz der Thematik hingegen, die der Gesetzgeber selbst zum Ausdruck bringt,[499] spricht für die Notwendigkeit eines Sachverständigengutachtens. Sofern Anstrengungen ersichtlich sind, etwa durch die Einholung weiterer Expertenmeinungen eine fundierte Prognose abgeben zu wollen, liegt kein Verstoß gegen Art. 1 Abs. 1 GG vor. Eine Fehleranfälligkeit der Prognose allein genügt nicht für die Begründung von Willkür.[500] Nicht zuletzt der Amtsermittlungsgrundsatz wird dem Gericht die Einholung eines Sachverständigengutachtens auferlegen.[501] Eine Gutachteneinholung erscheint wegen der Grundrechtsrelevanz absolut notwendig.

---

495 *Schlömer* 1998, S. 249.

496 *Haverkamp, Schwedler & Wößner* 2012a, S. 11; *Kaiser* 2016, S. 153.

497 BVerfGE 83, 82, 84; 86, 59, 62 f.

498 So auch die Gesetzesbegründung, BT-Drs. 17/3403, S. 37.

499 Der Gesetzgeber nennt hier insbesondere das Grundrecht auf informationelle Selbstbestimmung, BT-Drs. 17/3403, S. 18.

500 BVerfG, Neue Juristische Wochenschrift 1991, S. 157.

501 *Schönke/Schröder/Stree/Kinzig* StGB, § 68b Rn. 14c; *Haverkamp, Schwedler & Wößner* 2012b, S. 63.

9.4.1.5 Zwischenergebnis

Eine Verletzung der Menschenwürde im Sinne des Art. 1 Abs. 1 GG ist nicht gegeben. Um eine Trivialisierung der Menschenwürde zu verhindern, sollte eine Verletzung nur bei tatsächlichen Eingriffen in die „Basis der menschlichen Existenz"[502] angenommen werden.

9.4.2   Unverletzlichkeit der Wohnung (Art. 13 GG)

Eine wichtige Rolle spielt außerdem das Abwehrgrundrecht der Unverletzlichkeit der Wohnung gem. Art. 13 GG. Es hängt eng mit dem allgemeinen Persönlichkeitsrecht zusammen und schützt die räumliche Privatsphäre.[503] Es untersagt der Staatsgewalt, gegen oder ohne den Willen des Berechtigten in diese einzudringen.[504] Während der Gefangene in seiner Gefängniszelle den Schutz des Art. 13 Abs. 1 GG nicht genießt,[505] steht dieser ihm im eigenen Wohnraum zu. Die elektronische Aufenthaltsüberwachung könnte in dieses Grundrecht auf zwei Arten eingreifen: zum einen durch das Betreten der Wohnung des Probanden zur Installation der technischen Apparatur, zum anderen durch den kontinuierlichen Datenerhebungsvorgang hinsichtlich seiner Anwesenheit und möglicherweise auch zur Gewinnung von Wohnraumdaten im geschützten Bereich.[506]

9.4.2.1   Betreten der Wohnung

Für die Installation der Home-Unit ist ein Betreten der geschützten Räumlichkeiten notwendig. Artikel 13 Abs. 1 GG schützt nur das Betreten gegen oder ohne den Willen des Berechtigten. Bei einer wirksamen Einwilligung entfällt ein Eingriff in Art. 13 Abs. 1 GG.[507] Im Rahmen des einwilligungsabhängigen elektronisch überwachten Hausarrests im baden-württembergischen Modellprojekt wäre demnach kein Eingriff gegeben, vgl. § 11 EAStVollzG. Im Rahmen der Führungsaufsicht ist eine Zustimmung des Betroffenen nicht erforderlich, sodass bei fehlender Einwilligung ein Eingriff zu bejahen ist.

Art. 13 Abs. 1 GG wird nicht schrankenlos gewährleistet. Hierfür sind zunächst die grundrechtseigenen Schranken gem. Art. 13 Abs. 2–5, 7 GG zu beachten. Mangels

---

502   Hierzu zählen schwere Beeinträchtigungen des Kernbereichsschutzes, bspw. durch die Entziehung des Existenzminimums, Folter, Sklaverei, systematische Diskriminierung; vgl. *Pieroth et al.* 2015, S. 93 f., Rn. 394. Außerdem *Hufen* 2010, S. 2; BeckOK-GG/*Hillgruber*, Art. 1 Rn. 11.

503   BVerfGE 32, 54, 73.

504   *Jarass/Pieroth* GG, Art. 13 Rn. 1.

505   Begründet wird dies durch das Hausrecht der Anstalt, BVerfG, Neue Juristische Wochenschrift 1996, S. 2643.

506   *Haverkamp* 2002, S. 182 f.

507   Art. 13 Abs. 1 GG ist insofern disponibel; BeckOK-GG/*Fink*, Art. 13 Rn. 11.

Einschlägigkeit von Art. 13 Abs. 2–5 GG ist die subsidiäre Schranke des Art. 13 Abs. 7 GG anwendbar.[508] Dient der Eingriff der Gefahrenverhütung, so verlangt Art. 13 Abs. 7 Alt. 2 GG eine gesetzliche Eingriffsgrundlage. Dabei erscheint es zweifelhaft, ob aus § 68b Abs. 1 S. 1 Nr. 12 StGB oder § 463a Abs. 4 StPO eine Betretungsbefugnis abgeleitet werden kann.[509] Allerdings ermöglicht § 68b Abs. 2 StGB dem Gericht die Erteilung von Weisungen jeglicher Art innerhalb der Zumutbarkeitsgrenze (vgl. § 68b Abs. 3 StGB). Demnach kann der Betroffene angewiesen werden, das Betreten der Wohnung zur Aufstellung der Home-Unit zu dulden.[510] Diese Weisung erscheint zumutbar, da dieser Vorgang die eingriffsintensive GPS-Technik im geschützten Wohnbereich entbehrlich macht und die Überwachungssituation verbessert. Dies ist hinsichtlich des Kernbereichsschutzes ein „geradezu notwendiges Korrelat"[511] der erteilten Weisung.[512] Die Nichterfüllung von Weisungen gem. § 68b Abs. 2 StGB ist im Übrigen nicht strafbewehrt.

Während eine Maßnahme zur Gefahrenabwehr eine konkrete Gefahr verlangt, kann ein Eingriff zur Gefahrenverhütung bereits bei einer dringenden Gefahr gerechtfertigt sein.[513] Eine solche liegt vor, wenn eine hinreichende Wahrscheinlichkeit für einen Schaden an einem wichtigen Rechtsgut besteht.[514] Eine zeitliche Komponente ist dabei nicht erforderlich.[515] Die elektronische Aufsicht knüpft an eine Gefahr an, wie insbesondere die Anordnungsvoraussetzung in § 68b Abs. 1 S. 3 Nr. 3 StGB zeigt. Die elektronische Aufsicht soll dem Schutz hochrangiger Rechtsgüter wie Leib, Leben, Freiheit und sexuelle Selbstbestimmung dienen. Aufgrund der für die Anordnung notwendigen negativen Gefährlichkeitsprognose ist eine solche Gefahr hinreichend wahrscheinlich. Die elektronische Fußfessel soll den Träger gerade von der Begehung erneuter (schwerer) Straftaten abhalten.[516] Der angestrebte Individualrechtsgüterschutz unterfällt ebenfalls der öffentlichen Sicherheit und Ordnung. Das Betreten der Wohnung zur Installation der Home-Unit trägt in diesem Sinne nicht unmittelbar zur Gefahrenverhütung bei. Allerdings muss die elektronische Aufsicht

---

508   Es handelt sich um einen Eingriff „im Übrigen"; BeckOK-GG/*Fink*, Art. 13 Rn. 27.

509   *Brauneisen* 2011, S. 313, Fn. 24.

510   Insbesondere OLG Nürnberg vom 08.05.2014, Az. 2 Ws 37/14, 2 Ws 38/14, BeckRS 2014, 10875, 3 und OLG Saarbrücken vom 02.10. 2013, Az 1 Ws 160/13, BeckRS 2013, 17942, S. 2, S. 7. ee); aber auch OLG Bamberg vom 15.03. 2012, Az. 1 Ws 138/12, StV 2012, S. 737 ff.; OLG Hamm vom 21.06. 2012, Az. III-2 Ws 190/12, III-2 Ws 191/12, BeckRS 2012, 15940, S. 2, 7; OLG Nürnberg vom 11.03. 2013, Az. 1 Ws 307/12, BeckRS 2013, 05853, S. 2, 5.

511   OLG Schleswig, Beschluss v. 02.10.2013, Az. 1 Ws 160/13.

512   *Kaiser* 2016, S. 172.

513   *Papier* 2011, S. 330.

514   *Jarass/Pieroth* GG, Art. 13 Rn. 37.

515   Dreier-GG/*Hermes*, Art. 13 Rn. 116.

516   Siehe BT-Drs. 17/3403, S. 17.

in ihrer Gesamtheit betrachtet werden. Demgemäß ist die technische Installation unerlässlich für deren Durchführbarkeit.

Aber nicht jeder Eingriff, der aufgrund eines Gesetzes erfolgt, steht mit dem Grundgesetz im Einklang. Die wichtigste Schranken-Schranke ist hierbei der Verhältnismäßigkeitsgrundsatz.[517] Der ungeschriebene Grundsatz fordert, dass der Eingriff vonseiten des Staates zur Erreichung eines legitimen Zwecks geeignet, erforderlich und angemessen sein muss. Zunächst ist der Schutz der Allgemeinheit vor schweren Gewalt- und Sexualstraftaten ein legitimer Zweck. Zur Zielerreichung geeignet ist der Eingriff dann, wenn er den angestrebten Zweck zumindest fördert.[518] Die nationale und internationale Begleitforschung zeigt, dass die elektronische Aufsicht einen Rückfall nicht mit Sicherheit verhindern kann.[519] Allerdings ist die Möglichkeit der Zweckerreichung ausreichend; ein tatsächlicher Erfolg muss nicht eintreten.[520] Ob die Maßnahme zweckmäßig ist, ist der Überprüfung entzogen. Der Gesetzgeber verfügt insofern über einen Einschätzungsspielraum.[521] Die elektronische Fußfessel soll eine bessere Kontrolle von Hochrisikotätern bieten, indem sie bereits aufgrund der erhöhten Entdeckungsgefahr abschreckend und dadurch kriminalpräventiv wirkt. Sie soll den Überwachten von bestimmten kriminogenen Zonen fernhalten und somit die Begehung neuer Straftaten verhindern.

Die elektronische Aufsicht ist jedenfalls nicht gänzlich ungeeignet, dem Schutz der Allgemeinheit vor Straftaten zu dienen, was den Ergebnissen einiger ausländischer Studien entspricht.[522] Zur Aufstellung der Home-Unit ist auch keine mildere, ebenso geeignete Alternative denkbar. Eingriffe auf Grundlage des Art. 13 Abs. 7 GG sind regelmäßig weniger eingriffsintensiv als solche gem. Art. 13 Abs. 2–5 GG.[523] Die Wohnung wird gerade nicht zu dem Zweck betreten, persönliche Informationen des Überwachten zu sammeln. Es handelt sich außerdem um eine einmalige, zügig fertiggestellte Installationsarbeit. Der Schutz der Allgemeinheit vor schweren Straftaten überwiegt diese kurzzeitige Beeinträchtigung deutlich. Das Betreten der Wohnung zur Installation der Home-Unit ist somit auch angemessen. Die Installation der Home-Unit verfolgt außerdem einen legitimen Zweck, da sie dem Kernbereichsschutz privater Lebensführung dient, indem sie die GPS-Überwachung innerhalb der Wohnung entbehrlich macht. Der Eingriff ist somit gerechtfertigt.

---

517   Vgl. grundlegend zur Verhältnismäßigkeit *Voßkuhle* 2007, S. 429; das BVerfG formulierte die vierstufige Verhältnismäßigkeitsprüfung erstmals in BVerfG, Neue Juristische Wochenschrift 1968, S. 979, wendete sie jedoch bereits früher an; vgl. BVerfGE 3, 383, 399.

518   *Epping, Lenz & Leydecker* 2015, S. 23.

519   Vgl. *Kapitel 1* und *3.1.*

520   BVerfG 115, 276, 308.

521   *Epping, Lenz & Leydecker* 2015, S. 23.

522   Vgl. auch *Kapitel 3.1*, insbesondere zum Beispiel *Padgett, Bales & Blomberg* 2006, S. 67; *Marklund & Holmberg* 2009, S. 41–61; *Killias et al.* 2010, S. 1155.

523   Dreier-GG/*Hermes*, Art. 13 Rn. 118.

9.4.2.2 Datenerhebungsvorgang

Der Überwachungsvorgang und die damit verbundene Datenerhebung stellen kein körperliches Eindringen in den geschützten Bereich dar. Ein solches kann jedoch auch unkörperlich mittels akustischer oder optischer Überwachungstechnik geschehen.[524] Die Überwachungstechnik der elektronischen Fußfessel kann (anders als bei der akustischen oder optischen Wohnraumüberwachung) keine Bewegungs- oder Handlungsabläufe registrieren. Mittels der GPS-Technik wäre es an sich möglich, auch innerhalb der Wohnung ein Bewegungsprofil zu erstellen. Durch die aufgestellte Home-Unit wird dies jedoch verhindert. Die bloße Anwesenheitskontrolle gibt keinen Aufschluss über die Gewohnheiten des Überwachten oder dessen Besucherfrequenz.[525] Lediglich seine An- oder Abwesenheit kann nachvollzogen werden. Der Gesetzgeber legt dazu in § 463a Abs. 4 S. 1 und 7 StGB fest:

> Soweit es technisch möglich ist, ist sicherzustellen, dass innerhalb der Wohnung der verurteilten Person keine über den Umstand ihrer Anwesenheit hinausgehenden Aufenthaltsdaten erhoben werden. [...] Werden innerhalb der Wohnung der verurteilten Person über den Umstand ihrer Anwesenheit hinausgehende Aufenthaltsdaten erhoben, dürfen diese nicht verwertet werden und sind unverzüglich nach Kenntnisnahme zu löschen. Die Tatsache ihrer Kenntnisnahme und Löschung ist zu dokumentieren.[526]

Die Maßnahme der elektronischen Aufenthaltskontrolle wird außerdem im Gegensatz zu den in Art. 13 Abs. 3–5 GG erwähnten Überwachungsformen nicht heimlich durchgeführt.[527] „Äußere" Überwachungsmaßnahmen wie die Observation stellen anerkanntermaßen keinen Eingriff in Art. 13 GG dar,[528] obwohl sie eingriffsintensiver erscheinen als der „innere" Überwachungsvorgang, da Polizeibeamte im Gegensatz zu technischen Apparaturen Rückschlüsse auf das Privatleben ziehen können. Das BVerfG konstatierte in der Überprüfung des Volkszählungsgesetzes von 1983, dass zwar „der Einbau von Abhörgeräten und ihre Benutzung in der Wohnung" in Art. 13 GG eingreifen, „nicht aber Erhebungen und die Einholung von Auskünften, die ohne Eindringen oder Verweilen in der Wohnung vorgenommen werden können".[529] Ein Eingriff in Art. 13 Abs. 1 GG ist durch die Anwesenheitskontrolle nicht gegeben. Hiervon ging der Gesetzgeber bei der Normierung des § 463a IV S. 1 StPO ebenfalls aus. Im Fall der Erhebung von Wohnraumdaten wäre ein Eingriff zu bejahen. Eine solche ist jedoch gesetzlich nicht vorgesehen.

---

524 *Hudy* 1999, S. 192.

525 *Haverkamp* 2002, S. 183.

526 Damit trägt der Gesetzgeber dem Umstand Rechnung, dass jeder Bürger das Recht auf einen Rückzugsraum hat, in dem er vom Staat nicht behelligt wird, vgl. hierzu BT-Drs. 17/3403, S. 44; BVerfGE 27, 1, 6.

527 *Haverkamp* 2002, S. 183.

528 *Münch/Kunig/Kunig*, Art. 13 Rn. 18; *Schmitt Glaeser* 2011, § 129 Rn. 54.

529 BVerfGE 65, 1, 40.

9.4.2.3 Zwischenergebnis

Das Betreten der Wohnung zur Aufstellung der Home-Unit ohne Einwilligung des Überwachten stellt zwar einen Eingriff in Art. 13 Abs. 1 GG dar, der jedoch gem. Art. 13 Abs. 7 GG gerechtfertigt ist. In der Datenerhebung zur Anwesenheitskontrolle ist kein Eingriff in Art. 13 Abs. 1 GG zu sehen. Die elektronische Aufsicht ist daher mit Art. 13 Abs. 1 GG vereinbar.

9.4.3 Allgemeines Persönlichkeitsrecht (Art. 2 Abs. 1 i.V.m. Art. 1 Abs. 1 GG)

Das allgemeine Persönlichkeitsrecht ist im Grundgesetz nicht normiert. Es wurde höchstrichterlich aus Art. 2 Abs. 1 i.V.m. Art. 1 Abs. 1 GG entwickelt und ist ein eigenständiges Grundrecht.[530] Das BVerfG hielt den sachlichen Schutzbereich des allgemeinen Persönlichkeitsrechts dabei bewusst offen, um auch Gefährdungen erfassen zu können, die zu jenem Zeitpunkt noch nicht ersichtlich waren und sich zum Beispiel durch die technologische Entwicklung ergeben können.[531] Relevante Ausprägungen des allgemeinen Persönlichkeitsrechts sind insbesondere das Recht auf informationelle Selbstbestimmung sowie das Recht auf die Gewährleistung der Vertraulichkeit und Integrität informationstechnischer Systeme, das als eigenständiges Grundrecht anerkannt ist.[532] Weiterhin verpflichtet Art. 2 Abs. 1 i.V.m. Art. 1 Abs. 1 GG den Staat, den Strafvollzug auf Resozialisierung auszurichten.[533]

9.4.3.1 Recht auf informationelle Selbstbestimmung

Das Recht auf informationelle Selbstbestimmung schützt den Betroffenen zum einen als Abwehrrecht vor der Erhebung, Verarbeitung und Verwendung personenbezogener Daten;[534] zum anderen umfasst es als positive Gewährleistung das Recht des Einzelnen, selbst zu bestimmen, in welchen Grenzen persönliche Lebenssachverhalte preisgegeben werden.[535]

Durch die GPS-Technik werden Positionsdaten erhoben und gespeichert und können somit später verwendet werden. Die gesammelten Daten ermöglichen die Erstellung eines Bewegungsprofils und einer Bewegungsprognose (außerhalb der Wohnung). Die elektronische Überwachung greift damit in das Recht auf informationelle

---

530 Leitentscheidung des BVerfG zum allgemeinen Persönlichkeitsrecht, BVerfG, Neue Juristische Wochenschrift 1980, S. 2070; Dreier-GG/*Dreier*, Art. 2 Abs. 1, S. 375, Fn. 307 m.w.N.

531 BVerfGE 35, 202 (Lebach-Entscheidung); BVerfG, Neue Juristische Wochenschrift 1973, S. 891, S. 892.

532 BVerfGE 120, 274, 302 ff.

533 BVerfGE 35, 202, 235; 45, 187, 238 f.; 98, 169, 200.

534 *Geiger* 1989, S. 36.

535 BVerfGE 65, 1, 41 ff. (Volkszählungsurteil).

Selbstbestimmung ein. Der Gesetzgeber selbst spricht von einem Eingriff in das Recht auf informationelle Selbstbestimmung, insbesondere wenn die Überwachung auf einen längeren Zeitraum angelegt ist.[536] Ob die Daten aus der Sozial-, der Privat- oder der Intimsphäre stammen, ist für die Schutzbedürftigkeit irrelevant. Die im Rahmen des allgemeinen Persönlichkeitsrechts entwickelte Sphärentheorie ist hier nicht in vollem Umfang anwendbar, durch die technische Verknüpfungsmöglichkeit gibt es kein „belangloses Datum"[537] mehr.[538]

Im Rahmen des elektronisch überwachten Hausarrests könnte ein Eingriff bereits bei Vorliegen einer wirksamen Einwilligung des Überwachten zu verneinen sein. Dies ist im Rahmen des Rechts auf informationelle Selbstbestimmung insbesondere in zweierlei Hinsicht zu diskutieren. Zunächst stellt sich die Frage, ob das allgemeine Persönlichkeitsrecht überhaupt als Ausdruck der Achtung der Menschenwürde zur Disposition steht. Dies ist mittlerweile jedoch von Literatur und Rechtsprechung anerkannt, denn dem Einzelnen muss es freistehen, grundsätzlich selbst über die Verbreitung persönlicher Informationen zu verfügen.[539] Problematisch erscheint vielmehr der (zulässige) Umfang bzw. die Reichweite einer Einwilligung im Rahmen des Rechts auf informationelle Selbstbestimmung. Hätte die Einwilligung zur Folge, dass eine Erhebung, Speicherung, Übermittlung und Verwendung persönlicher Daten ohne Verfahrensregeln und ohne Ermächtigungsgrundlage möglich wäre, so könnten grenzenlos persönliche Daten verarbeitet werden, insbesondere ohne Wahrung des geschützten Kernbereichs privater Lebensführung.[540] Demzufolge stellt eine Einwilligung im Rahmen der informationellen Selbstbestimmung weniger einen Grundrechtsverzicht als vielmehr den Gebrauch eines solchen dar.[541] Denn für die Wirksamkeit der Einwilligung ist es erforderlich, dass der Einwilligende in Kenntnis seiner Entscheidungstragweite agiert und somit den Verwendungsverlauf der preisgegebenen Daten abschätzen kann.[542] Das EAStVollzG, auf dem der baden-württembergische Modellversuch beruhte, enthielt in den §§ 10–14 EAStVollzG begleitende Regelungen zum Datenschutz und erklärte das Justizvollzugsdatenschutzgesetz für anwendbar. Im baden-württembergischen Modellprojekt wurde den Gefangenen ein Merkblatt ausgeteilt, und sie wurden von der Anstalt ausführlich über den Ablauf informiert. Die Einwilligung ist möglich, kann sich letztlich jedoch nur auf die dem Einwilligenden bekannten wesentlichen Faktoren sowie den vereinbarten Umfang der Datenerhebung und -verarbeitung beziehen und reicht demzufolge auch

---

536 Für die Führungsaufsicht vgl. BT-Drs. 17/3403, S. 18. Für den elektronisch überwachten Hausarrest in Baden-Württemberg siehe § 15 EAStVollzG.

537 BVerfGE 65, 1, 45.

538 *Pieroth et al.* 2015, S. 100.

539 Vgl. hierzu ausführlich BVerfGE 65, 1, 42 ff.; *Redlich* 2005, S. 160; *Geiger* 1989, S. 37; *Kunig* 1993, S. 601; *Haverkamp* 2002, S. 189.

540 *Geiger* 1989, S. 36.

541 So auch *Redlich* 2005, S. 161.

542 *Kunig* 1993, S. 601.

nur so weit. Somit wird der Umfang der Einwilligung bestimmt und die Einwilligung konkretisiert. Wird der davon umfasste verhältnismäßige Umgang mit den persönlichen Daten überschritten, so ist er von der Einwilligung nicht mehr gedeckt.

Damit der Eingriff in das informationelle Selbstbestimmungsrecht gerechtfertigt werden kann, muss laut BVerfG die Datenerhebung im Rahmen der elektronischen Aufsicht einen legitimen Zweck verfolgen und zur Zweckerreichung geeignet, erforderlich und angemessen sein.[543] Die Überwachung im Rahmen der Führungsaufsicht soll dem Schutz der Allgemeinheit vor schweren Gewalt- und Sexualstraftaten dienen, was ein legitimes Ziel darstellt. Die Datenerhebung ist hierbei notwendiger Bestandteil der Aufsicht, andernfalls liefe diese ins Leere. Die Datenerhebung ist zur Zweckerreichung geeignet, da die Förderung des angestrebten Zwecks ausreicht und ein Erfolgseintritt nicht notwendig ist. Es stellt sich jedoch die Frage, ob überhaupt ein milderes, gleich geeignetes Mittel existiert. Ein solches könnte in der Dauerobservation durch Polizeibeamte zu sehen sein. Abgesehen von der Problematik der Rechtsgrundlage für eine solche Dauerobservation[544] erscheint diese jedoch nicht weniger eingriffsintensiv. Die Gesetzesbegründung zur elektronischen Aufenthaltsüberwachung in der Führungsaufsicht bedient sich daher des Beispiels der Dauerobservation und postuliert, die elektronische Überwachung habe eine geringere Stigmatisierungswirkung und ein höheres Reintegrationspotenzial.[545] Auch sie ist jedoch mit nicht unerheblichen Stigmatisierungsrisiken verbunden (vgl. hierzu *Kapitel 7.3*). Die Evaluation des baden-württembergischen Modellprojekts zeigte beispielsweise, dass die Arbeitsplatzsuche durch die elektronische Überwachung deutlich erschwert sein kann, soziale Kontakte abbrechen können und eine Verwechslungsgefahr mit Sexualstraftätern für die von der Maßnahme Betroffenen Stigmatisierungsängste erzeugt.[546]

Allerdings stellt die Dauerobservation einen schwerwiegenden Grundrechtseingriff dar.[547] Der Betroffene wird auf Schritt und Tritt von mehreren Polizeibeamten begleitet, die auch nachts vor seiner Wohnung Position beziehen und sogar Personen im Umfeld des Betroffenen über dessen Vorgeschichte informieren dürfen.[548] Von der Dauerobservation dürfte daher ein höheres Stigmatisierungsrisiko ausgehen. Außerdem können die Polizeibeamten in erhöhtem Maße sensible persönliche Informationen über die Gewohnheiten und den Lebensablauf des Überwachten gewinnen, was bei der elektronischen Überwachung nicht möglich ist. Die Dauerobservation ist

---

543   BVerfG 120, 274, 318 f.

544   Die Dauerobservation kann nur vorläufig auf die polizeiliche Generalklausel gestützt werden; vgl. u. a. BVerfG, Beschluss vom 08.11.2012 – 1 BvR 22/12.

545   Siehe BT-Drs. 17/3403, S. 19.

546   *Kapitel 7.3*; auch bereits in der ersten Untersuchungsphase, *Schwedler & Wößner* 2015, S. 80 ff.

547   BVerfG, 1 BvR 22/12, Beschluss vom 08.11.2012.

548   Sog. Gefährdetenansprache, BVerfG, Beschluss vom 08.11.2012 – 1 BvR 22/12.

daher kein milderes Mittel. Die Sicherungsverwahrung oder auch andere freiheits-entziehende Maßregeln stellen ebenfalls keine milderen Mittel dar.[549] Gerade bei der Sicherungsverwahrung als schärfster Maßregel ist ständig zu prüfen, ob weniger ein-schneidende Maßnahmen infrage kommen. Ein milderes Mittel könnte jedoch der Einsatz von Radiofrequenztechnik (im Gegensatz zur GPS-Technik) sein, da diese nur die An- und Abwesenheit des Überwachten in der Wohnung kontrollieren kann. Sie ist insofern milder, als die problematischen Bewegungsdaten erst gar nicht ent-stehen. Allerdings ist diese Technik nicht gleichwertig. Bei der Verwendung der elektronischen Fußfessel geht es im Rahmen der Führungsaufsicht gerade darum, auch die anderen Weisungen wie Aufenthaltsverbote an bestimmten Orten und die Einhaltung der Verbotszonen zu kontrollieren. Die reine An- und Abwesenheitsfest-stellung in der Wohnung genügt diesem Zweck also nicht. Mildere, aber dabei glei-chermaßen geeignete Mittel sind nicht also ersichtlich.

Damit der Eingriff dem Verhältnismäßigkeitsgrundsatz im engeren Sinne (Ange-messenheit) genügt, bedarf es mehrerer (verfahrensrechtlicher) Absicherungen.[550] Der Gesetzentwurf zur elektronischen Überwachung im Rahmen der Führungsauf-sicht sieht insofern vor,

- die Weisung spätestens vor Ablauf von zwei Jahren zur Überprüfung zu stel-len (§ 68d Abs. 2 StGB n.F.),

- den konkreten Erhebungsumfang der Aufenthaltsdaten zu bestimmen (§ 463a Abs. 4 StPO n.F.),

- eine enge Zweckbindung für die Daten festzulegen, sodass diese nur verwen-det werden dürfen, um einen Weisungsverstoß nach § 68b Abs. 1 Nr. 1, 2 und 12 StGB n.F. festzustellen, um darauf mit Maßnahmen der Führungsaufsicht oder Strafverfolgung zur Gefahrenabwendung zu reagieren, i.S.d. § 66 Abs. 3 S. 1 StGB,

- die erhobenen Daten innerhalb von zwei Monaten zu löschen, sofern sie nicht zu Strafverfolgungszwecken eingesetzt werden,

- die Daten gegen unbefugte Kenntnisnahme Dritter besonders abzusichern,

- die Wohnung des Betroffenen als erhebungsfreien Raum zu respektieren und von der Überwachung auszunehmen sowie

- jeden behördlichen Datenzugriff zu protokollieren.[551]

Es stellt sich die Frage, ob diese Regelungen für einen so tiefen Eingriff in das Per-sönlichkeitsrecht ausreichend sind oder ob eine stets unzulässige Rundumüberwa-

---

549 Zusätzlich müssten die Voraussetzungen der jeweiligen Maßregel gegeben sein.

550 So auch die Gesetzesbegründung BT-Drs. 17/3403, S. 18; *Bumke & Voßkuhle* 2015, S. 114. Verfahrensrechtliche Sicherungen sind auch ohne spezifische gesetzliche Regelung ausrei-chend, BVerfG, Neue Juristische Wochenschrift 2005, S. 1138.

551 Siehe BT-Drs. 17/3403, S. 18.

chung vorliegt. *Stree* und *Kinzig* sehen die Gefahr einer verfassungswidrigen Rund-
umüberwachung insbesondere wegen der „weichen Formulierung in § 463a Abs. 4
S. 1 StPO".[552] *Groß* teilt diese Meinung der zu ungenauen Formulierung des § 463a
Abs. 4 S. 1 StPO und sieht nicht einmal die für den Kernbereichsschutz zuständige
Stelle im Gesetz ausreichend definiert.[553] Besonders problematisch erscheint ihm
dabei die ständige Kontrolle „allüberall",[554] die auch von anderen Stimmen in der
Literatur als mögliches Einfallstor für eine Totalüberwachung gesehen wird.[555] Die
Gefahr einer verfassungswidrigen Rundumüberwachung wurde vom BVerfG bereits
in vielen Konstellationen behandelt, z.b. im Urteil zu Ermittlungen mittels GPS-
Technik,[556] im Volkszählungsurteil[557] und in der Entscheidung zum Großen
Lauschangriff.[558] In der Entscheidung zum großen Lauschangriff definierte das
BVerfG eine Rundumüberwachung als eine Überwachung, die sich „über einen längeren Zeitraum erstreckt und derart umfassend ist, dass nahezu lückenlos alle Bewe-
gungen und Lebensäußerungen des Beschuldigten registriert werden und zur Grundlage für ein Persönlichkeitsprofil werden können".[559] Eine Erhebung von Positionsdaten soll im Rahmen der elektronischen Aufenthaltsüberwachung lückenlos erfolgen, wird jedoch durch die Überwachungsstelle nicht rund um die Uhr kontrolliert.[560] Der Gesetzgeber verneint daher das Vorliegen einer unzulässigen Rundumüberwachung.[561] Insbesondere durch die enge Zweckbindung und die Wohnung als
überwachungsfreien Raum soll eine Rundumüberwachung verhindert werden.[562]
Ein Zugriff auf die Daten ist nur dann möglich, wenn ein konkreter Verdacht eines
Weisungsverstoßes oder einer neuen Straftat vorliegt.[563] Eine anlasslose Feststellung des Aufenthaltsortes des Betroffenen ist unzulässig, ebenso die Echtzeitverfol-
gung auf dem Bildschirm.[564] Weiterhin resultiert aus dem Bewegungsprofil nicht
zwangsläufig auch ein Persönlichkeitsprofil des Überwachten. Insofern ist die elektronische Überwachung, wie bereits dargelegt, von geringerer Eingriffsintensität als
die Dauerobservation, bei der durchaus die persönlichen Gewohnheiten ersichtlich
sind. Auch wenn die elektronische Fußfessel ständig betriebsbereit vom Betroffenen
mit sich geführt werden muss, sprechen die Gesetzesregelungen gegen eine Rund-

---

552   *Schönke/Schröder/Stree/Kinzig* StGB, § 68b Rn. 14c.
553   MüKo-StGB/*Groß*, § 68b Rn. 24.
554   MüKo-StGB/*Groß*, § 68b Rn. 24.
555   Vgl. hierzu *Krahl* 1997, S. 461; *Weigend* 1989, S. 301.
556   BVerfGE 112, 304, 319.
557   BVerfGE 65, 1, 42 ff.
558   BVerfGE 109, 279, 323.
559   BVerfGE 109, 279, 3. Leitsatz.
560   *Bezjak* 2012, S. 16.
561   Siehe BT-Drs. 17/3403, S. 18.
562   BVerfG Juristische Schulung 2005, S. 740 f.; BVerfGE 109, 279, 323.
563   Siehe BT-Drs. 17/3403, S. 18.
564   Siehe BT-Drs. 17/3403, S. 18.

umüberwachung. Auch die kurze Speicherfrist von zwei Monaten unterstützt diese Sicht. Besonders problematisch erscheint jedoch die Überwachungsdauer. Insofern ist die zweijährige Überprüfungsfrist unerlässlich, kann die elektronische Aufsicht doch gem. § 68c Abs. 3 Nr. 2 lit. b StGB über die Höchstdauer der Führungsaufsicht hinaus unbefristet verlängert werden. Eine unzulässige Rundumüberwachung ist letztendlich nicht gegeben.

Bei der Beurteilung der Verhältnismäßigkeit stehen sich außerdem das Individualinteresse des Überwachten am Schutz seiner Daten und das Kontroll- sowie Sicherheitsinteresse der Allgemeinheit gegenüber. Dabei soll zu berücksichtigen sein, inwieweit der Betroffene selbst Anlass für den Grundrechtseingriff gegeben hat.[565] Dem BVerfG folgend ist der Einzelne „in seiner grundrechtlichen Freiheit umso intensiver betroffen, je weniger er selbst für einen staatlichen Eingriff Anlass gegeben hat".[566] Auch das Institut der Führungsaufsicht deutet bereits darauf hin, dass in erhöhtem Maße rückfallgefährdete gefährliche Haftentlassene Einschränkungen ihrer Grundrechte hinzunehmen haben.[567] Die elektronisch Überwachten unter ihnen zeigen durch die qualifizierten Anordnungsvoraussetzungen der Führungsaufsicht das entsprechende Risikopotenzial in noch höherem Maße. Eine Verwirkung von Grundrechten (wie denjenigen, die in Art. 18 GG abschließend aufgezählt sind) ist hiermit jedoch nicht gemeint und wäre auch nicht einschlägig.[568]

Der Schutz der Allgemeinheit ist Auftrag des Staates. Das Rechtsstaatsprinzip fordert eine funktionstüchtige Strafrechtspflege.[569] „Der Verhinderung, Verfolgung und Aufklärung von Straftaten kommt nach dem Grundgesetz [demzufolge] eine hohe Bedeutung zu."[570] Personen, die ein prognostisch hohes Rückfallrisikolevel aufweisen, müssen gewisse Einschränkungen in ihrer Lebensführung hinnehmen. Bei der Anordnung der elektronischen Aufsicht wird stets die Zumutbarkeitsgrenze gem. § 68b Abs. 3 StGB geprüft. Die verfahrensrechtlichen Absicherungen beim Umgang mit den Bewegungsdaten sind ausreichend, um den Interessen des Betroffenen Rechnung zu tragen. Der Eingriff in die persönlichen Daten ist gegenüber dem Schutz der Allgemeinheit angemessen und gerechtfertigt.[571]

---

565 BVerfGE 115, 320, 354; BT-Drs. 17/3403, S. 18.

566 BVerfGE 115, 320, 354; BT-Drs. 17/3403, S. 18.

567 Zur Verfassungsmäßigkeit der Führungsaufsicht siehe BVerfG, Neue Zeitschrift für Strafrecht 1981, 21; BT-Drs. 17/3403, S. 18.

568 Eine Grundrechtsverwirkung wurde noch nie ausgesprochen; somit ist eher von einer Signalfunktion dieses Artikels auszugehen; vgl. BeckOK-GG/*Butzer*, Art. 18 Rn. 3.

569 BVerfGE 122, 248, 272.

570 BVerfG, Neue Juristische Wochenschrift 2012, S. 833, 840; genauso BVerfG, Neue Juristische Wochenschrift 2000, S. 55, 65.

571 So auch *Haverkamp* 2002, S. 189; *Kaiser* 2016, S. 202.

9.4.3.2 Gewährleistung der Vertraulichkeit und Integrität informationstechnischer Systeme

Eine weitere Ausformung des allgemeinen Persönlichkeitsrechts und zugleich aner-
kanntes selbstständiges Grundrecht ist das Recht auf Gewährleistung der Vertraulichkeit und Integrität informationstechnischer Systeme, das anlässlich der Entscheidung des BVerfG zur Onlinedurchsuchung entwickelt wurde.[572] Dieses sog. Com-
putergrundrecht[573] soll Regelungslücken füllen und ist daher gegenüber dem Recht
auf informationelle Selbstbestimmung sowie den Art. 10 Abs. 1 GG und Art. 13
Abs. 1 GG subsidiär. In diesem Kontext drängen sich Parallelen zur Debatte um die
Vorratsdatenspeicherung auf, die der Fraktionsgeschäftsführer der Grünen als
„Light-Version der elektronischen Fußfessel für jeden Bürger" bezeichnete.[574] Bei
der Vorratsdatenspeicherung werden anlasslos Verbindungsdaten gespeichert, unter
die auch geografische Daten fallen.[575] Dies wird sehr kontrovers diskutiert. 2006
wurden die EU-Mitgliedstaaten per Richtlinie verpflichtet, die Vorratsdatenspeicherung einzuführen.[576] Das BVerfG erklärte die daraufhin 2008 geschaffenen Regelungen jedoch aufgrund eines Verstoßes gegen das Fernmeldegeheimnis gem.
Art. 10 Abs. 1 GG für verfassungswidrig.[577] Der Europäische Gerichtshof (EuGH)
erklärte die Richtlinie 2014 für unionsrechtswidrig, da sie mit der GRCh nicht vereinbar sei.[578] Im Oktober 2015 wurde in Deutschland ein neues Gesetz zur Vorratsdatenspeicherung verabschiedet.[579] Am 21.12.2016 entschied der EuGH, dass die
anlasslose Speicherung nicht mit dem geltenden Recht vereinbar sei. Geografische
Standortdaten gem. § 98 TKG werden dabei gegenüber den sonstigen Verbindungsdaten gesondert behandelt. Dies spricht für eine besondere Sensibilität im Umgang
mit dieser Datengattung. Eine detailliertere Auseinandersetzung mit diesem Thema
würde den Rahmen dieser Arbeit jedoch überschreiten.

9.4.3.3 Zwischenergebnis

Die Datenerhebung durch die elektronische Aufenthaltsüberwachung an sich stellt
einen massiven Eingriff in das Recht auf informationelle Selbstbestimmung dar. Die
verfahrensrechtlichen Absicherungen und die Interessenabwägung sprechen jedoch

---

572   BVerfGE 120, 274, 302 ff.

573   Dieses Grundrecht findet neben dem Recht auf informationelle Selbstbestimmung Anwen-
       dung, wenn es um den Integritätsschutz der Daten aufgrund der Übermittlung durch informa-
       tionstechnische Systeme geht, vgl. *Epping, Lenz & Leydecker* 2015, S. 322, Rn. 659.

574   Vgl. www.welt.de/politik/deutschland/article106612184/Was-ein-Regierungswechsel-tatsaec
       hlich-aendern-wuerde.html [27.01.2017].

575   Vgl. für eine ausführliche Darstellung der Vorratsdatenspeicherung *Albrecht* 2011.

576   Richtlinie 2006/24/EG des Europäischen Parlaments und des Rates vom 15.03.2006.

577   BVerfG, Urteil vom 02.03.2010, 1 BvR 256/08.

578   EuGH, Urteil vom 08.04.2014, verbundene Rechtssachen C-293/12 und C-594/12.

579   Gesetz vom 10.12.2015, BGBl. I S. 2218 (Nr. 51).

für einen verhältnismäßigen und somit zu rechtfertigenden Eingriff. Eine unzulässige Rundumüberwachung ist nicht gegeben.

9.4.4 Fernmeldegeheimnis (Art. 10 Abs. 1 GG)[580]

Das Fernmeldegeheimnis gem. Art. 10 Abs. 1 GG schützt Kommunikationsinhalte vor dem Zugriff Dritter. Der sachliche Schutzbereich erfasst dabei auch Zeitpunkt und Dauer des Kommunikationsvorgangs, die Identität der Beteiligten sowie ihren Aufenthaltsort.[581] Bei der elektronischen Aufenthaltsüberwachung werden die Informationen über den Aufenthaltsort durch das Telefonnetz an die postfremde Kontrollstelle weitergeleitet.[582] Der Telekommunikationsdienstanbieter gibt diese Daten also an die Überwachungsstelle weiter, sodass der Staat sie verwerten kann und damit als Dritter[583] in das geschützte Recht eingreift.[584] Grundrechtsadressat ist grundsätzlich die Staatsgewalt; deren Schutzauftrag erstreckt sich nach Art. 87f GG aber auch auf private Anlagen.[585] Im Rahmen des elektronisch überwachten Hausarrests entfällt ein Eingriff bei wirksamer Einwilligung, ein Grundrechtsverzicht ist hier möglich.[586] Da die elektronische Überwachung nicht heimlich stattfindet, ließe sich damit auch für die elektronische Aufenthaltsüberwachung im Rahmen der Führungsaufsicht argumentieren.[587] Auch wenn den Betroffenen die Überwachung bewusst ist, liegt nicht automatisch ein Grundrechtsverzicht vor. Ein solcher kann zwar auch konkludent erklärt werden, bedarf jedoch umfangreicher Aufklärung und muss hinreichend konkret und freiwillig ergehen (vgl. *Kapitel 9.3*). Bloße Kenntnis des Stattfindens der Maßnahme zeugt nicht von einem Verzichtswillen.

Das Fernmeldegeheimnis ist zwar unverletzlich, aber nicht unantastbar. Art. 10 Abs. 2 GG sieht selbst einen einfachen Gesetzesvorbehalt vor, während grundrechtsimmanente Schranken nicht anerkannt sind.[588] Das seit der Gesetzesänderung geltende Recht erfüllt diese Anforderungen. Insbesondere durch die verfahrensrechtlichen Absicherungen zum Umgang mit den und zur Verarbeitung der erhobenen Da-

---

580 Artikel 10 Abs. 1 GG ist lex specialis gegenüber Art. 2 Abs. 1 i.V.m. Art. 1 Abs. 1 GG; die Grundrechte stehen in einem Ergänzungsverhältnis zueinander; vgl. *Jarass/Pieroth* GG, Art. 10 Rn. 2.

581 BVerfGE 100, 313, 358; *Epping, Lenz & Leydecker* 2015, S. 340.

582 *Pieroth et al.* 2015, S. 218.

583 Der Staat als Dritter in dieser Konstellation ist nicht unstreitig. Nach a.A. ist der Staat Kommunikationspartner, sodass ein Eingriff entfällt; vgl. *Bernsmann* 2000, S. 169, Fn. 699.

584 *Pieroth et al.* 2015, S. 219.

585 *Schoch* 2011, S. 196.

586 *Haverkamp* 2002, S. 183 f.

587 *Haverkamp* 2002, S. 184; *Bernsmann* 2000, S. 169, Fn. 699.

588 *Schoch* 2011, S. 201.

ten wird dem Verhältnismäßigkeitsgrundsatz entsprochen. Ein Eingriff in das Fernmeldegeheimnis ist gerechtfertigt.

9.4.5   Freiheit der Person (Art. 2 Abs. 2 GG, Art. 104 GG; Art. 5 EMRK)

Die Freiheit der Person gem. Art. 2 Abs. 2 GG schützt die körperliche Bewegungsfreiheit. Gemeint ist damit das Recht, jeden beliebigen Ort aufzusuchen oder zu verlassen (Fortbewegungsfreiheit).[589] Das europarechtliche Äquivalent stellt Art. 5 EMRK dar. Zunächst ist zum Eingriff anzumerken, dass die elektronische Fußfessel keine physische Barriere darstellt.[590] Die freiheitsbeschränkende Wirkung der elektronischen Aufenthaltsüberwachung im Rahmen der Führungsaufsicht entsteht erst durch ihre Kombination mit aufenthaltsbezogenen Weisungen gem. § 68b Abs. 1 S. 1 Nr. 1 und 2 StGB. Das Gericht ist keineswegs verpflichtet, diese Aufenthaltsverbote zusätzlich zur elektronischen Aufsicht anzuordnen und umgekehrt.[591] Im Rahmen des Hausarrests ist die Zonenfestlegung der Anordnung hingegen inhärent. Durch die angeordneten Gebots- und Verbotszonen wird in die Freiheit der Person eingegriffen, da der Proband nicht mehr autonom über seinen Aufenthaltsort bestimmen kann. Im Anwendungsbereich des Hausarrests ist wiederum an die Einwilligung und bei Vorliegen der Wirksamkeitsvoraussetzungen an einen daraus folgenden Grundrechtsverzicht zu denken. Die elektronische Aufsicht ist, wie zuvor in *Kapitel 9.3* erläutert, als Freiheitsentziehung einzuordnen. Somit sind die Verfahrensgarantien des Art. 104 GG i.V.m. Art. 2 Abs. 2 S. 2 GG anwendbar. Zum anderen steht die Anordnung der elektronischen Aufsicht dann unter einem Richtervorbehalt, siehe Art. 104 Abs. 2 GG.

Gemäß Art. 2 Abs. 2 S. 3 GG darf aufgrund eines Gesetzes in das Grundrecht eingegriffen werden. Bedenken gegen die Verfassungs- und somit die Verhältnismäßigkeit des Weisungskatalogs der Führungsaufsicht gem. § 68b Abs. 1 StGB (einschließlich der aufenthaltsbezogenen Weisungen) bestehen bei verfassungskonformer Auslegung nicht.[592] Auch die elektronische Überwachung der Einhaltung dieser Mobilitäts- und Aufenthaltsverbote ist nicht unverhältnismäßig. Sie soll die gerade als notwendig befundene Kontrolle der Weisungsbefolgung im Sinne der Spezialprävention in einem effektiven und effizienten Umfang ermöglichen. Auch hier sind die besonders engen Verfahrenssicherungen zu beachten (siehe bereits *Kapitel 9.4.3*). Die elektronische Aufsicht genügt den Anforderungen einer Freiheitsentziehung und somit notwendigerweise auch einer Freiheitsbeschränkung gem. Art. 104

---

589   An einem bestimmten Ort nicht bleiben zu müssen ist nach h.M. nicht geschützt, BVerfGE 94, 166. Hier ist vielmehr Art. 11 Abs. 1 GG einschlägig; vgl. *Ipsen* 2016, Rn. 265.

590   *Niedzwicki* 2005, S. 258.

591   *Bezjak* 2012, S. 15.

592   BVerfG, Neue Juristische Wochenschrift 1981, S. 165; MüKo-StGB/*Groß*, § 68b Rn. 2.

Abs. 1 und 2 GG. Elektronisch überwachte Mobilitäts- und Aufenthaltsverbote stehen mit Art. 2 Abs. 2 GG, Art. 104 GG und Art. 5 EMRK im Einklang.

9.4.6 Freizügigkeit (Art. 11 Abs. 1 GG)

Art. 11 Abs. 1 GG schützt das Recht, an jedem Ort innerhalb des Bundesgebiets Aufenthalt oder Wohnung nehmen zu dürfen.[593] Die Hinbewegungsfreiheit gilt in jeder Größenordnung, vom Bundesland- bis zum Wohnungswechsel.[594] Dieses Recht wird durch die elektronische Aufenthaltsüberwachung zwar nicht isoliert, aber in Kombination mit den aufenthaltsbezogenen Weisungen gem. § 68b Abs. 1 S. 1 Nr. 1 und 2 StGB beschränkt. Der Betroffene wird durch die definierten Verbotszonen der elektronischen Aufsicht an einem freien Aufenthalts- und Wohnortwechsel gehindert. Da die elektronische Fußfessel keine tatsächliche physische Barriere darstellt, ist der Anwendungsbereich des Art. 11 Abs. 1 GG neben Art. 2 Abs. 2 S. 2 GG eröffnet. In das Recht auf Freizügigkeit darf nach dem qualifizierten Gesetzesvorbehalt gem. Art. 11 Abs. 2 GG nur durch ein Gesetz oder aufgrund eines Gesetzes eingegriffen werden. Strafrechtliche Auflagen zum Aufenthaltsort gem. § 56c Abs. 2 Nr. 1 StGB sowie Bestimmungen der Führungsaufsicht gem. §§ 68 ff. StGB unterfallen anerkanntermaßen dem sog. Kriminalvorbehalt.[595] Die bundesrechtlichen Regelungen zur Führungsaufsicht sind, ebenso wie das baden-württembergische EAStVollzG, hierfür eine ausreichende gesetzliche Grundlage.[596]

9.4.7 Berufsfreiheit (Art. 12 Abs. 1 GG)

Die Berufsfreiheit gem. Art. 12 Abs. 1 GG schützt gleichermaßen die Berufswahl wie die Berufsausübung.[597] Die Regelungen zur elektronischen Aufsicht bezwecken keinen unmittelbaren Einfluss auf die Erwerbstätigkeit des Überwachten. Dennoch könnte die Berufsfreiheit gem. Art. 12 Abs. 1 GG tangiert sein, da es sich nicht um einen unmittelbaren Eingriff handeln muss. Auch solche Einflüsse, die nur in einem engen Zusammenhang zur Berufswahl und -ausübung stehen, genügen, sofern sie eine berufs- bzw. ausbildungsregelnde Tendenz erkennen lassen und somit mittelbare Auswirkungen erkennbar sind.[598] Unter elektronischer Aufsicht könnte der Betroffene nicht ausreichend räumlich flexibel sein, um Tätigkeiten auszuüben, die einen weiten Bewegungsradius erfordern. Weiterhin könnte er an lokale Arbeitgeber gebunden sein. Probleme können sich insbesondere bei Berufen ergeben, bei denen

---

593 *Hufen* 2016, S. 294.
594 *Hufen* 2016, S. 294.
595 *Haverkamp* 2002, S. 184.
596 *Harders* 2014, S. 176.
597 *Epping, Lenz & Leydecker* 2015, S. 181.
598 *Epping, Lenz & Leydecker* 2015, S. 183.

eine gewisse Bewegungsfreiheit Voraussetzung der Ausübung ist, bspw. Berufs-
kraftfahrer.[599] Auch die empirischen Ergebnisse des baden-württembergischen Projekts zeigten, dass die fehlende zeitliche Flexibilität die Berufswahl einschränkt; insbesondere sind hier Schwierigkeiten bei spontaner Mehrarbeit, wechselnde Einsatz-
orte bei verschiedenen Auftraggebern und Bereitschaftsdienst zu nennen.[600]

Artikel 12 Abs. 1 S. 2 GG enthält einen Gesetzesvorbehalt. Im Rahmen der Verhältnismäßigkeitsprüfung ist für die Rechtfertigung die Drei-Stufen-Theorie heranzuziehen.[601] Die betreffenden Weisungen der Führungsaufsicht sind der ersten Stufe, der
Berufsausübungsregelung zuzuordnen.[602] Die Weisungskombination untersagt dem
Betroffenen nicht die Ausübung eines konkreten Berufs, sondern schreibt die räumliche Grenze vor. Anknüpfungspunkt ist der Ort der Tätigkeit, nicht die Tätigkeit
selbst.[603] Ein Berufsverbot ist die Weisung gerade nicht. Zur Rechtfertigung des Eingriffs genügen hier bereits vernünftige Gründe des Gemeinwohls. Der Schutz der
Allgemeinheit vor künftigen Straftaten ist eine vernünftige Erwägung. Ein Eingriff
in die Berufsfreiheit ist gerechtfertigt.

9.4.8   Recht auf körperliche Unversehrtheit (Art. 2 Abs. 2 GG)

Die elektronische Fußfessel wird von vielen Probanden als körperlich störend empfunden. Noch häufiger wird von psychischen Beeinträchtigungen berichtet, zum Beispiel Paranoia, Schlafstörungen und Stigmatisierungsängste.[604] Daher könnte das
Recht auf körperliche Unversehrtheit gem. Art. 2 Abs. 2 GG durch physische oder
psychische Belastungen infolge der elektronischen Aufenthaltsüberwachung verletzt
sein. Auch psychische Beeinträchtigungen sind vom Schutzbereich umfasst, solange
sie in ihrer Intensität einem physischen Leiden gleichkommen.[605] Im Rahmen des
Hausarrests ist erneut der Grundrechtsverzicht zu nennen. So ist das Recht auf körperliche Unversehrtheit im Gegensatz zum Recht auf Leben disponibel.[606] Für die
Rechtfertigung des Eingriffs im Rahmen der Führungsaufsicht enthält Art. 2 Abs. 2
GG in Satz 3 einen einfachen Gesetzesvorbehalt. Aufgrund der möglichen Eingriffsintensität wird ein formelles Gesetz verlangt, das auch vorliegt. Für die Verhältnis-

---

599   *Bräuchle* 2016, S. 116.

600   *Schwedler & Wößner* 2015, S. 84.

601   Zur Drei-Stufen-Theorie vgl. *Epping, Lenz & Leydecker* 2015, S. 196 ff.

602   OLG Hamm, Neue Zeitschrift für Strafrecht (Rechtsprechungsreport) 2010, S. 90.

603   KG Berlin, Neue Zeitschrift für Strafrecht 2016, S. 157; grundlegend bereits BVerfG, Neue
        Zeitschrift für Strafrecht 1981, S. 21.

604   Vgl. hierzu zum Beispiel *Schwedler & Wößner* 2015, S. 78.

605   BVerfG, Neue Juristische Wochenschrift 1981, S. 1655; *Epping, Lenz & Leydecker* 2015,
        S. 52; BeckOK-GG/*Lang*, Art. 2 Rn. 62a.

606   *Schroeder* 2016, S. 77.

mäßigkeitsprüfung kann auf die bisherigen Ausführungen verwiesen werden. Ein Eingriff in das Recht auf körperliche Unversehrtheit ist gerechtfertigt.

9.4.9 Allgemeiner Gleichheitsgrundsatz (Art. 3 Abs. 1 GG)

Dem allgemeinen Gleichheitsgrundsatz gem. Art. 3 Abs. 1 GG nach darf Gleiches nicht wesentlich ungleich und Ungleiches nicht wesentlich gleich behandelt werden. Hierbei ist dem Gesetzgeber jedoch ein Ermessensspielraum einzuräumen, der nur bei willkürlicher Ungleichbehandlung überschritten wird.[607] Eine Ungleichbehandlung im Rahmen des Hausarrests könnte darin liegen, dass die elektronisch überwachten Probanden unterschiedlichen Wohnverhältnissen ausgesetzt sind. Weiterhin könnte problematisch sein, dass Straftäter mit vergleichbarer Straflänge, Schuldschwere und Legalprognose im Gegensatz zu elektronisch überwachten Straftätern aufgrund ihres Verbleibs in der JVA ein höheres Maß an Freiheitseinbuße hinnehmen müssen, obwohl auch sie für die elektronische Aufsicht geeignet wären.[608] Dies ließe sich auch darauf übertragen, dass nicht alle Führungsaufsichtentlassene unter elektronische Aufsicht gestellt werden.

Hinsichtlich der verschiedenartigen Wohnverhältnisse kann nicht von einer willkürlichen Ungleichbehandlung seitens des Staates gesprochen werden, da dieser für Privilegien, die manchen Personen nicht zukommen, keine Verantwortung trägt. Die individuelle Lebensgestaltung liegt in den Händen jedes Einzelnen und entspringt nicht einer willkürlichen Behandlung staatlicherseits.[609] Bezüglich der Ungleichbehandlung von elektronisch überwachten und noch in der JVA inhaftierten Straftätern ist zu bedenken, dass jede Strafe und Sanktion immer individuell an den Strafzwecken zu bemessen ist.[610] Das BVerfG lehnt bei verschiedenartiger Strafpraxis trotz vergleichbarer Taten einen Verstoß gegen Art. 3 Abs. 1 GG ab, solange sich die Entscheidung am konkreten Fall orientiert und nicht willkürlich ergeht.[611] Ungleichheiten in der Strafzumessung und Strafpraxis gelten als empirisch belegt.[612] Problematisch ist hier, dass sich die Gewährung des Hausarrests insbesondere an wirtschaftlichen Verhältnissen bzw. am sozialen Umfeld orientiert. Dies ist aber auch bei der Bewährungsaussetzung zu beobachten und anerkannt.[613] Hierbei liegt allerdings keine Willkür des Staates vor, sondern eine individuelle Prognose. Die elek-

607 *Epping, Lenz & Leydecker* 2015, S. 376.
608 *Hudy* 1999, S. 199.
609 So auch *Haverkamp* 2002, S. 185; *Bernsmann* 2000, S. 184; *Hudy* 1999, S. 200.
610 BVerfGE 28, 386, 391.
611 BVerfGE 1, 332; 19, 38, 47.
612 *Albrecht* 1994, S. 169 ff.; *Hudy* 1999, S. 202.
613 *Hudy* 1999, S. 203.

tronische Aufenthaltsüberwachung im Rahmen des Hausarrests und der Führungsaufsicht verstößt nicht gegen den allgemeinen Gleichheitssatz.

9.5   Fazit

Die elektronische Aufenthaltsüberwachung ist mit dem geltenden Recht vereinbar
und stellt insbesondere keine verfassungswidrige Rundumüberwachung dar. Des
Weiteren sind in anderen stationären Sanktionen oder einer Dauerobservation keine
gleich geeigneten milderen Mittel zu sehen, sofern sie aufgrund ihrer Anordnungsvoraussetzungen überhaupt greifen würden. Insgesamt bleibt zu beachten, dass auch
die Grundrechte Dritter, insbesondere Familienangehöriger betroffen sein können.
Insofern werden die Eingriffe so gering wie möglich gehalten. Im Rahmen des elektronisch überwachten Hausarrests sind die Wirksamkeitsvoraussetzungen der Einwilligung zur elektronischen Überwachung zu prüfen.

Der Anwendungsbereich, die Dauer und die Einsatzmodalitäten der elektronischen
Überwachung sollten gesetzlich geregelt sein, wie es auch die erste Grundsatzregel
des Europarats in dessen jüngsten Empfehlungen zur elektronischen Überwachung
zum Ausdruck bringt.[614] Dies ist jedoch keineswegs selbstverständlich. Die Untersuchung von *Dünkel et al.*[615] hat gezeigt, dass an der Wahrung des Vorbehalts des
Gesetzes[616] in mehreren europäischen Ländern Zweifel aufkommen können. Dies
betrifft auch die hessische Praxis, da dort die elektronische Überwachung lediglich
in Form einer unbenannten Bewährungsweisung auf § 56c StGB gestützt wird und
ihre Eingriffsintensität durchaus einen eigenständigen Regelungsbedarf begründen
könnte.

Der Verhältnismäßigkeitsgrundsatz ist aus Sicht des Europarats das wichtigste Korrektiv im Einsatz der elektronischen Aufsicht, wie es in den Grundprinzipien der
Empfehlung niedergeschrieben ist.[617] In die Verhältnismäßigkeitsprüfung im Rahmen der Anordnung in der Führungsaufsicht fließen demnach für die Beurteilung der
Rechtmäßigkeit der elektronischen Überwachung insbesondere die Schwere der Anlasstat und das individuelle Rückfallrisiko ein.

Das allgemeine Persönlichkeitsrecht des Gefangenen gem. Art. 2 Abs. 1 i.V.m.
Art. 1 Abs. 1 GG verpflichtet den Staat, den Strafvollzug auf Resozialisierung auszurichten, da eben diese den Freiheitsentzug kompensiert. Empfehlungen der Europäischen Union deuten darauf hin, dass die elektronische Aufsicht auf europäischer

---

614   Recommendation (2014)4 of the Committee of Ministers to Member States on Electronic
       Monitoring. Adopted by the Committee of Ministers on 19/02/2014, Basic Principles 1.

615   *Dünkel, Thiele & Treig* 2017b, S. 506.

616   Zum Vorbehalt des Gesetzes BeckOK-GG/*Huster/Rux*, Art. 20 Rn. 172 ff.

617   Recommendation (2014)4 of the Committee of Ministers to Member States on Electronic
       Monitoring. Adopted by the Committee of Ministers on 19/02/2014, Basic Principles 4 and 5.

Ebene als erfolgversprechende Ergänzung des strafrechtlichen Sanktionensystems angesehen wird. Die elektronische Aufsicht soll dem Europarat folgend zur Rechtfertigung ihrer Anwendung in ein Gesamtkonzept zur Wiedereingliederung eingebettet werden. Dies folgt nicht nur aus den Mindeststandards des Europarats für nicht-freiheitsentziehende Sanktionen, sondern (wie erwähnt) auch aus der Verfassung. Der Mehrwert der elektronischen Aufenthaltsüberwachung wird demzufolge insbesondere in der Resozialisierungsfunktion gesehen, die in der vorliegenden empirischen Untersuchung nicht bewiesen werden konnte. Die Grundprinzipien der neuesten Empfehlung des Europarats[618] sind insgesamt als Ausdruck des „europäischen Konsens" zu sehen, „dass die Kriminalpolitik maßvoll bleiben soll, und dies vor allem bei eingriffsintensiven Maßnahmen wie der EÜ [elektronischen Überwachung]".[619] Demzufolge ist insbesondere bei einer Ausweitung der elektronischen Überwachung die Diskrepanz zwischen Resozialisierungsbestrebungen und einer reinen Kontrollfunktion der elektronischen Aufsicht zu beachten.

---

618 Recommendation (2014)4 of the Committee of Ministers to Member States on Electronic Monitoring. Adopted by the Committee of Ministers on 19/02/2014.

619 *Dünkel, Thiele & Treig* 2017b, S. 507.

Kapitel 10

Ausblick

Zu Beginn des baden-württembergischen Modellprojekts rechnete der damalige Justizminister *Ulrich Goll* „fest damit, dass die elektronische Fußfessel ein dauerhafter sinnvoller Bestandteil [des] modernen baden-württembergischen Strafvollzugs wird".[620] Nach dem Wechsel der Landesregierung wurde der Modellversuch zur elektronischen Aufsicht jedoch für gescheitert erklärt.[621] Der Grund dafür war hauptsächlich die geringe Teilnehmerzahl, die deutlich hinter den Erwartungen zurückgeblieben war.[622] Es zeigte sich insbesondere, dass die elektronische Aufsicht keine Alternative für die Ersatzfreiheitsstrafe darstellte. In diesem Anwendungsbereich hatte sich bereits das Landesprojekt „Schwitzen statt Sitzen"[623] bewährt, sodass sich hierfür kaum geeignete Probanden finden ließen. Die besagte Maßnahme, in deren Rahmen zur Abwendung der Inhaftierung gemeinnützige Arbeit geleistet wird, hat nach wie vor Bestand, sodass eine Wiedereinführung der elektronischen Überwachung als Alternative für Ersatzfreiheitsstrafen in Baden-Württemberg unwahrscheinlich ist. Ferner wurden hohe Zusatzkosten als Grund angeführt, das Projekt nicht weiterzuverfolgen.

Die neuerdings zu beobachtende Überbelegung einiger deutscher Gefängnisse könnte jedoch dazu beitragen, dass die elektronische Überwachung in Zukunft wieder eingesetzt wird. Obwohl die Gefangenenrate in Deutschland (auch demografisch bedingt) insgesamt seit Längerem rückläufig ist,[624] sieht sich beispielsweise Baden-Württemberg seit 2015 mit „hoffnungslos überbelegt[en]"[625] Gefängnissen konfrontiert. International ist die elektronische Überwachung bereits ein praktizierter Lö-

620   Vgl. hierzu www.jum.baden-wuerttemberg.de/pb/,Lde/2006460/?LISTPAGE = 2006140 [31. 07.2017].

621   Vgl. www.welt.de/regionales/stuttgart/article116431070/Stickelberger-beendet-das-Kapitel-F ussfessel.html [31.07.2017].

622   Vgl. www.lto.de/recht/nachrichten/n/fussfessel-versuch-beendet-baden-wuerttemberg-stickel berger/ [23.08.2017].

623   Vgl. www.justiz.baden-wuerttemberg.de/pb/,Lde/Startseite/Themen/Schwitzen+statt+Sitzen [23.08.2017].

624   *Dünkel, Thiele & Treig* 2017a, S. 42.

625   Vgl. www.stuttgarter-zeitung.de/inhalt.baden-wuerttemberg-gefaengnisse-hoffnungslos-uebe rbelegt.2726b392-f391-47ec-b548-e89b5a606eaa.html [19.07.2017].

sungsweg, der Überbelegung entgegenzuwirken.[626] Die elektronische Überwachung in Form des Hausarrests könnte somit ein „Revival" erleben. Zweifel an der Rechtmäßigkeit des (einwilligungsabhängigen) elektronisch überwachten Hausarrests im Strafvollzug – basierend auf einer rechtskräftigen Verurteilung und einem verhältnismäßigen Einsatz – bestehen insofern nicht (vgl. *Kapitel 9.5*).[627]

In den letzten Jahren wurde der Einsatz der elektronischen Überwachung in Deutschland auf mehrere Anwendungsbereiche ausgeweitet und steht zunehmend im Zentrum der Suche nach geeigneten Mitteln zur Kriminalitätsbekämpfung. So brachte die aktuelle sicherheitspolitische Diskussion nicht nur das bereits angesprochene 53. Gesetz zur Änderung des Strafgesetzbuchs vom 11.06.2017[628] hervor, welches seit dem 01.07.2017 in Kraft ist und die Anwendbarkeit der elektronischen Aufenthaltsüberwachung in der Führungsaufsicht auf staatsgefährdende Straftaten ausgeweitet hat. Sie führte außerdem zu einer Reformierung des BKAG.[629] Hiermit wurde die GPS-gestützte elektronische Aufenthaltsüberwachung von sog. Gefährdern beschlossen, um durch die ständige Überwachungsmöglichkeit ihres Aufenthaltsorts diese Personen von der Begehung einer Straftat i.S.d. § 5 Abs. 1 S. 2 BKAG abzuhalten (vgl. § 56 BKAG).[630] Rechtfertigen bestimmte Annahmen die Tatsache, dass eine

> Person innerhalb eines übersehbaren Zeitraums auf eine zumindest ihrer Art nach konkretisierte Weise eine Straftat nach § 5 Absatz 1 Satz 2 BKAG begehen wird oder ihr individuelles Verhalten eine konkrete Wahrscheinlichkeit dafür begründet, dass sie eine Straftat nach § 5 Absatz 1 Satz 2 BKAG begehen wird

(gem. § 56 Abs. 1 BKAG n.F.), so kann die elektronische Aufenthaltsüberwachung zu sekundärpräventiven Zwecken eingesetzt werden. Die Anordnung ist mit Verlängerungsoption aus Gründen der Verhältnismäßigkeit zunächst auf drei Monate zu befristen, vgl. § 56 Abs. 8 BKAG n.F. Das Gesetz ist am 25.05.2018 in Kraft getreten.[631]

Die Diskussion über den Umgang mit Gefährdern ist nicht neu. In Deutschland kam sie bereits in den 1960er Jahren als Reaktion auf die Rote Armee Fraktion auf und gewann ab den 1990er Jahren durch den islamistischen Terrorismus immer weiter an Bedeutung.[632] In England ist es seit 2005 durch das Terrorismuspräventionsgesetz

---

626   So zum Beispiel in den Niederlanden, siehe *Boone, van der Kooij & Rap* 2016, S. 6; und in Belgien, siehe *Beyens & Roosen* 2016, S. 3; *Nellis* 2015, S. 30 ff.

627   So auch *Hudy* 1999, S. 256; *Haverkamp* 2002, S. 159 ff.; *Bernsmann* 2000, S. 197; *Harders* 2014, S. XVII (Vorwort *Dünkel*); *Mohr* 2017 S. 106.

628   BGBl. 2017 Teil I Nr. 37, vgl. *Kapitel 1*.

629   Vgl. BT-Drs. 18/11163; www.sueddeutsche.de/politik/innere-sicherheit-heiko-maas-will-elek tronische-fussfesseln-auch-schon-fuer-gefaehrder-1.3325085 [17.01.2017].

630   BT-Drs. 18/11163, S. 122.

631   BT-Drs. 18/11163, S. 74 (Art. 12).

632   *Chalkiadaki* 2017, S. 112.

möglich, Gefährder mit der elektronischen Fußfessel zu überwachen.[633] Weiterhin
reagierte England auf die Terroranschläge vom 11. September 2001 mit dem „Anti-
Terrorism, Crime and Security Act" von 2001.[634] Die kontroverseste Neuerung dieses Gesetzes war die auf unbestimmte Dauer mögliche Präventivhaft für Gefährder
in England.[635] Der EGMR erklärte die unbefristete Präventivhaft terrorverdächtiger
Ausländer 2009 jedoch für rechtswidrig.[636] Während zu Beginn der internationalen
Sicherheitsdebatte noch Effizienz und Sinnhaftigkeit zentrale Ansprüche an präven-
tive Maßnahmen waren, ist die Furcht vor Terrorismus mittlerweile so stark, dass
„Eingriffe in grundrechtlich geschützte Positionen" anscheinend „nur noch auf der
bloßen Behauptungsebene rechtspolitisch und parlamentarisch"[637] gerechtfertigt
werden müssen. Auch Malaysia sieht in Art. 8 seines Terrorismuspräventionsgeset-
zes für die malaysische Polizei vor, Terrorverdächtige bis zu fünf Jahre lang elektronisch zu überwachen.[638] In Frankreich können Personen, die sich wegen des Ver-
dachts in Untersuchungshaft befinden, eine terroristische Straftat verüben zu wollen,
stattdessen elektronisch überwacht werden.[639] Ferner wird die Gefährderüberwachung beispielsweise in Österreich[640], Australien[641] und den USA[642] diskutiert.[643]

Die Definition des Gefährderbegriffs wird bisweilen noch als uneinheitlich empfunden – formal kann von einem festgelegten Begriff gesprochen werden. Wer als Gefährder einzustufen ist, entscheiden unabhängig von der vom Bundeskriminalamt
vorzunehmenden Feststellung der Tatbestandsvoraussetzungen des § 56 BKAG n.F.
die zuständigen Polizeibehörden des Bundes und der Länder.[644] Nach der Definition
durch die Arbeitsgemeinschaft der Leiter der Landeskriminalämter und des Bundes-
kriminalamts („AG Kripo") ist ein Gefährder „eine Person, bei der bestimmte Tatsa-
chen die Annahme rechtfertigen, dass sie politisch motivierte Straftaten von erhebli-

633   *Lord Carlile of Berriew*: Third Report of the Independent Reviewer Pursuant to Section 14(3)
      of the Prevention of Terrorism Act 2005 Presented to Parliament pursuant to Section 14(6) of
      the Prevention of Terrorism Act 2005, 18.02.2008.
634   *Fenwick* 2002, S. 724 ff.
635   Da hierin ein Verstoß gegen die Art. 3 und 5 EMRK zu sehen sein könnte, initiierte England
      eine Derogation gem. Art. 15 Abs. 1, 3 EMRK; vgl. *Walther* 2007, S. 464, Fn. 4.
636   EGMR, Neue Juristische Wochenschrift 2010, S. 3359.
637   *Hetzer* 2005, S. 132.
638   *Zeldin* 2015.
639   Vgl. www.lemonde.fr/les-decodeurs/article/2016/07/27/comment-fonctionnent-les-bracelets-
      electroniques_4975441_4355770.html [05.07.2017].
640   Vgl. http://diepresse.com/home/innenpolitik/5158800/Fussfessel-fuer-Gefaehrder-rechtlich-k
      aum-umsetzbar [05.07.2017].
641   Vgl. www.smh.com.au/comment/keeping-track-of-potential-terrorists-in-australia-is-difficult
      -20150114-12o3un.html [05.07.2017].
642   Vgl. www.theguardian.com/us-news/2016/jul/28/rudy-giuliani-muslims-watchlist-monitorin
      g-bracelets [05.07.2017].
643   Vgl. hierzu auch *Meuer & Wößner* 2018, S. 617 ff.
644   BT-Drs. 18/11163, S. 123.

cher Bedeutung, insbesondere solche im Sinne des § 100a der Strafprozessordnung (StPO), begehen wird".[645] Während die Erweiterung der Führungsaufsicht an den Gedanken der Tertiärprävention anknüpft, ist die Gefährderüberwachung bereits auf der Stufe der Sekundärprävention anzusiedeln. Die elektronische Aufenthaltsüberwachung soll hier insbesondere dadurch Wirkung entfalten, dass die der Planung terroristischer Aktivitäten verdächtige Person von möglichen Anschlagszielen (z.B. Bahnhöfen, Flughäfen) ferngehalten wird. Aber auch die Ausreise in Länder, in denen die Teilnahme an einem terroristischen Trainingscamp befürchtet wird, könnte so verhindert bzw. bemerkt werden. Die Überwachung soll somit auch dazu beitragen, terroristische Netzwerke zu durchkreuzen.[646] Wenn sich eine als „Gefährder" definierte Person einem möglichen Anschlagsziel nähert, kann die elektronische Fußfessel diesen Anschlag allerdings wohl nicht mehr verhindern. Bis der Alarm ausgelöst wird, wird es für Gegenmaßnahmen regelmäßig zu spät sein. Abgesehen davon kann kein Anschlagsziel oder -ort tatsächlich im Vorhinein festgelegt werden. Die Verhinderung der Ausreise scheint auch nicht umsetzbar zu sein, wie jüngst ein Zwischenfall zeigte, als ein Gefährder trotz elektronischer Überwachung ins Ausland reiste.[647]

Der Resozialisierungsgedanke, welcher der elektronischen Überwachung jedenfalls in Deutschland zugrunde liegen soll, trifft auf die Gefährder im klassischen Sinne nicht zu. Denn deren Personenkreis steht bisher nur im Verdacht, schwerwiegende Straftaten zukünftig ausführen zu wollen. Die Gefährderüberwachung basiert zudem auf einem polizeirechtlichen Ansatz. Das Ziel ist jedoch identisch: Prävention, nur eben nicht auf tertiärer, sondern auf sekundärer Ebene. Die Überwachungsanordnung ohne rechtskräftige Verurteilung bringt weitere Schwierigkeiten mit sich. Der Eingriff in die Grundrechte einer als „Gefährder" eingestuften Person ist insbesondere vor dem Hintergrund der Unschuldsvermutung problematisch. § 56 BKAG n.F. sieht insofern verfahrens- und datenschutzrechtliche Absicherungen vor, die sich an den Voraussetzungen der elektronischen Aufenthaltsüberwachung im Rahmen der Führungsaufsicht orientieren.[648] Auch wenn sich das durch die Überwachung generierte subjektive Sicherheitsgefühl der Bevölkerung erhöhen mag, spielt das davon unabhängige objektive Kriminalitätsrisiko für die Zumutbarkeit und Verhältnismäßigkeit des Maßnahmeneinsatzes eine große Rolle. Dass das subjektive Sicherheitsempfinden und das objektive Kriminalitätsrisiko nicht immer korrelieren, ist erwie-

---

645 BT-Drs. 16/3570, S. 6.

646 Bundestagsdebatte über Fußfesseln und erweiterte Sicherungsverwahrung bei Extremisten vom 17.01.2017; www.youtube.com/watch?v = t-HbTOO_v4Q [17.01.2017].

647 Vgl. www.welt.de/politik/deutschland/article170689940/Islamistischer-Gefaehrder-fliegt-nach-Griechenland-trotz-Fussfessel.html [06.03.2018].

648 BT-Drs. 18/11163, S. 123 ff.

sen.[649] Bereits der kursorische Blick auf die Gefährderüberwachung zeigt Hinweise auf eine Unverhältnismäßigkeit.

Über den Ansatzpunkt des islamistischen Terrors hinaus wird die Anwendung der GPS-Überwachung auch im Kontext von häuslicher Gewalt in einigen Ländern kontrovers diskutiert und beispielsweise in den USA[650] sowie im Rahmen eines Pilotprojekts in England praktiziert.[651] Die Wohnung der Betroffenen einschließlich einer „Pufferzone" können dabei als Verbotszonen festgelegt werden. Sowohl die zuständige Behörde als auch die Person selbst können durch einen Empfänger in der Wohnung über eine Annäherung des Täters informiert werden.[652] Diese „Möglichkeit der Kontrolle" könnte den Betroffenen mitunter ein positives Gefühl vermitteln. Problematisch könnte jedoch sein, dass den Betroffenen dadurch eine gewisse Verantwortung auferlegt wird und es zu einer sekundären Viktimisierung kommen kann.

Was in Deutschland bisher ebenfalls noch nicht Einzug gehalten hat, in den USA jedoch in 46 Staaten praktiziert wird[653] und in England, Wales und den Niederlanden als Pilotprojekt läuft,[654] ist das sog. remote alcohol monitoring. Dabei kommt ein Gerät zum Einsatz, das (optisch) der elektronischen Fußfessel entspricht und analog getragen wird. Das Gerät misst transdermal, ob der Träger Alkohol konsumiert hat, und wird insbesondere bei sog. DUI[655] Offenders eingesetzt. Dies sind Straftäter, die unter Einfluss von berauschenden Mitteln am Straßenverkehr teilnahmen. Eine Evaluationsstudie der US-amerikanischen National Highway Traffic Safety Administration konnte zeigen, dass dieses Gerät die Zahl neuer Straftaten deutlich reduzieren konnte.[656] Die Kosten, die für eine Kontrolle entstanden wären, konnten ebenfalls deutlich gesenkt werden.

Auch der Einsatz bei gewaltbereiten Hooligans wird in Deutschland in Erwägung gezogen.[657] Dieser Anwendungsbereich soll sich, genau wie bei häuslicher Gewalt, insofern eignen, als der Großteil der Straftaten in diesem Zusammenhang an einem zuvor bestimmbaren Tatort geschehen wird: bei häuslicher Gewalt in einer bestimmten Wohnung, bei Hooligans bspw. bei bestimmten Fußballspielen. In den Niederlanden wird die elektronische Überwachung bereits zu diesem Zweck eingesetzt.[658] Der damalige Bundesinnenminister *De Maizière* reagierte außerdem auf die Aus-

649 *Reuband* 1994, S. 214; *Reuband* 2009, S. 243.
650 *Paterson* 2017, S. 7; *Ibarra & Erez* 2005, S. 259.
651 *Hucklesby & Holdsworth* 2016.
652 *Erez, Ibarra & Lurie* 2004, S. 15.
653 Stand 2012; *McKnight, Fell & Auld-Owens* 2012, S. 8.
654 Vgl. www.offendersupervision.eu/wp-content/uploads/2015/04/Hucklesby_Athens.pdf [20. 05.2016].
655 „Driving under the influence", auch DWI Offenders („driving while intoxicated").
656 *McKnight, Fell & Auld-Owens* 2012, S. I.
657 *Fünfsinn & Kolz* 2016, S. 193 f.
658 *Nellis* 2014, S. 494.

schreitungen im Rahmen des G20-Gipfels im Juli 2017 in Hamburg mit dem Vor-
stoß, auch gewaltbereite Demonstrationsteilnehmer durch die elektronische Fußfessel an der Teilnahme zu hindern.[659] Die bisherige Praxis der Meldeauflage in diesem
Zusammenhang soll durch die elektronische Fußfessel ergänzt und besser überwacht
werden. Die GPS-gestützte elektronische Überwachung könnte hier die Kontrolle
von Verbotszonen ermöglichen und kann bereits dann Alarm schlagen, wenn Überwachte sich dem verbotenen Zielobjekt oder Zielort nähern.

Somit zeigen sich multiple Ansatzpunkte, die (auch) in Deutschland zu einer Ausweitung der elektronischen Überwachung führen könnten und sich zum Teil bereits
auf dem Weg der Umsetzung befinden. Die elektronische Fußfessel ist dabei ein
Exemplar präventiven Strafrechts, gefährlich nah an der Trennlinie zum Gefahren-
abwehrrecht.

Die Technik ist mittlerweile ein attraktiver sowie unausweichlicher Bestandteil des
täglichen Lebens und allmählich auch der Strafrechtspolitik geworden. Ihre Verwendung stößt dabei auf breite Akzeptanz in der Bevölkerung. Häufig sind die Erwartungen an ihre Leistungsfähigkeit jedoch überhöht. Dies führt dazu, dass Gesetze zur
elektronischen Überwachung im Eiltempo verabschiedet werden, noch bevor die
Wirksamkeit erwiesen ist.[660] Bei der Implementation der elektronischen Überwachung als neue Sanktions- oder Vollzugsmaßnahme gilt es, stets die Rechtmäßigkeit,
Sinnhaftigkeit und ebenso unbeabsichtigte Nebeneffekte zu untersuchen.[661] Ohne
Erfolgskontrolle agiert das Vollzugs- und Sanktionssystem nämlich nach *Albrecht*
wie „eine Firma ohne Buchhaltung, die in seliger Unkenntnis vom Ausmaß ihres
Gewinns oder ihres Verlustes arbeitet".[662]

---

659   Vgl. www.zeit.de/politik/deutschland/2017-07/g20-proteste-thomas-de-maiziere-fordert-fuss
      fesseln [19.07.2017].
660   Vgl. hierzu auch *Payne & DeMichele* 2011, S. 180.
661   *Schwedler & Wößner* 2015, S. 115 ff.; *Schick* 2000, S. 238.
662   *Albrecht* 1980, S. 242.

Literaturverzeichnis

Abbott, R.D. (1985): Logistic Regression in Survival Analysis. American Journal of Epidemiology 121, S. 465–471.

Ahven, A. (2014): Recidivism Study in Estonia, in: H.-J. Albrecht & J.-M. Jehle (Hrsg.), National Reconviction Statstics and Studies in Europe. Nationale Rückfallstatistiken und -untersuchungen in Europa. Göttingen, S. 89–98.

Akers, R.L. & Sellers, C.S. (2004): Criminological Theories: Introduction, Evaluation and Application. Los Angeles.

Albrecht, H.-J. (2013): Rückfallstatistiken im internationalen Vergleich. Monatsschrift für Kriminologie 96, S. 400–410.

Albrecht, H.-J. (2011): Schutzlücken durch Wegfall der Vorratsdatenspeicherung? Eine Untersuchung zu Problemen der Gefahrenabwehr und Strafverfolgung bei Fehlen gespeicherter Telekommunikationsverkehrsdaten. 2. Aufl. Freiburg im Breisgau.

Albrecht, H.-J. (2010): Sanction Policies and Alternative Measures to Incarceration: European Experiences with Intermediate and Alternative Criminal Penalties. 142nd International Training Course Visiting Experts' Papers; www.unafei.or.jp/ english/pdf/RS_No80/No80_07VE_Albrecht.pdf [04.08.2017].

Albrecht, H.-J. (2002): Der elektronische Hausarrest. Monatsschrift für Kriminologie 85, S. 84–104.

Albrecht, H.-J. (1994): Strafzumessung bei schwerer Kriminalität. Eine vergleichende theoretische und empirische Studie zur Herstellung und Darstellung des Strafmaßes. Berlin.

Albrecht, H.-J. (1982): Legalbewährung bei zu Geldstrafe und Freiheitsstrafe Verurteilten. Freiburg im Breisgau.

Albrecht, H.-J. (1980): Die Geldstrafe als Mittel moderner Kriminalpolitik, in: H.-H. Jescheck (Hrsg.), Die Vergleichung als Methode der Strafrechtswissenschaft und der Kriminologie. Berlin, S. 235–255.

Albrecht, H.-J., Arnold, H. & Schädler, W. (2000): Der hessische Modellversuch zur Anwendung der „elektronischen Fußfessel": Darstellung und Evaluation eines Experiments. Zeitschrift für Rechtspolitik 33, S. 466–469.

Amelung, K. (1981): Die Einwilligung in die Beeinträchtigung eines Grundrechtsgutes. Eine Untersuchung im Grenzbereich von Grundrechts- und Strafrechtsdogmatik. Berlin.

Amting, B. (2016): Krise – Kriminalität – Kriminologie. Mönchengladbach.

Andersen, L.H. & Andersen, S.H. (2012): Losing the Stigma of Incarceration. Does Serving a Sentence with Electronic Monitoring Causally Improve Post-Release Labor Market Outcomes? Odense.

Andersen, S.N. & Telle, K. (2016): Electronic Monitoring and Recidivism, Quasi-Experimental Evidence from Norway. Oslo.

Andrews, D. & Bonta, J. (1995): LSI-R: The Level of Service Inventory – Revised User's Manual. Multi-Health Systems; www.mhs.com/MHS-Publicsafety?prodn ame = lsi-r.

Annesi, I., Moreau, T. & Lellouch, J. (1989): Efficiency of the Logistic Regression and Cox Proportional Hazards Models in Longitudinal Studies. Statistics in Medicine 8, S. 1515–1521.

Armstrong, G.S. & Freeman, B.C. (2011): Examining GPS Monitoring Alerts Triggered by Sex Offenders. The Divergence of Legislative Goals and Practical Application in Community Corrections. Journal of Criminal Justice 39, S. 175–82.

Backhaus, K., Erichson, B., Plinke, W. & Weiber, R. (2000): Multivariate Analysemethoden. Eine anwendungsorientierte Einführung. 9. Aufl. Berlin.

Bales, W., Mann, K., Blomberg, T., Gaes, G., Barrick, K., Dhungana, K. & McManus, B. (2010): A Quantitative and Qualitative Assessment of Electronic Monitoring. Tallahassee.

Barbaree, H.E., Langton, C.M., Blanchard, R. & Cantor, J.M. (2009): Aging Versus Stable Enduring Traits as Explanatory Constructs in Sex Offender Recidivism. Partitioning Actuarial Prediction Into Conceptually Meaningful Components. Criminal Justice and Behavior 36, S. 443–465.

Barnes, J.C. & Beaver, K.M. (2012): Marriage and Desistance from Crime: A Consideration of Gene-Environment Correlation. Journal of Marriage and Family 74, S. 19–33.

Barth, V. (2016): Sucht und Komorbidität: Grundlagen für die stationäre Therapie. 2. Aufl. Landsberg am Lech.

Bauman, Z., Lyon, D. (2014): Daten, Drohnen, Disziplin: Ein Gespräch über flüchtige Überwachung. 3. Aufl. Berlin.

Baumgarth, C., Eisend, M. & Evanschitzky, H. (2009): Empirische Mastertechniken. Wiesbaden 2009.

Beaver, K.M., Wright, J.P., DeLisi, M. & Vaughn, M.G. (2008): Desistance from Delinquency: The Marriage Effect Revisited and Extended. Social Science Research 37, S. 736–752.

Beccaria, C. (1764): Von Verbrechen und Strafe. Übersetzt von Julias Glaser. Wien.

Beck'scher Kurz-Kommentar zum Strafvollzugsgesetz, *Laubenthal, K., Nestler, N., Neubacher, F., Verrel, T., Calliess, R.-P.* & *Müller-Dietz, H.* (2015): 12. Aufl. München; zit.: BeckOK-StVollzG/*Bearbeiter*, § Rn.

Beck'scher Online-Kommentar zum Grundgesetz, *Epping, V.* & *Hillgruber,* C. (2017): 33. ed. München; zit.: BeckOK-GG/*Bearbeiter* 2017, Art. Rn.

Beck'scher Online-Kommentar zum Strafgesetzbuch, *von Heintschel-Heinegg, B.* (2017): 34. ed. München; zit.: BeckOK-StGB/*Bearbeiter*, § Rn.

Becker, G.S. (1982): Der ökonomische Ansatz zur Erklärung menschlichen Verhaltens. Tübingen.

Becker, H. (1963): Outsiders: Studies in the Sociology of Deviance. New York.

Bender, R., Ziegler, A. & *Lange, S.* (2007): Logistische Regression. Deutsche Medizinische Wochenschrift 132, S. 33–35.

Bentham, J. (1791): Panopticon. The Inspection House. London.

Berekoven, L., Eckert, W. & *Ellenrieder, P.* (2009): Marktforschung. Methodische Grundlagen und praktische Anwendung. 12. Aufl. Wiesbaden.

Bernasconi, T. (2009): Triangulation in der empirischen Sozialforschung am Beispiel einer Studie zu Auswirkungen und Voraussetzungen des barrierefreien Internets für Menschen mit geistiger Behinderung. Empirische Sonderpädagogik 1, S. 96–109.

Bernsmann, H. (2000): Elektronisch überwachter Hausarrest unter besonderer Berücksichtigung von Privatisierungstendenzen. Göttingen.

Beyens, K. & *Roosen, M.* (2016): Electronic Monitoring in Belgium. Brüssel; http:// 28uzqb445tcn4c24864ahmel.wpengine.netdna-cdn.com/files/2016/06/EMEU-El ectronic-monitoring-in-Belgium.pdf [27.08.2018].

Bezjak, G. (2012): Die elektronische Aufenthaltsüberwachung nach § 68b Abs. 1 Satz 1 Nr. 12, Satz 3 StGB. Führungsaufsicht aktuell – Gesetzesvorhaben des BMJ, in: Elektronische Überwachung gefährlicher Täter und Umgang mit besorgten Bürgern, mit Beiträgen von der DBH-Fachtagung „Führungsaufsicht aktuell" im Januar 2012 in Kassel. Köln, S. 12–18.

Blath, R., Dillig, P. & *Frey, H.-P.* (1982): Reintegration junger Straftäter am Arbeitsplatz, in: G. Albrecht & M. Brusten (Hrsg.), Soziale Probleme und soziale Kontrolle. Wiesbaden, S. 171–184.

Bleckmann, A. (1988): Probleme des Grundrechtsverzichts. Juristenzeitung 43, S. 57–108.

Bock, M. (2013): Kriminologie: Für Studium und Praxis. 4. Aufl. München.

Boeger, A. (2011): Jugendliche Intensivtäter: Interdisziplinäre Perspektiven. 1. Aufl. Wiesbaden.

Böhm, A. (1996): Die spezialpräventiven Wirkungen der strafrechtlichen Sanktionen, in: J.-M. Jehle (Hrsg.), Kriminalprävention und Strafjustiz. Wiesbaden, S. 263–290.

Böhm, A. (1986): Vollzugslockerungen und offener Vollzug zwischen Strafzwecken und Vollzugszielen. Neue Zeitschrift für Strafrecht 6, S. 201–206.

Boone, M., van der Kooij, M. & Rap, S. (2016): Current Uses of Electronic Monitoring in the Netherlands. Utrecht; www.uu.nl/file/40147/download?token = fDf9s 2pi [01.08.2017].

Bortz, J. & Weber, R. (2005): Statistik für Human- und Sozialwissenschaftler. 6. Aufl. Heidelberg.

Bosworth, M. (2005): Encyclopedia of Prisons and Correctional Facilities. Volume I. Thousand Oaks.

Brand, S. (2014): Erwerb von Modellierungskompetenzen. Wiesbaden.

Brand, T. (2006): Verurteilte Sexualstraftäter: Evaluation ambulanter psychotherapeutischer Behandlung. Eine empirische Untersuchung von Angeboten freier Träger zur Prävention von Sexualdelikten in Nordrhein-Westfalen. Kölner Schriften zur Kriminologie und Kriminalpolitik Band 11. Münster.

Bräuchle, A. (2016): Die elektronische Aufenthaltsüberwachung gefährlicher Straftäter im Rahmen der Führungsaufsicht. Eine Studie zur Rechtsdogmatik und Rechtswirklichkeit. Tübinger Schriften und Materialien zur Kriminologie Band 37. Tübingen.

Bräuchle, A. & Kinzig, J. (2016): Die elektronische Fußfessel bei entlassenen Straftätern, in: F. Neubacher & N. Bögelein (Hrsg.), Krise – Kriminalität – Kriminologie. Mönchengladbach, S. 197–206.

Brauneisen, A. (2011): Die elektronische Überwachung des Aufenthaltsortes als neues Instrument der Führungsaufsicht. Strafverteidiger 31, S. 311–316.

Breuer, M.M., Endres, J., Vornholt, E. & Müller, C. (2013): Elektronische Aufenthaltsüberwachung, Erkenntnisse aus einem bayerischen Pilotprojekt im offenen Vollzug. Bewährungshilfe 60, S. 146–158.

Brock, D. (2009): Soziologische Paradigmen nach Talcott Parsons. Eine Einführung. 1. Aufl. Wiesbaden.

Bumke, C. & Voßkuhle, A. (2015): Casebook Verfassungsrecht, 7. Aufl. Tübingen.

Bundesministerium der Justiz & Bundesministerium des Innern (2006): Zweiter Periodischer Sicherheitsbericht. Berlin; www.bmi.bund.de/SharedDocs/Downloads /DE/Veroeffentlichungen/2_periodischer_sicherheitsbericht_langfassung_de.pdf ?__blob = publicationFile [24.05.2017].

Bundesministerium der Justiz & Bundesministerium des Innern (2001): Erster Periodischer Sicherheitsbericht. Berlin; www.bmi.bund.de/SharedDocs/Downloads/DE/Veroeffentlichungen/erster_periodischer_sicherheitsbericht_langfassung_de.html [24.05.2017].

Burnham, K.P. & Anderson, D.R. (2004): Multimodel Inference: Understanding AIC and BIC in Model Selection. Sociological Methods & Research 33, S. 261–304.

Campbell, D.T., Stanley, J.C. & Gage, N.L. (1963): Experimental and Quasi-Experimental Designs for Research. Boston.

Cernko, D. (2014): Die Umsetzung der CPT-Empfehlungen im deutschen Strafvollzug. Eine Untersuchung über den Einfluss des Europäischen Komitees zur Verhütung von Folter und unmenschlicher oder erniedrigender Behandlung oder Strafe (CPT) auf die deutsche Strafvollzugsverwaltung. Berlin.

Chalkiadaki, V. (2017): Gefährderkonzepte in der Kriminalpolitik – Rechtsvergleichende Analyse der deutschen, französischen und englischen Ansätze. Wiesbaden.

Clemmer, D. (1958): The Prison Community. Boston.

Collins, J. (1986): The Relationship of Problem Drinking to Individual Offending Sequences, in: A. Blumstein (Hrsg.), Criminal Careers and "Career Criminals", Volume II. Washington D.C, S. 89–116.

Cornish, D. & Clarke, R.V.G. (1986): The Reasoning Criminal: Rational Choice Perspectives on Offending. New York.

Corzine, J.S. & Barnes Jr., P.J. (2007): Report on New Jersey's GPS Monitoring of Sex Offenders. New Jersey.

Cotter, R. & de Lint, W. (2009): GPS-Electronic Monitoring and Contemporary Penology: A Case Study of US GPS-Electronic Monitoring Programmes. The Howard Journal of Criminal Justice 48, S. 76–87.

Cox, P.R. (1972): Regression Models and Life Tables. Journal of the Royal Statistical Society 34, S. 187–220.

Denzin, N.K. (2009): The Research Act: A Theoretical Introduction to Sociological Methods. New Brunswick.

Di Tella, R. & Schargrodsky, E. (2013): Criminal Recidivism after Prison and Electronic Monitoring. Journal of Political Economy 121, S. 28–73.

Dölling, D., Entorf, H., Hermann, D. & Rupp, T. (2009): Is Deterrence Effective? Results of a Meta-Analysis of Punishment. European Journal on Criminal Policy and Research 15, S. 201–224.

Dreier, H. (2013): Kommentar zum Grundgesetz. 3. Aufl., Band 1, Präambel, Art. 1–19. Tübingen; zit.: Dreier-GG/*Bearbeiter*, Art. Rn.

Drenkhahn, K. & Morgenstern, C. (2012): Dabei soll es uns auf den Namen nicht ankommen – Der Streit um die Sicherungsverwahrung. Zeitschrift für die gesamte Strafrechtswissenschaft 124, S. 132–203.

Dünkel, F. (2009): Vollzugslockerungen und offener Vollzug – die Bedeutung entlassungsvorbereitender Maßnahmen für die Wiedereingliederung von Gefangenen. Zeitschrift für Strafvollzug und Straffälligenhilfe 68, S. 192–196.

Dünkel, F. (1980): Legalbewährung nach sozialtherapeutischer Behandlung – eine empirische vergleichende Untersuchung anhand der Strafregisterauszüge von 1503 in den Jahren 1971–1974 entlassenen Strafgefangenen in Berlin-Tegel. Berlin.

Dünkel, F. & Geng, B. (1993): Zur Rückfälligkeit von Karrieretätern nach unterschiedlichen Strafvollzugs- und Entlassungsformen, in: G. Kaiser & H. Kury (Hrsg.), Kriminologische Forschung in den 90er Jahren. Freiburg im Breisgau, S. 193–257.

Dünkel, F., Thiele, C. & Treig, J. (2017a): "You'll never stand-alone": Electronic monitoring in Germany. European Journal of Probation 9, S. 28–45.

Dünkel, F., Thiele, C. & Treig, J. (2017b): Zusammenfassender Vergleich und Perspektiven, in: F. Dünkel, C. Thiele & J. Treig (Hrsg.), Elektronische Überwachung von Straffälligen im europäischen Vergleich – Bestandsaufnahme und Perspektiven 2017, S. 475–540.

Edin, K., Nelson, T.J. & Paranal, R. (2001): Fatherhood and Incarceration as Potential Turning Points in the Criminal Careers of Unskilled Men. Chicago.

Ehret, B. (2007): Strafen oder Erziehen? Eine komparative Längsschnittstudie zu den Auswirkungen strafrechtlicher Verfolgung von Jugenddelinquenz in Bremen, Deutschland und Denver, CO, USA. Berlin.

Eigenmann, P. & Rieger-Ladich, M. (2010): Michel Foucault: Überwachen und Strafen. Die Geburt des Gefängnisses, in: B. Jörissen & J. Zirfas (Hrsg.), Schlüsselwerke der Identitätsforschung. Wiesbaden, S. 223–239.

El-Ghazi, M. & Zerbes, I. (2014): Geschichten von staatlicher Komplizenschaft und evidenten Rechtsbrüchen. Zugleich Anmerkung zu BGH HRRS 2014 Nr. 163. Onlinezeitschrift für Höchstrichterliche Rechtsprechung zum Strafrecht 15, S. 209–219.

Entorf, H. (2008): Evaluation des Justizvollzugs. Heidelberg.

Enzmann, D. & Raddatz, S. (2005): Substanzabhängigkeit jugendlicher und heranwachsender Inhaftierter, in: K.-P. Dahle & R. Volbert (Hrsg.), Entwicklungspsychologische Aspekte der Rechtspsychologie. Göttingen, S. 150–174.

Epping, V., Lenz, S. & Leydecker, P. (2015): Grundrechte, 6. Aufl. Heidelberg.

Erez, E., Ibarra, P.R. & Lurie, N.A. (2004): Electronic Monitoring of Domestic Violence Cases – A Study of Two Bilateral Programs. Federal Probation 68, S. 15–20.

Fabel, M. & Tiefel, S. (2003): Methoden-Triangulation von offenen und teilstandardisierten Interviews: Zwei Beispiele aus der Forschungspraxis. Zeitschrift für qualitative Bildungs-, Beratungs- und Sozialforschung 4, S. 143–144.

Faller, H. (2004): Intention-to-treat. Die Rehabilitation 43, S. 52–55.

Fallesen, P. & Andersen, L.H. (2017): Explaining the Consequences of Imprisonment for Union Formation and Dissolution in Denmark. Journal of Policy Analysis and Management 36, S. 154–177.

Farrington, D.P. (2003): British Randomized Experiments on Crime and Justice. The Annals of the American Academy of Political and Social Science 589, S. 150–167.

Farrington, D.P., Gottfredson, D.C., Sherman, L.W. & Welsh, B.C. (2002): The Maryland Scientific Methods Scale, in: D.P. Farrington, D.L. MacKenzie, L.W. Sherman, B.C. Welsh (Hrsg.), Evidence-Based Crime Prevention. London, S. 13–21.

Farrington, D.P., Loeber, R., Elliott, D., Hawkins, D., Kandel, D., Klein, M., McCord, J., Rowe, D. & Tremblay, R. (1988): Advancing Knowledge about the Onset of Delinquency and Crime, in: B.B. Lahey & A.E. Kazdin (Hrsg.), Advances in Clinical Child Psychology. Boston, S. 283–342.

Felson, M., Clarke, R.V. (1998): Opportunity Makes the Thief. Practical Theory for Crime Prevention. London.

Fenwick, H. (2002): The Anti-Terrorism, Crime and Security Act 2001: A Proportionate Response to 11 September? Modern Law Review 65, S. 724–762.

Flick, U. (2014): Qualitative Sozialforschung. Eine Einführung. 6. Aufl. Reinbek bei Hamburg.

Flick, U. (2011): Triangulation, in: G. Oelerich & H.-U. Otto (Hrsg.), Empirische Forschung und Soziale Arbeit. Ein Studienbuch. 1. Aufl. Wiesbaden, S. 323–328.

Foucault, M. (1994): Überwachen und Strafen. Die Geburt des Gefängnisses. 1. Aufl. Frankfurt am Main.

Fünfsinn, H. & Kolz, A. (2016): Gegenwärtige Nutzung und Anwendungsperspektiven der Elektronischen Überwachung in Deutschland. Strafverteidiger 36, S. 191–197.

Gainey, R. & Payne, B. (2000): Understanding the Experience of House Arrest with Electronic Monitoring: An Analysis of Quantitative and Qualitative Data. International Journal of Offender Therapy and Comparative Criminology 44, S. 84–96.

Gaum, G., Hoffman, S. & Venter, J.H. (2006): Factors that Influence Adult Recidivism. An Exploratory Study in Pollsmoor Prison. South African Journal of Psychology 36, S. 407–424.

Geiger, A. (1989): Die Einwilligung in die Verarbeitung von persönlichen Daten als Ausübung des Rechts auf informationelle Selbstbestimmung. Neue Zeitschrift für Verwaltungsrecht 8, S. 35–38.

Glueck, S. & Glueck, E. (1950): Unraveling Juvenile Delinquency. Oxford.

Goffman, E. (1961): Asyle – Über die soziale Situation psychiatrischer Patienten und anderer Insassen. Berlin.

Goldkamp, J.S. (2008): Missing the Target and Missing the Point: 'Successful' Random Assignment but Misleading Results. Journal of Experimental Criminology 4, S. 83–115.

Gottfredson, M. & Hirschi, T. (1990): A General Theory of Crime. Stanford.

Green, D.P. & Winik, D. (2010): Using Random Judge Assignments to Estimate the Effects of Incarceration and Probation on Recidivism Among Drug Offenders. Criminology 48, S. 357–387.

Green, M.S. & Symons, M.J. (1983): A Comparison of the Logistic Risk Function and the Proportional Hazards Model in Prospective Epidemiologic Studies. Journal of Chronic Diseases 36, S. 713–724.

Grundies, V. (2014): Der Rückfall in Abhängigkeit von Alter und Geschlecht: Ergebnisse aus der Freiburger Kohortenstudie, in: H.-J. Albrecht & J.M. Jehle (Hrsg.), National Reconviction Statistics and Studies in Europe, Nationale Rückfallstatistiken und -untersuchungen in Europa. Göttingen, S. 223–244.

Harders, I. (2014): Die elektronische Überwachung von Straffälligen. Entwicklung, Anwendungsbereiche und Erfahrungen in Deutschland und im europäischen Vergleich. Schriften zum Strafvollzug. Mönchengladbach.

Harrendorf, S. (2007): Rückfälligkeit und kriminelle Karrieren von Gewalttätern. Ergebnisse einer bundesweiten Rückfalluntersuchung. Göttingen.

Harwardt, F. & Schneider-Njepel, V. (2014): LSI-R – Level of Service Inventory – Revised, in: M. Rettenberger & F. von Franqué (Hrsg.), Handbuch kriminalprognostischer Verfahren. Göttingen S. 243–255.

Hassemer, W. (2006): Sicherheit durch Strafrecht. Onlinezeitschrift für Höchstrichterliche Rechtsprechung zum Strafrecht 7, S. 130–143.

Hassemer, W. (1985): Vorverurteilung durch die Medien? Neue Juristische Wochenschrift 38, S. 1921–1929.

Häßler, F., Schütt, H. & Pobocha, J. (2013): Überwachung mittels „elektronischer Fußfessel". Forensische Psychiatrie, Psychologie, Kriminologie 7, S. 56–61.

Haverkamp, R. (2002): Elektronisch überwachter Hausarrestvollzug, Ein Zukunfts-modell für den Anstaltsvollzug? Eine rechtsvergleichende, empirische Studie unter besonderer Berücksichtigung der Rechtslage in Schweden. Kriminologische Forschungsberichte aus dem Max-Planck-Institut für ausländisches und internationales Strafrecht. Freiburg im Breisgau.

Haverkamp, R., Schwedler, A. & Wößner, G. (2012a): Die elektronische Aufsicht von als gefährlich eingeschätzten Entlassenen. Recht und Psychiatrie 30, S. 9–20.

Haverkamp, R., Schwedler, A. & Wößner, G. (2012b): Führungsaufsicht mit satellitengestützter Überwachung. Neue Kriminalpolitik 2, S. 62–68.

Heghmanns, M. (1999): Fahrverbot, Arbeitsstrafe und Hausarrest als taugliche Instrumente zur Vermeidung von unnötigem Strafvollzug? Zeitschrift für Rechtspolitik 32, S. 297–302.

Heinz, W. (2007): Mehr und härtere Strafen = mehr Innere Sicherheit! Stimmt diese Gleichung? Strafrechtspolitik und Sanktionicrungspraxis in Deutschland im Lichte kriminologischer Forschung. Osaka.

Heinz, W. (2004): Die neue Rückfallstatistik – Legalbewährung junger Straftäter. Zeitschrift für Jugendkriminalrecht und Jugendhilfe 15, S. 35–48.

Heinz, W. (2002): Kriminalität von Deutschen nach Alter und Geschlecht im Spiegel von Polizeilicher Kriminalstatistik und Strafverfolgungsstatistik; http://kops.uni-konstanz.de/bitstream/handle/123456789/3361/krimdeu2002.pdf?sequence = 1 &isAllowed = y [28.08.2017].

Henneguelle, A., Monnery, B. & Kensey, A. (2016): Better at Home than in Prison? The Effects of Electronic Monitoring on Recidivism in France. Journal of Law and Economics 59, S. 629–667.

Hermann, D. (2014): Kriminelle Karrieren. Wirkungen des Strafvollzugs. Heidelberg.

Herpertz, S.C. (2004): Dissoziale Persönlichkeitsstörung – Diagnose, Prognose, Therapie, in: H. Schöch, J.-M. Jehle & P. Aebersold (Hrsg.), Angewandte Kriminologie zwischen Freiheit und Sicherheit: Haftvermeidung, Kriminalprävention, Persönlichkeitsstörungen, Restorative Justice. Mönchengladbach, S. 367–380.

Hetzer, W. (2005): Terrorabwehr im Rechtsstaat, Zeitschrift für Rechtspolitik 38, S. 132–135.

Hirschi, T. (1969): Causes of Delinquency. New Brunswick.

Hirschi, T. & Gottfredson, M. (1983): Age and the Explanation of Crime. American Journal of Sociology 89, S. 552–584.

Hollis, S. & Campbell, F. (1999): What is Meant by Intention to Treat Analysis? Survey of Published Randomised Controlled Trials. British Medical Journal 319, S. 670–674.

Horney, J., Osgood, D.W. & Marshall, I.H. (1995): Criminal Careers in the Short-Term: Intra-Individual Variability in Crime and Its Relation to Local Life Circumstances. American Sociological Review 60, S. 655–673.

Hosser, D. (2008): Prisonisierungseffekte, in: R. Volbert, M. Steller & J. Bengel (Hrsg.), Handbuch der Rechtspsychologie. Göttingen, S. 172–179.

Hough, M. (2010): Gold Standard or Fool's Gold? The Pursuit of Certainty in Experimental Criminology. Criminology and Criminal Justice 10, S. 11–22.

Hucklesby, A., Dünkel, F., Boone, M., McIvor, G. & Graham, H. (2016): Kreativität und Effektivität in der Anwendung von Electronic Monitoring. Eine Fallstudie über fünf europäische Rechtssysteme; http://dspace.stir.ac.uk/bitstream/1893/231 41/1/Comparative%20Briefing%20Paper%20German.pdf [28.08.2017].

Hucklesby, A. & Holdsworth, E. (2017): England und Wales, in: F. Dünkel, C. Thiele & J. Treig (Hrsg.), Elektronische Überwachung von Straffälligen im europäischen Vergleich – Bestandsaufnahme und Perspektiven 2017, S. 177–204.

Hucklesby, A. & Holdsworth, E. (2016): Electronic Monitoring in England and Wales. Leeds.

Hudy, M. (1999): Elektronisch überwachter Hausarrest. Befunde zur Zielgruppenplanung und Probleme einer Implementation in das deutsche Sanktionensystem. Baden-Baden.

Hufen, F. (2016): Staatsrecht II, Grundrechte. 5. Aufl. München.

Hufen, F. (2010): Die Menschenwürde, Art. 1 I GG. Juristische Schulung 50, S. 1–10.

Ibarra, P.R. & Erez, E. (2005): Victim-centric diversion? The Electronic Monitoring of Domestic Violence Cases. Behavioral Sciences & the Law 23, S. 259–276.

Illert, H. (2005): Aspekte einer Implementierung des elektronisch überwachten Hausarrests in das deutsche Recht. Elektronische Kontrolle als Alternative zum stationären Freiheitsentzug. Göttingen.

Ipsen, J. (2016): Grundrechte. Band 2. 19. Aufl. München.

Isensee, J. (2011): Würde des Menschen, in: M. Burgi, D. Merten & H.-J. Papier (Hrsg.), Grundrechte in Deutschland, Einzelgrundrechte I. Heidelberg, S. 3–136.

Janka, C., Gallasch-Nemitz, F. & Dahle, K.-P. (2011): Zur Altersabhängigkeit von Risikovariablen bei Sexualdelinquenz. Forensische Psychiatrie, Psychologie, Kriminologie 5, S. 37–44.

Jarass, H. (2016): Charta der Grundrechte der Europäischen Union unter Einbeziehung der vom EuGH entwickelten Grundrechte, der Grundrechtsregelungen der Verträge und der EMRK. 3. Aufl. München; zit.: *Jarass* GRCh.

Jarass, H. & Pieroth, B. (2016): Kommentar zum Grundgesetz. 14. Aufl. München; zit.: *Jarass/Pieroth GG*, Art. Rn.

Jeglic, E.L., Maile, C. & Calkins-Mercado, C. (2011): Treatment of Offender Populations, Implications for Risk Management and Community Reintegration, in: L. Gideon & H.E. Sung (Hrsg.), Rethinking Corrections: Rehabilitation, Reentry, and Reintegration. Thousand Oaks, S. 37–70.

Jehle, J.-M., Albrecht, H.-J., Hohmann-Fricke, S. & Tetal, C. (2010): Legalbewährung nach strafrechtlichen Sanktionen. Eine bundesweite Rückfalluntersuchung 2010 bis 2013 und 2004 bis 2013. Berlin.

Jehle, J.-M., Heinz, W. & Sutterer, P. (2003): Legalbewährung nach strafrechtlichen Sanktionen. Eine kommentierte Rückfallstatistik. Berlin.

Jick, T.D. (1979): Mixing Qualitative and Quantitative Methods: Triangulation in Action. Administrative Science Quarterly 24, S. 602–611.

Kaiser, A. (2016): Auf Schritt und Tritt – die elektronische Aufenthaltsüberwachung. Wiesbaden.

Kaiser, G. (1996): Kriminologie. Ein Lehrbuch. 3. Aufl. Heidelberg.

Kaiser, G. & Schöch, H. (2002): Strafvollzug. 5. Aufl. Heidelberg.

Kaiser, G., Schöch, H. & Kinzig, J. (2015): Kriminologie, Jugendstrafrecht, Strafvollzug. 8. Aufl. München.

Kaplan, E.L. & Meier, P. (1958): Nonparametric Estimation from Incomplete Observations. Journal of the American Statistical Association 53, S. 457–481.

Karlsruher Kommentar, *Hannich, R.* (2013): Strafprozessordnung, 7. Aufl. München; zit.: Karlsruher Kommentar-StPO/*Bearbeiter*, § Rn.

Kelle, U. & Erzberger, C. (2015): Qualitative und quantitative Methoden: kein Gegensatz, in: U. Flick, E. von Kardorff & I. Steinke (Hrsg.), Qualitative Forschung. Ein Handbuch. 11. Aufl. Reinbek bei Hamburg, S. 299–309.

Kensey, A. (2003): Implementation of Electronic Surveillance in France: A Quantitative Analysis, in: M. Mayer, R. Haverkamp & R. Lévy (Hrsg.), Will Electronic Monitoring Have a Future in Europe? Freiburg im Breisgau, S. 93–104.

Killias, M., Gilliéron, G., Kissling, I. & Villettaz, P. (2010): Community Service Versus Electronic Monitoring – What Works Better? Results of a Randomized Trial. British Journal of Criminology 50, S. 1155–1170.

King, R.D., Massoglia, M. & MacMillan, R. (2007): The Context of Marriage and Crime, Gender, the Propensity to Marry, and Offending in Early Adulthood. Criminology 45, S. 33–65.

Kinzig, J. (2015): Die Maßregel der Führungsaufsicht: vom Stiefkind zur Avantgarde? Neue Kriminalpolitik 27, S. 230–250.

Klein-Saffran, J. (1995): Electronic Monitoring vs. Halfway Houses: A Study of Federal Offenders. Alternatives to Incarceration (Fall), S. 24–28.

Kleinbaum, D.G. & Klein, M. (2006): Survival Analysis: A Self-Learning Text. 2. Aufl. New York.

Klos, H. & Görgen, W. (2009): Rückfallprophylaxe bei Drogenabhängigkeit. Ein Trainingsprogramm. Göttingen.

Kohler, U. & Kreuter, F. (2008): Datenanalyse mit Stata. Allgemeine Konzepte der Datenanalyse und ihre praktische Anwendung. 3. Aufl. München.

Kornhauser, R. & Laster, K. (2014): Punitiveness in Australia. Electronic Monitoring vs. the Prison. Crime, Law and Social Change 62, S. 445–474.

Krahl, M. (1997): Der elektronisch überwachte Hausarrest. Neue Zeitschrift für Strafrecht 17, S. 457–461.

Kreuzer, A. (2004): Prävention durch Repression, in: H. Schöch, J.-M. Jehle & P. Aebersold (Hrsg.), Angewandte Kriminologie zwischen Freiheit und Sicherheit. Haftvermeidung, Kriminalprävention, Persönlichkeitsstörungen, Restorative Justice. Mönchengladbach, S. 205–218.

Kuckartz, U. & Rädiker, S. (2010): Computergestützte Analyse, (CAQDAS), in: G. Mey & K. Mruck (Hrsg.), Handbuch Qualitative Forschung in der Psychologie. Wiesbaden, S. 734–750.

Kuckartz, U., Rädiker, S., Ebert, T. & Schehl, J. (2010): Statistik. Eine verständliche Einführung. Wiesbaden.

Kühnel, S.M. & Krebs, D. (2014): Statistik für die Sozialwissenschaften. Grundlagen, Methoden, Anwendungen. 7. Aufl. Reinbek bei Hamburg.

Kunig, P. (1993): Der Grundsatz der informationellen Selbstbestimmung. Juristische Ausbildung 15, S. 595–604.

Kury, H. (2006): Erfolgsmessung von kriminalpräventiven Maßnahmen, in: D. Dölling (Hrsg.), Prävention von Jugendkriminalität. Heidelberg, S. 25–57.

Lamnek, S. (1979): Theorien abweichenden Verhaltens II: „Moderne" Ansätze. Paderborn.

Lapham, S.C., C'de Baca, J., Lapidus, J. & McMillan, G.P. (2007): Randomized Sanctions to Reduce Re-Offense Among Repeat Impaired-Driving Offenders. Addiction 102 (10), S. 1618–1625.

Larsen, B.Ø. (2017): Educational Outcomes After Serving with Electronic Monitoring: Results from a Natural Experiment. Journal of Quantitative Criminology 33, S. 157–178.

Laubenthal, K. (2011): Strafvollzug. Berlin.

Lawrence, E.C. & Felson, M. (1979): Social Change and Crime Rate Trends: A Routine Activity Approach. American Sociological Review 44, S. 588–608.

Lemert, E.M. (1951): Social Pathology: A Systematic Approach to the Theory of Sociopathic Behavior. New York.

Liebling, A. & Maruna, S. (2011): The Effects of Imprisonment Revisited, in: A. Liebling & S. Maruna (Hrsg.), The Effects of Imprisonment. London, S. 1–32.

MacKenzie, D.L. (2006): What Works in Corrections: Reducing the Criminal Activities of Offenders and Delinquents. Cambridge.

Mandera, A. (2014): Führungsaufsicht bei ehemaligen Sicherungsverwahrten. Folgen des Urteils des Europäischen Gerichtshofs für Menschenrechte im Fall M. ./. Deutschland. Elektronische Zeitschriftenreihe der Kriminologischen Zentralstelle Band 2. Wiesbaden.

Marklund, F. & Holmberg, S. (2009): Effects of Early Release from Prison Using Electronic Tagging in Sweden. Journal of Experimental Criminology 5, S. 41–61.

Mayer, M. (2004): Modellprojekt elektronische Fußfessel. Studien zur Erprobung einer umstrittenen Maßnahme. Freiburg im Breisgau.

Mayring, P. (2007): Qualitative Inhaltsanalyse. Grundlagen und Techniken. 9. Aufl. Weinheim.

Mayring, P. & Fenzl, T. (2014): Qualitative Inhaltsanalyse, in: N. Baur & J. Blasius (Hrsg.), Handbuch Methoden der empirischen Sozialforschung. Wiesbaden, S. 543–556.

McFadden, D. (1973): Conditional Logit Analysis of Qualitative Choice Behavior. Frontiers in Econometrics, S. 105–142.

McKnight, A.S., Fell, J.C. & Auld-Owens, A. (2012): Transdermal Alcohol Monitoring: Case Studies. Washington D.C.

Mecklenburg, H. (2008): Handbuch berufliche Integration und Rehabilitation. Wie psychisch kranke Menschen in Arbeit kommen und bleiben. 1. Aufl. Bonn.

Meier, B.D. (2015): Strafrechtliche Sanktionen. 4. Aufl. Heidelberg.

Meier, B.D. (2007): Kriminologie. 3. Aufl. München.

Meier, B.D., Rössner, D., Trüg, G. & Wulf, R. (2014): Kommentar zum Jugendgerichtsgesetz. 2. Aufl. Baden-Baden; zit.: Meier/Rössner/Trüg/Wulf/*Bearbeiter* JGG, § Rn.

Meloy, M.L. (2009): You Can Run But You Cannot Hide: GPS and Electronic Surveillance of Sex Offenders, in: R.G. Wright (Hrsg.), Sex Offender Laws: Failed Policies, New Directions. New York, S. 165–179.

Merten, D. (2009): Grundrechtsverzicht, in: P. Axer, D. Merten & H.-J. Papier (Hrsg.), Handbuch der Grundrechte. Allgemeine Lehren II. Heidelberg, S. 717–748.

Meuer, K. & Wößner, G. (2018): Kriminalprävention durch elektronische Aufsicht?, in: M. Walsh, B. Pniewski, M. Kober & A. Armborst (Hrsg.), Evidenzorientierte Kriminalprävention in Deutschland. Wiesbaden, S. 617–640.

Mitsch, C. (1990): Tatschuld im Strafvollzug. Frankfurt am Main.

Mohr, N. (2017): Elektronische Überwachung zur Haftvermeidung im deutschen Sanktionensystem und verfassungsrechtliche Fragestellungen, in: F. Dünkel, C. Thiele & J. Treig (Hrsg.), Elektronische Überwachung von Straffälligen im europäischen Vergleich – Bestandsaufnahme und Perspektiven, S. 83–112.

Morgenstern, C. (2002): Internationale Mindeststandards für ambulante Strafen und Maßnahmen. Mönchengladbach.

Moriguchi, S., Hayashi, Y., Nose, Y., Maehara, Y., Korenaga, D. & Sugimachi, K. (1993): A Comparison of the Logistic Regression and the Cox Proportional Hazard Models in Retrospective Studies on the Prognosis of Patients with Gastric Cancer. Journal of Surgical Oncology 52, S. 9–13.

Müller-Dietz, H. (1990): Grundfragen des heutigen Strafvollzugs. Neue Zeitschrift für Strafrecht 10, S. 305–311.

Münchener Kommentar zum Strafgesetzbuch, *Joecks, W. & Miebach, K.* (2016): Band 2, 3. Aufl. München; zit.: MüKo-StGB/*Bearbeiter*, § Rn.

Münchener Kommentar zur Strafprozessordnung, *Knauer, C., Kudlich, H. & Schneider, H.* (2016): Band 2, 1. Aufl. München; zit.: MüKo-StPO/*Bearbeiter*, § Rn.

Nagin, D.S., Cullen, F.T. & Jonson, C.L. (2009): Imprisonment and Reoffending. Crime and Justice 38, S. 115–200.

Nagin, D.S. & Snodgrass, G.M. (2013): The Effect of Incarceration on Re-Offending: Evidence from a Natural Experiment in Pennsylvania. Journal of Quantitative Criminology 29, S. 601–642.

Nedopil, N. (2009): Substanzmissbrauch: Störung und Risikofaktor bei der Rückfallprognose, in: R. Haller & J.-M. Jehle (Hrsg.), Drogen – Sucht – Kriminalität. Mönchengladbach, S. 91–103.

Nedopil, N. & Dittmann, V. (1996): Forensische Psychiatrie: Klinik, Begutachtung und Behandlung zwischen Psychiatrie und Recht. Stuttgart.

Nellis, M. (2015): Standards and Ethics in Electronic Monitoring: Handbook for Professionals Responsible for the Establishment and the Use of Electronic Monitoring; https://rm.coe.int/handbook-standards-ethics-in-electronic-monitoring-ng/16806ab9b0 [12.05.2017].

Nellis, M. (2014): Understanding the Electronic Monitoring of Offenders in Europe: Expansion, Regulation and Prospects. Crime, Law and Social Change 62, S. 489–510.

Niedzwicki, M. (2005): Elektronische Fußfessel – Freiheitsbeschränkung nach Art. 2 II S. 2 GG oder Freiheitsentziehung nach Art. 104 GG? Niedersächsische Verwaltungsblätter 12, S. 257–260.

Niemeczek, A. (2015): Tatverhalten und Täterpersönlichkeit von Sexualdelinquenten. Wiesbaden.

Padgett, K., Bales, W. & Blomberg, T. (2006): Under Surveillance: An Empirical Test of the Effectiveness and Consequences of Electronic Monitoring. Criminology & Public Policy 5, S. 61–91.

Papier, H.-J. (2011): Schutz der Wohnung, in: D. Merten & H.-J. Papier (Hrsg.), Handbuch der Grundrechte in Deutschland und Europa, Band IV: Grundrechte in Deutschland – Einzelgrundrechte I. Heidelberg, S. 291–334.

Paterson, C. (2017): Tagging Re-Booted! Imagining the Potential of Victim-Oriented Electronic Monitoring. Probation Journal 27, S. 1–16.

Pätzel, C. (2000): Elektronisch überwachter Hausarrest für Strafgefangene. Datenschutz und Datensicherheit, S. 27–31.

Payne, B. & DeMichele, M. (2011): Sex Offender Policies: Considering Unanticipated Consequences of GPS Sex Offender Monitoring. Aggression and Violent Behavior 16, S. 177–187.

Payne, B.K. (2014): It's a Small World, but I Wouldn't Want to Paint it: Learning from Denmark's Experience with Electronic Monitoring. Criminology & Public Policy 13, S. 381–391.

Pérez, A., Dennis, R.J., Gil, J.F.A., Rondón, M.A. & López, A. (2002): Use of the Mean, Hot Deck and Multiple Imputation Techniques to Predict Outcome in Intensive Care Unit Patients in Colombia. Statistics in Medicine 21, S. 3885–3896.

Petersilia, J. & Turner, S. (1990): Comparing Intensive and Regular Supervision for High-Risk Probationers: Early Results from an Experiment in California. Crime & Delinquency 36, S. 87–111.

Pevalin, D.J. & Robson, K. (2009): The Stata Survival Manual. Maidenhead.

Pfaff-Rüdiger, S. (2011): Lesemotivation und Lesestrategien. Der subjektive Sinn des Bücherlesens für 10- bis 14-Jährige. Berlin.

Pieroth, B., Schlink, B., Kingreen, T. & Poscher, R. (2015): Grundrechte. Mit ebook: Lehrbuch, Entscheidungen, Gesetzestexte. 31. Aufl. Heidelberg.

Pösl, M. (2011): Die Sicherungsverwahrung im Fokus von BVerfG, EGMR und BGH. Zeitschrift für das Juristische Studium 2, S. 132–146.

Raaijmakers, E.A.C., de Keijser, J.W., Nieuwbeerta, P. & Dirkzwager, A.J.E. (2016): Why Longer Prison Terms Fail to Serve a Specific Deterrent Effect: An Empirical Assessment on the Remembered Severity of Imprisonment. Psychology, Crime & Law 23, S. 32–55.

Raaijmakers, E.A.C., Loughran, T.A., de Keijser, J.W., Nieuwbeerta, P. & Dirkzwager, A.J.E. (2016): Exploring the Relationship between Subjectively Experienced Severity of Imprisonment and Recidivism. Journal of Research in Crime and Delinquency 54, S. 3–28.

Reagan, J.R. (2017): The Impact of Electronic Monitoring and Disruptive Innovation on Recidivism Rates in Federal Prisons: A Secondary Data Analysis. Biometrics & Biostatistics International Journal 5, S. 1–7.

Redlich, M. (2005): Die elektronische Überwachung. Entwicklung, Bestandsaufnahme und Perspektiven. Frankfurt am Main.

Reinheckel, S. (2007): Nachholen von Schulabschlüssen in den bundesdeutschen Jugendstrafanstalten: eine quantitative Studie, in: J. Goerdeler & P. Walkenhorst, (Hrsg.), Jugendstrafvollzug in Deutschland: Neue Gesetze, neue Strukturen, neue Praxis? Mönchengladbach, S. 468–485.

Renzema, M. (2003): Electronic Monitoring's Impact on Reoffending. Kutztown.

Renzema, M. & Mayo-Wilson, E. (2005): Can Electronic Monitoring Reduce Crime for Moderate to High-Risk Offenders? Journal of Experimental Criminology 1, S. 215–237.

Rettenberger, M., Matthes, A., Schilling, F. & Eher, R. (2011): Die Validität dynamisch-veränderbarer Risikofaktoren bei der Vorhersage einschlägiger Rückfälle pädosexueller Straftäter. Forensische Psychiatrie, Psychologie. Kriminologie 5, S. 45–53.

Reuband, K.-H. (2009): Kriminalitätsfurcht, in: H.-J. Lange, H.P. Ohly & J. Reichertz (Hrsg.), Auf der Suche nach neuer Sicherheit. Wiesbaden, S. 233–251.

Reuband, K.-H. (1994): Steigende Kriminalitätsfurcht – Mythos oder Wirklichkeit? Objektive und subjektive Bedrohung durch Kriminalität. Gewerkschaftliche Monatshefte 45, S. 214–220.

Ribeaud, D. (2006): The 'Drug-Crime Link' from a Self-Control Perspective: An Empirical Test in a Swiss Youth Sample. European Journal of Criminology 3, S. 33–67.

Robertz, F.J. & Wickenhäuser, R. (2007): Der Riss in der Tafel – Amoklauf und schwere Gewalt in der Schule. Berlin.

Sampson, R.J. (2010): Gold Standard Myths. Observations on the Experimental Turn in Quantitative Criminology. Journal of Quantitative Criminology 26, S. 489–500.

Sampson, R.J. & Laub, J.H. (1993): Crime in the Making: Pathways and Turning Points Through Life. Cambridge.

Sampson, R.J., Laub, J.H. & Wimer, C. (2006): Does Marriage Reduce Crime? A Counterfactual Approach to Within-Individual Causal Effects. Criminology 44, S. 465–508.

Schäfers, B. (2003): Grundbegriffe der Soziologie, 8. Aufl. Opladen.

Schendera, C.F.G. (2004): Datenmanagement und Datenanalyse mit dem SAS-System: Vom Einsteiger zum Profi. München.

Scheurer, H. & Kröber, H.-L. (1998): Einflüsse auf die Rückfälligkeit von Gewaltstraftätern, in: H.-L. Kröber, K.-P. Dahle & H.-J. Albrecht (Hrsg.), Sexualstraftaten und Gewaltdelinquenz. Verlauf – Behandlung – Opferschutz. Heidelberg, S. 39–46.

Schick, P.J. (2000): Entwicklung neuer Sanktionsformen in Österreich, in: J.-M. Jehle (Hrsg.), Täterbehandlung und neue Sanktionsformen. Kriminalpolitische Konzepte in Europa. Mönchengladbach, S. 235–254.

Schlömer, U. (1998): Der elektronisch überwachte Hausarrest: Eine Untersuchung der ausländischen Erfahrungen und der Anwendbarkeit in der Bundesrepublik Deutschland. Frankfurt am Main.

Schmidt, S. (2007): Resozialisierung und Strafvollzug – theoretische Überlegungen und empirische Untersuchung zu Sanktionseinstellungen in der Öffentlichkeit. 1. Aufl. München.

Schmitt Glaeser, W. (2011): Handbuch des Staatsrechts der Bundesrepublik Deutschland, in: H. Bethge, J. Isensee & P. Kirchhof (Hrsg.), Freiheitsrechte. 2. Aufl. Heidelberg.

Schneider, A., Hommel, G. & Blettner, M. (2010): Linear Regression Analysis. Part 14 of a Series on Evaluation of Scientific Publications. Deutsches Ärzteblatt International 107, S. 776–782.

Schoch, F. (2011): Der verfassungsrechtliche Schutz des Fernmeldegeheimnisses (Art. 10 GG). Juristische Ausbildung 33, S. 194–204.

Schönke, A. & Schröder, H. (2014): Kommentar zum Strafgesetzbuch. 29. Aufl. München; zit.: *Schönke/Schröder/Bearbeiter* StGB, § Rn.

Schreier, M. (2013): Qualitative Analyseverfahren, in: W. Hussy, M. Schreier & G. Echterhoff (Hrsg.), Forschungsmethoden in Psychologie und Sozialwissenschaften für Bachelor. Berlin, S. 245–275.

Schröder, U.J. (2016): Der Schutzbereich der Grundrechte. Juristische Arbeitsblätter 48, S. 641–648.

Schroeder, D. (2016): Grundrechte. 4. Aufl. Heidelberg.

Schulgen, G. & Schumacher, M. (2002): Intention-to-Treat Analyse, in: G. Schulgen & M. Schumacher (Hrsg.), Methodik klinischer Studien. Berlin, S. 147–155.

Schwarze, J. (2011): Soft Law im Recht der Europäischen Union. Zeitschrift Europarecht 46, S. 3–18.

Schwedler, A. & Woessner, G. (2015): Identifying the Rehabilitative Potential of Electronically Monitored Release Preparation: A Randomized Controlled Study in Germany. International Journal of Offender Therapy and Comparative Criminology 61, S. 839–856.

Schwedler, A. & Wößner, G. (2015): Elektronische Aufsicht bei vollzugsöffnenden Maßnahmen. Implementation, Akzeptanz und psychosoziale Effekte des badenwürttembergischen Modellprojekts. Berlin.

Schwind, H.-D. (2013): Kriminologie. Eine praxisorientierte Einführung mit Beispielen. 22. Aufl. Heidelberg.

Schwind, H.-D., Böhm, A., Jehle, J.-M. & Laubenthal, K. (2013): Kommentar zum Strafvollzugsgesetz – Bund und Länder. 6. Aufl. Berlin; zit.: *Schwind/Böhm/Jehle/Laubenthal/Bearbeiter* StVollzG, § Rn.

Seifert, D., Bolten, S. & Möller-Mussavi, S. (2003): Gescheiterte Wiedereingliederung nach Behandlung im Maßregelvollzug (§ 63 StGB): Wie lassen sich Rückfälle verhindern? Monatsschrift für Kriminologie 86, S. 127–137.

Sherman, L.W. (2009): Evidence and Liberty: The Promise of Experimental Criminology. Criminology and Criminal Justice 9, S. 5–28.

Sonnen, B.R. (2002): Jugendstrafvollzug in Deutschland. Rechtliche Rahmenbedingungen und kriminalpolitische Entwicklungen, in: M. Bereswill (Hrsg.), Jugendstrafvollzug in Deutschland: Grundlagen, Konzepte, Handlungsfelder. Beiträge aus Forschung und Praxis. Mönchengladbach, S. 57–78.

Spiess, G. (2012): Drei Prüfsteine zur Bewertung der jugendstrafrechtlichen Diversionspraxis: eine Untersuchung anhand rückfallstatistischer Befunde, in: E. Hilgendorf (Hrsg.), Festschrift für Wolfgang Heinz zum 70. Geburtstag. 1. Aufl. Baden-Baden, S. 287–305.

Stelly, W. & Thomas, J. (2001): Einmal Verbrecher – immer Verbrecher? Wiesbaden.

Stern, K. (1994): Das Staatsrecht der Bundesrepublik Deutschland, Bd. III/2: Allgemeine Lehren der Grundrechte. München.

Stern, V. (1990): Ein Auge, das alles sieht… Elektronische Überwachung als Alternative zur Bewährungshilfe? Die Erfahrungen in Großbritannien. Bewährungshilfe 37, S. 335–343.

Stolle, P. (2015): Situative Kriminalprävention: Konzept, Empirie, Bewertung. Exemplifiziert an der Videoüberwachung öffentlicher Orte. Berlin.

Streng, F. (2007): Die Wirksamkeit strafrechtlicher Sanktionen – Zur Tragfähigkeit der Austauschbarkeitsthese, in: F. Lösel, H.-J. Albrecht, D. Bender & J.-M. Jehle (Hrsg.), Kriminologie und wissensbasierte Kriminalpolitik: Entwicklungs- und Evaluationsforschung. Mönchengladbach, S. 65–92.

Tannenbaum, F. (1938): Crime and the Community. New York.

Tetal, C. (2018): Legalbewährung nach strafrechtlichen Sanktionen, in: M. Walsh, B. Pniewski, M. Kober & A. Armborst (Hrsg.), Evidenzorientierte Kriminalprävention in Deutschland – Ein Leitfaden für Politik und Praxis. Wiesbaden, S. 533–556.

Tilley, N. (2000): Experimentation and Criminal Justice Policies in the United Kingdom. Crime & Delinquency 46, S. 194–213.

Tonry, M. & Hamilton, K. (1995): Intermediate Sanctions in Overcrowded Times. Boston.

Toutenburg, H. (1994): Versuchsplanung und Modellwahl. Statistische Planung und Auswertung von Experimenten mit stetigem oder kategorialem Response. Heidelberg.

Tunnell, K.D. (1990): Choosing Crime: Close Your Eyes and Take Your Chances. Justice Quarterly 7, S. 673–690.

Vanhaelemeesch, D., Vander Beken, T., Vandevelde, S. (2014): Punishment at Home: Offenders' experiences with electronic monitoring. European Journal of Criminology 11, S. 273–287.

von Münch, I. & Kunig, P. (2012): Kommentar zum Grundgesetz. 6. Aufl. München; zit.: *Münch/Kunig/Bearbeiter*, § Rn.

Voßkuhle, A. (2007): Der Grundsatz der Verhältnismäßigkeit. Juristische Schulung 47, S. 429–431.

Wagner, C. (2002): Bessere Überwachung durch die elektronische Fußfessel, in: A. Bilgeri & D. Lamatsch (Hrsg.), Politische Beiträge. Gesammelte Standpunkte und Meinungen zum politischen Geschehen 2000. Münster, S. 48–50.

Wallace-Capretta, S. & Roberts, J. (2013): The Evolution of Electronic Monitoring in Canada: From Corrections to Sentencing and Beyond, in: M. Nellis, K. Beyens & D. Kaminski (Hrsg.), Electronically Monitored Punishment: International and Critical Perspectives. Hoboken, S. 44–62.

Walter, M. (1999): Elektronisch überwachter Hausarrest als neue Vollzugsform? Zeitschrift für Strafvollzug und Straffälligenhilfe 48, S. 287–295.

Walther, S. (2007): Präventivhaft für terrorismusverdächtige „Gefährder": eine Option für Deutschland? Zeitschrift für das Juristische Studium 10, S. 464–475.

Warr, M. (1998): Life-course Transitions and Desistance from Crime. Criminology 36, S. 183–216.

Webb, E.J. (1966): Unobtrusive Measures: Nonreactive Research in the Social Science. Chicago.

Weigend, T. (1989): Privatgefängnisse, Hausarrest und andere Neuheiten. Bewährungshilfe 36, S. 289–301.

Wermink, H., Nieuwbeerta, P., de Keijser, J., Blokland, A., Apel, R., Ramakers, A. & Dirkzwager, A. (2015): The Effects of Punishment on Criminal Behavior, in: C. Dâmboeanu (Hrsg.), Sociological Studies on Imprisonment – a European Perspective. Bukarest, S. 115–148.

Western, B., Kling, J.R. & Weiman, D.F. (2001): The Labor Market Consequences of Incarceration. Crime & Delinquency 47, S. 410–427.

Western, B. & Wildeman, C. (2009): The Black Family and Mass Incarceration. The Annals of the American Academy of Political and Social Science 621, S. 221–242.

Wheeler, S. (1961): Socialization in Correctional Communities. American Sociological Review 26, S. 697–712.

Wiatrowski, M.D., Griswold, D.B. & Roberts, M.K. (1981): Social Control Theory and Delinquency. American Sociological Review 46, S. 525–541.

Wößner, G. & Schwedler, A. (2013a): Aufstieg und Fall der elektronischen Fußfessel in Baden-Württemberg: Analysen zum Modellversuch der elektronischen Aufsicht im Vollzug der Freiheitsstrafe. Neue Kriminalpolitik 25, S. 60–77.

Wößner, G. & Schwedler, A. (2013b): Elektronische Aufsicht im Vollzug der Freiheitsstrafe in Baden-Württemberg: Ergebnisse der wissenschaftlichen Begleitforschung. Bewährungshilfe 2, S. 130–145.

Yeh, S.S. (2010): Cost-Benefit Analysis of Reducing Crime Through Electronic Monitoring of Parolees and Probationers. Journal of Criminal Justice 38, S. 1090–1096.

Zeldin, W. (2015): Malaysia: New Anti-Terrorism Measures Tabled in Parliament 02/04/2015; www.loc.gov/law/foreign-news/article/malaysia-new-anti-terrorism-measures-tabled-in-parliament/ [28.06.2018].

Ziegler, A., Lange, S. & Bender, R. (2007a): Überlebenszeitanalyse: Eigenschaften und Kaplan-Meier-Methode. Deutsche Medizinische Wochenschrift 132, S. 36–38.

Ziegler, A., Lange, S. & Bender, R. (2007b): Überlebenszeitanalyse: Der Log-Rang-Test. Deutsche Medizinische Wochenschrift 132, S. 39–41.

Zimring, F.E. & Hawkins, G. (1995): Incapacitation: Penal Confinement and the Restraint of Crime. New York.

Zoche, P., Kaufmann, S. & Arnold, H. (2016): Grenzenlose Sicherheit? Gesellschaftliche Dimensionen der Sicherheitsforschung. Berlin.

Zwiener, I., Blettner, M. & Hommel, G. (2011): Überlebenszeitanalyse. Deutsches Ärzteblatt 108, S. 163–169.

Anhang

Anhang 1
EAStVollzG (LT-Drs. Baden-Württemberg 14/4951)

Teil 1: Anwendungsbereich
§ 1

(1) Dieses Gesetz regelt die elektronische Aufsicht im Vollzug der Freiheitsstrafe in Baden-Württemberg.

(2) Die §§ 2 bis 121 des Strafvollzugsgesetzes sind entsprechend anwendbar, soweit dieses Gesetz nichts Abweichendes bestimmt.

Teil 2: Vollzugsgestaltung
Abschnitt 1: Hausarrest mit elektronischer Aufsicht
§ 2 Hausarrest

(1) Hausarrest im Sinne dieses Gesetzes ist die Anweisung an den Gefangenen, sich während des laufenden Strafvollzuges in einer bestimmten Wohnung aufzuhalten und sie zu bestimmten Zeiten nicht zu verlassen.

(2) Hausarrest mit elektronischer Aufsicht kann eingesetzt werden
    a) im Vollzug der Ersatzfreiheitsstrafe,
    b) zur Vorbereitung der Entlassung.

(3) Zur Vorbereitung der Entlassung kann dem Gefangenen eine bis zu sechs Monate lange Entlassungsfreistellung gewährt werden. Soll sie länger als vier Wochen ununterbrochen andauern, ist die Zustimmung der Vollstreckungsbehörde erforderlich.

§ 3 Elektronische Aufsicht

(1) Die elektronische Aufsicht richtet sich nach der individuellen Flucht- und Rückfallgefahr des Gefangenen und nach dem Grundsatz der Verhältnismäßigkeit.

(2) Die elektronische Aufsicht erfolgt durch
    a) die technische Beaufsichtigung der An- oder Abwesenheit in der eigenen Wohnung,
    b) ein Bewegungsprofil des Gefangenen.

(3) Die elektronische Aufsicht kann bis zu einem Drittel der Dauer des Hausarrestes durch Meldeauflagen oder das Platzgebot sichernde Weisungen ersetzt werden, wenn der Gefangene an der Erreichung des Vollzugszieles mitwirkt

und nicht zu erwarten ist, dass er sich dem Vollzug entzieht oder den Hausarrest zu Straftaten missbraucht.

§ 4 Voraussetzungen, Widerruf

(1) Hausarrest mit elektronischer Aufsicht setzt voraus, dass

a) der Gefangene sein Einverständnis zum Hausarrest mit elektronischer Aufsicht erklärt,

b) der Gefangene über eine Wohnung oder eine andere geeignete feste Unterkunft verfügt und bereit ist, den zuständigen Mitarbeitern im Rahmen des Programms Zugang zu gewähren,

c) die Wohnung des Gefangenen über einen angeschlossenen Telefonapparat verfügt, soweit die An- oder Abwesenheit des Gefangenen in der Wohnung beaufsichtigt werden soll,

d) das Einverständnis der mit dem Gefangenen in derselben Wohnung lebenden erwachsenen Personen vorliegt, soweit die An- oder Abwesenheit des Gefangenen in der Wohnung beaufsichtigt werden soll,

e) der Gefangene eine Arbeits- oder Ausbildungsstelle oder eine entsprechende anderweitige Tagesstruktur aufweist und in der Lage ist, dieser nachzugehen,

f) der Gefangene bereit ist, sich einem im Voraus vereinbarten Tages- und Wochenablauf sowie weiteren Weisungen zu unterziehen und anzunehmen ist, er werde den Belastungen der elektronischen Aufsicht gewachsen sein und das entgegengebrachte Vertrauen nicht missbrauchen,

g) der Gefangene, der aus einer anderen Vollzugsform in den Hausarrest mit elektronischer Aufsicht übertritt, sich während des bisherigen Vollzugs bewährt hat und

h) nicht zu befürchten ist, dass der Gefangene sich dem Vollzug der Freiheitsstrafe entziehen oder den Hausarrest zu Straftaten missbrauchen werde.

(2) Entfällt eine der Voraussetzungen nach Absatz 1, so widerruft der Anstaltsleiter die Zulassung zum elektronisch beaufsichtigten Hausarrest.

§ 5 Bewilligungsverfahren

(1) Das Gesuch, die Strafe ganz oder teilweise im Hausarrest mit elektronischer Aufsicht zu verbüßen, ist nach der Ladung zum Strafantritt spätestens 14 Tage vor dem Strafantritt oder vor dem Übertritt in die elektronische Aufsicht schriftlich bei der Justizvollzugsanstalt einzureichen. Diese prüft die formellen Voraussetzungen und überweist das Gesuch zur Stellungnahme an die für die elektronische Aufsicht zuständige Stelle.

(2) Die für die elektronische Aufsicht zuständige Stelle legt in Zusammenarbeit mit dem Gefangenen das Vollzugsprogramm fest.

(3) Der Leiter der zuständigen Justizvollzugsanstalt kann den Hausarrest mit elektronischer Aufsicht bewilligen, wenn die Voraussetzungen vorliegen.

(4) Das Vollzugsprogramm kann neben Arbeit, Ausbildung, Freizeit und Sport die Teilnahme an Einzel- oder Gruppentherapien sowie besonderen Erziehungs- oder Schulungsprogrammen vorsehen. Insbesondere kann es Weisungen enthalten über Aufenthalt, ärztliche Betreuung, Verzicht auf alkoholische Getränke oder andere Drogen, Schadenswiedergutmachung und Einkommensverwaltung. Es kann festlegen, welche Bedingungen vor der Aufnahme in die elektronische Aufsicht zu erfüllen sind.

§ 6 Vollzugsprogramm

(1) Während der elektronischen Aufsicht wird der Gefangene in allen Vollzugsfragen durch einen Mitarbeiter der für die elektronische Aufsicht zuständigen Stelle betreut, soweit dies zur Erreichung des Vollzugsziels notwendig ist. An der psychosozialen Beratung und Betreuung können Dritte beteiligt werden. Die Aufgabe kann ganz oder teilweise auf Dritte übertragen werden.

(2) Während der gesamten Dauer der elektronischen Aufsicht ist den Anweisungen der Mitarbeiter der für die elektronische Aufsicht zuständigen Stelle Folge zu leisten.

(3) Kann der Gefangene das zugewiesene Programm nicht einhalten oder verändern sich die festgelegten Programmvorgaben, insbesondere betreffend Arbeitsort und -zeit, so hat er dies unverzüglich dem Mitarbeiter der für die elektronische Aufsicht zuständigen Stelle mitzuteilen.

(4) Die für die elektronische Aufsicht zuständige Stelle teilt Änderungen im Vollzugsprogramm dem Anstaltsleiter mit, damit die Bewilligung des elektronisch beaufsichtigten Hausarrestes geprüft werden kann.

§ 7 Arbeit und Freizeit

(1) Der Gefangene muss während der elektronischen Aufsicht einer Beschäftigung (Arbeit, Ausbildung, Kinderbetreuung) im Umfang von mindestens 20 Stunden pro Woche nachgehen.

(2) Es besteht kein Anspruch auf Freizeit außerhalb der Wohnung. Die Gewährung von Freizeit außerhalb der Wohnung bemisst sich nach der in der elektronischen Aufsicht durchlaufenen Zeit.

    a) Woche 1 bis 4: 5 Stunden samstags und 5 Stunden sonntags;

    b) Woche 5 bis 8: 8 Stunden samstags und 8 Stunden sonntags;

    c) Woche 9 und folgende: von Freitag, 17.00 Uhr, bis Montag, 08.00 Uhr.

(3) Geht der Gefangene an Samstagen oder Sonntagen einer Arbeit nach, kann die Freizeit außerhalb der Wohnung auf andere Wochentage gelegt werden.

§ 8 Verwarnung, Rückversetzung und Abbruch

(1) Bei Verstößen gegen die Bedingungen der elektronischen Aufsicht oder die Anordnungen der für die elektronische Aufsicht zuständigen Stelle bricht der Anstaltsleiter die elektronische Aufsicht ab und veranlasst die Überführung des Gefangenen in die Justizvollzugsanstalt durch Justizvollzugsbedienstete.

(2) Der Anstaltsleiter sieht vom Abbruch ab, wenn es ausreicht, den Gefangenen zu verwarnen, die Freizeit außerhalb der Wohnung zu kürzen oder zu streichen, eine Stufe nach § 7 Abs. 2 zu verlängern oder ihn in eine frühere Stufe zurückzuversetzen.

(3) Verzichtet der Gefangene auf die Weiterführung der elektronischen Aufsicht, überführt die für die elektronische Aufsicht zuständige Stelle den Gefangenen in die Justizvollzugsanstalt. Der Anstaltsleiter entscheidet über den weiteren Vollzug.

Abschnitt 2: Elektronische Aufsicht ohne Hausarrest

§ 9 Elektronische Überwachung bei vollzugsöffnenden Maßnahmen

(1) Zur Überwachung von vollzugsöffnenden Maßnahmen, insbesondere Freigang bis zu sechs Monaten, kann die elektronische Aufsicht angeordnet werden.

(2) Es gelten die §§ 2 Abs. 3, 3 Abs. 1 und 2, 4 Abs. 1 Buchst. a und Abs. 2, §§ 5, 6, 8 Abs. 1, 14.

Teil 3: Begleitende Regelungen

§ 10 Anwendung des Justizvollzugsdatenschutzgesetzes

Das Justizvollzugsdatenschutzgesetz gilt für die elektronische Aufsicht im Vollzug der Freiheitsstrafe entsprechend, soweit in diesem Abschnitt nicht etwas anderes bestimmt ist.

§ 11 Erhebung von Daten

Zur elektronischen Aufsicht im Vollzug der Freiheitsstrafe kann die Justizvollzugsbehörde oder die für die elektronische Aufsicht zuständige Stelle Daten über den Aufenthaltsort des Gefangenen und den Zeitpunkt der Datenerhebung mittels der nach § 3 zulässigen Technik durch Empfangsgeräte automatisiert erheben. Mit Einwilligung des Gefangenen kann ein Sender zur automatisierten Identifikation und Lokalisierung mit dem Körper verbunden werden, sodass eine ordnungsgemäße Trennung nur durch die Justizvollzugsbehörde erfolgen kann. Mit Einwilligung des

Gefangenen können vorhandene technische Geräte in der Wohnung zur elektronischen Aufsicht im Vollzug der Freiheitsstrafe benutzt werden.

§ 12 Übermittlung, Nutzung, Veränderung und Speicherung von Daten

(1) Die Justizvollzugsbehörde oder die für die elektronische Aufsicht zuständige Stelle kann die nach § 11 erhobenen Daten übermitteln, nutzen, verändern und speichern, soweit dies für die elektronische Aufsicht im Vollzug der Freiheitsstrafe erforderlich ist. Die Daten können elektronisch in Dateien gespeichert sowie zu den Gefangenenpersonalakten genommen werden.

(2) Die Übermittlung, Nutzung, Veränderung und Speicherung der nach § 11 erhobenen Daten durch die Justizvollzugsbehörde ist ferner zulässig, soweit sie der Wahrnehmung von Aufsichts- und Kontrollbefugnissen oder gerichtlichen Verfahren im Zusammenhang mit dem Vollzug der Freiheitsstrafe dient.

(3) Die Justizvollzugsbehörde darf die nach § 11 erhobenen Daten auch übermitteln, nutzen, verändern und speichern, soweit dies

1. zur Abwehr von sicherheitsgefährdenden oder geheimdienstlichen Tätigkeiten für eine fremde Macht oder von Bestrebungen im Geltungsbereich dieses Gesetzes, die durch Anwendung von Gewalt oder darauf gerichtete Vorbereitungshandlungen

   a) gegen die freiheitliche demokratische Grundordnung, den Bestand oder die Sicherheit des Bundes oder eines Landes gerichtet sind,

   b) eine ungesetzliche Beeinträchtigung der Amtsführung der Verfassungsorgane des Bundes oder eines Landes oder ihrer Mitglieder zum Ziele haben oder

   c) auswärtige Belange der Bundesrepublik Deutschland gefährden,

2. zur Abwehr erheblicher Nachteile für das Gemeinwohl oder einer erheblichen Gefahr für die öffentliche Sicherheit,

3. zur Abwehr einer schwerwiegenden Beeinträchtigung der Rechte einer anderen Person,

4. zur Abwehr einer erheblichen Gefahr für Leib oder Leben des Gefangenen,

5. zur Verhinderung oder Verfolgung von erheblichen Straftaten oder zur Identifizierung, Fahndung oder Festnahme von Gefangenen durch Vollstreckungs- und Strafverfolgungsbehörden in den Fällen, in denen sich der Gefangene der Strafvollstreckung entzogen hat oder entziehen will, erforderlich ist.

(4) Die Justizvollzugsbehörde darf den für die Eingabe von Daten in das polizeiliche Informations- und Auskunftssystem zuständigen Polizeidienststellen

den Beginn und das Ende der elektronischen Aufsicht im Vollzug der Freiheitsstrafe anlassunabhängig übermitteln.

§ 13 Löschung von Daten

Die nach § 11 erhobenen Daten sind spätestens eine Woche nach ihrer Erhebung zu löschen, soweit nicht ihre Speicherung oder Aufbewahrung im Einzelfall zur Aufklärung oder Verfolgung von dokumentierten Vorkommnissen erforderlich ist. Sie sind unverzüglich zu löschen, wenn überwiegende schutzwürdige Interessen des Gefangenen einer weiteren Speicherung entgegenstehen.

§ 14 Wissenschaftliche Begleitung

Die Anwendung dieses Gesetzes sowie die Wirkungen der elektronischen Aufsicht auf die Gefangenen und die Allgemeinheit sollen wissenschaftlich untersucht werden. Die Ergebnisse der wissenschaftlichen Begleitung sollen bei der Fortentwicklung der elektronischen Aufsicht im Vollzug der Freiheitsstrafe berücksichtigt werden.

Teil 4: Schlussvorschriften
§ 15 Einschränkung von Grundrechten

Durch dieses Gesetz werden die Grundrechte aus Artikel 2 Abs. 1 (freie Entfaltung der Persönlichkeit), Artikel 2 Abs. 2 Satz 1 und 2 (körperliche Unversehrtheit und Freiheit der Person) und Artikel 10 (Brief-, Post- und Fernmeldegeheimnis) des Grundgesetzes eingeschränkt.

§ 16 Außerkrafttreten

Dieses Gesetz tritt am Tag seiner Verkündung in Kraft und mit Ablauf von vier Jahren nach seiner Verkündung außer Kraft.

Anhang 2
Alter zum Zeitpunkt des Indexdelikts

Alter	T-EV	K-EV	T-FG	K-FG	Z-EV	Z-FG	Probanden gesamt
20	1	0	1	0	0	1	3
21	1	0	0	0	3	0	4
22	2	2	1	1	0	0	6
23	1	0	0	0	2	0	3

Alter	T-EV	K-EV	T-FG	K-FG	Z-EV	Z-FG	Probanden gesamt
24	0	1	2	2	0	2	7
25	0	1	1	0	0	1	3
26	2	0	0	0	1	1	4
27	0	0	3	0	1	1	5
28	0	1	2	1	0	3	7
29	0	0	0	3	0	1	4
30	2	0	3	0	0	4	9
31	2	0	1	1	0	0	4
32	0	1	0	1	1	1	4
33	0	1	1	0	2	0	4
34	1	0	0	1	1	0	3
35	1	1	1	2	0	1	6
36	0	0	1	0	0	3	4
37	0	1	1	0	1	1	4
38	0	1	0	2	0	0	3
39	1	0	0	2	1	0	4
40	0	1	3	2	1	0	7
41	0	0	0	0	0	1	1
42	0	0	0	1	1	0	2
43	0	1	0	2	0	1	4
44	0	1	0	3	0	1	5
45	2	0	0	1	0	0	3
46	1	1	0	0	0	1	3
47	0	0	1	1	0	1	3
48	0	1	0	0	1	0	2
49	0	1	1	1	1	0	4
50	0	1	1	0	0	0	2
51	0	1	0	1	0	1	3
52	0	1	0	0	0	0	1
53	0	0	0	1	0	0	1
57	0	0	0	0	1	0	1
61	2	0	0	0	0	0	2
63	0	0	0	0	1	0	1
67	0	0	0	1	0	0	1
Probanden gesamt	19	19	24	30	19	26	137

	T-EV	K-EV	Z-EV	T-FG	K-FG	Z-FG
Alter (min.)	20,0	22,0	21,0	20,0	22,0	20,0
Alter (max.)	61,0	52,0	63,0	50,0	67,0	51,0
M	34,1	37,8	35,2	32,5	38,6	33,2
SD	12,5	10,3	12,4	8,4	9,8	8,1

T = Treatmentgruppe; K = Kontrollgruppe; Z = Zwillingsgruppe; EV = Entlassungsvorbereitung (Hausarrest); FG = Freigang; M = Mittelwert; SD = Standardabweichung (Standard Deviation); FA = Führungsaufsicht

Entlassungsvorbereitung:

- Treatment- und Kontrollgruppe t(36)   = -1,01; p = ,32.
- Treatment- und Zwillingsgruppe t(36)   = -0,27; p = ,79.
- Kontroll- und Zwillingsgruppe t(36)   = 0,71; p = ,48.

Freigang:

- Treatment- und Kontrollgruppe t(52)   = -2,4; p = ,019.
- Treatment- und Zwillingsgruppe t(48)   = 0,30; p = ,77.
- Kontroll- und Zwillingsgruppe t(54)   = 2,23; p = ,03.

Anhang 3
Alter zum Zeitpunkt der ersten Straftat

Alter bei erster Straftat	T-EV	K-EV	T-FG	K-FG	Total
14	0	0	0	1	1
15	0	1	2	3	6
16	1	0	1	2	4
17	5	0	1	1	7
18	1	3	1	0	5
19	1	0	1	1	3
20	1	1	0	2	4
21	1	1	0	1	3
22	1	2	1	2	6
23	1	0	4	3	8
24	0	1	1	1	3
25	0	1	1	0	2
26	0	1	1	0	2
27	0	1	0	0	1

Alter bei erster Straftat	T-EV	K-EV	T-FG	K-FG	Total
28	0	0	1	0	1
29	0	0	1	0	1
30	0	1	0	0	1
32	1	1	0	0	2
34	0	1	0	1	2
35	0	0	1	1	2
36	0	0	0	1	1
39	0	0	0	1	1
40	0	0	2	0	2
41	0	0	0	1	1
42	0	0	0	1	1
43	0	0	0	1	1
45	2	2	0	1	5
46	1	0	0	0	1
47	1	0	0	1	2
48	0	1	0	0	1
50	0	0	1	0	1
51	0	0	1	0	1
53	0	1	0	1	2
58	1	0	0	0	1
62	1	0	0	0	1
fehlende Werte	0	0	3	3	6
Probanden gesamt	19	19	24	30	92

	T-EV	K-EV	T-FG	K-FG
Alter (min.)	16,0	15,0	15,0	14,0
Alter (max.)	62,0	53,0	51,0	53,0
M	29,4	28,6	26,8	27,4
SD	15,6	11,4	10,6	11,9

Entlassungsvorbereitung:

- Treatment- und Kontrollgruppe t(36) = 0,19; p = ,85.

Freigang:

- Treatment- und Kontrollgruppe t(46) = -0,2; p = ,85.

Anhang 4

Staatsangehörigkeit

Staats-angehörigkeit	T-EV	K-EV	Z-EV	T-FG	K-FG	Z-FG	Pro-banden gesamt
deutsch	15	13	15	19	27	22	111 (81 %)
türkisch	1	3	3	2	1	1	11
italienisch	0	1	0	1	1	0	3
serbisch	1	0	1	0	0	1	3
griechisch	0	0	0	0	1	1	2
kosovarisch	0	1	0	0	0	0	1
kroatisch	0	0	0	1	0	0	1
montenegrinisch	0	1	0	0	0	0	1
russisch	0	0	0	0	0	1	1
spanisch	1	0	0	0	0	0	1
sri-lankisch	1	0	0	0	0	0	1
bosnisch-herzegowinisch	0	0	0	1	0	0	1
Probanden gesamt	19	19	19	24	30	26	137

Entlassungsvorbereitung:

- Treatment- und Kontrollgruppe $\chi 2$ (1, N = 38)   = 0,54; p = ,46.
- Treatment- und Zwillingsgruppe $\chi 2$ (1, N = 38)   = 0,00; p = 1,0.
- Kontroll- und Zwillingsgruppe $\chi 2$ (1, N = 38)   = 0,54; p = ,46.

Freigang:

- Treatment- und Kontrollgruppe $\chi 2$ (1, N = 54)   = 1,24; p = ,23.
- Treatment- und Zwillingsgruppe $\chi 2$ (1, N = 50)   = 0,25; p = ,62.
- Kontroll- und Zwillingsgruppe $\chi 2$ (1, N = 56)   = 0,37; p = ,54.

Anhang 5
Familienstand

	T-EV	K-EV	Z-EV	T-FG	K-FG	Z-FG
ledig	12 (63 %)	3 (16 %)	9 (47 %)	14 (58 %)	11 (37 %)	16 (62 %)
verheiratet	1 (5 %)	11 (58 %)	6 (32 %)	6 (25 %)	10 (33 %)	7 (27 %)
geschieden/ getrennt	6 (32 %)	5 (26 %)	4 (21 %)	4 (17 %)	9 (30 %)	3 (11 %)
Probanden gesamt	19 (100 %)	19 (100 %)	19 (100 %)	24 (100 %)	30 (100 %)	26 (100 %)

Entlassungsvorbereitung:

- Treatment- und Kontrollgruppe χ^2 (2, N = 38) = 9,54; p = ,008.
- Treatment- und Zwillingsgruppe χ^2 (2, N = 38) = 2,23; p = ,33.
- Kontroll- und Zwillingsgruppe χ^2 (2, N = 38) = 4,58; p = ,10.

Freigang:

- Treatment- und Kontrollgruppe χ^2 (2, N = 53) = 2,43; p = ,27.
- Treatment- und Zwillingsgruppe χ^2 (2, N = 50) = 0,27; p = ,87.
- Kontroll- und Zwillingsgruppe χ^2 (2, N = 55) = 4,02; p = ,13.

Anhang 6
Schulbildung[663]

	T-EV	K-EV	Z-EV	T-FG	K-FG	Z-FG
Kein Abschluss/ Hauptschule	10 (52,6 %)	8 (42,1 %)	11 (57,9 %)	16 (66,7 %)	13 (43,3 %)	14 (53,9 %)
Realschule/BOS	5 (26,3 %)	5 (26,3 %)	3 (15,8 %)	4 (16,7 %)	8 (26,7 %)	6 (23,1 %)
Abitur/Studium	3 (15,8 %)	1 (5,3 %)	2 (10,5 %)	3 (12,5 %)	2 (6,7 %)	0 (0,0 %)
Sonstiges[664]/ keine Werte	1 (5,3 %)	5 (26,3 %)	3 (15,8 %)	1 (4,1 %)	7 (23,3 %)	6 (23,1 %)
Probanden gesamt	19 (100 %)	19 (100 %)	19 (100 %)	24 (100 %)	30 (100 %)	26 (100 %)

---

663 Bezüglich der Schulbildung ergab sich eine erhöhte Anzahl fehlender Werte, da die Gefangenenpersonalakten häufig keine Angaben zu diesem Merkmal enthielten.

664 Ausländische Schul- bzw. Bildungsabschlüsse.

Entlassungsvorbereitung:

- Treatment- und Kontrollgruppe $\chi 2$ (2, N = 32)   = 0,73; p = ,69.
- Treatment- und Zwillingsgruppe $\chi 2$ (2, N = 34)   = 0,63; p = ,72.
- Kontroll- und Zwillingsgruppe $\chi 2$ (2, N = 30)   = 1,18; p = ,55.

Freigang:

- Treatment- und Kontrollgruppe $\chi 2$ (2, N = 46)   = 1,84; p = ,40.
- Treatment- und Zwillingsgruppe $\chi 2$ (2, N = 46)   = 6,53; p = ,09.
- Kontroll- und Zwillingsgruppe $\chi 2$ (2, N = 46)   = 5,32; p = ,15.

Anhang 7
Pathologischer Substanzkonsum

	T-EV	K-EV	Z-EV	T-FG	K-FG	Z-FG
Probanden gesamt	19	19	19	24	30	26
davon Substanzmissbrauch	5	2	3	4	2	7
davon Substanzabhängigkeit	1	3	4	9	9	5
davon Alkohol	2 (33,3 %)	1 (20 %)	2 (28,6 %)	3 (23,1 %)	3 (27,3 %)	2 (16,7 %)
davon illegale Drogen	1 (16,7 %)	3 (60 %)	4 (57,1 %)	8 (61,5 %)	5 (45,5 %)	6 (50,0 %)
davon Alkohol und illegale Drogen	3 (50,0 %)	1 (20 %)	1 (14,3 %)	2 (15,4 %)	3 (27,3 %)	4 (33,3 %)
Probanden gesamt	6 (100 %)	5 (100 %)	7 (100 %)	13 (100 %)	11 (100 %)	12 (100 %)

Entlassungsvorbereitung:

- Treatment- und Kontrollgruppe $\chi 2$ (1, N = 38)   = 0,13; p = ,72.
- Treatment- und Zwillingsgruppe $\chi 2$ (1, N = 38)   = 0,12; p = ,73.
- Kontroll- und Zwillingsgruppe $\chi 2$ (1, N = 38)   = 1,65; p = ,20.

Freigang:

- Treatment- und Kontrollgruppe $\chi 2$ (1, N = 54)   = 1,65; p = ,20.
- Treatment- und Zwillingsgruppe $\chi 2$ (1, N = 50)   = 0,32; p = ,57.
- Kontroll- und Zwillingsgruppe $\chi 2$ (1, N = 56)   = 0,52; p = ,47.

Anhang 8
Psychotherapeutische Behandlung

Psychotherapeutische Behandlung	T-EV	K-EV	Z-EV	T-FG	K-FG	Z-FG
ja	2 (11 %)	1 (5 %)	2 (11 %)	3 (13 %)	4 (13 %)	0 (0 %)
nein	17 (89 %)	18 (95 %)	17 (89 %)	21 (87 %)	26 (87 %)	26 (100 %)
Probanden gesamt	19 (100 %)	19 (100 %)	19 (100 %)	24 (100 %)	30 (100 %)	26 (100 %)

Entlassungsvorbereitung:
- Treatment- und Kontrollgruppe χ2 (2, N = 38) = 0,36; p = ,55.
- Treatment- und Zwillingsgruppe χ2 (2, N = 38) = 0,00; p = ,1.
- Kontroll- und Zwillingsgruppe χ? (2, N = 38) − 0,36; p − ,55.

Freigang:
- Treatment- und Kontrollgruppe χ2 (2, N = 54) = 0,01; p = ,93.
- Treatment- und Zwillingsgruppe χ2 (2, N = 50) = 3,46; p = ,063.
- Kontroll- und Zwillingsgruppe χ2 (2, N = 56) = 3,73; p = ,05.

Anhang 9
Vorstrafenanzahl

Vorstrafen	T-EV	K-EV	Z-EV	T-FG	K-FG	Z-FG	Probanden gesamt
0	5	5	3	5	4	6	28
1	3	1	3	2	3	3	15
2	2	2	4	0	3	2	13
3	1	1	2	3	2	1	10
4	2	1	1	2	2	3	11
5	1	2	0	2	0	1	6
6	0	1	0	1	0	0	2
7	1	0	0	3	1	1	6
8	0	0	0	0	1	0	1
9	1	0	0	0	0	4	5
10	1	1	1	1	1	1	6
11	1	2	0	1	1	0	5
12	0	1	1	2	1	1	6

Vorstrafen	T-EV	K-EV	Z-EV	T-FG	K-FG	Z-FG	Pro-banden gesamt
13	1	0	2	0	0	0	3
14	0	0	0	0	1	1	2
15	0	2	0	0	1	0	3
16	0	0	0	1	3	0	4
17	0	0	0	0	0	1	1
18	0	0	1	0	2	0	3
20	0	0	0	0	0	1	1
21	0	0	0	0	1	0	1
22	0	0	0	0	1	0	1
24	0	0	0	1	0	0	1
25	0	0	1	0	0	0	1
26	0	0	0	0	1	0	1
29	0	0	0	0	1	0	1
Probanden gesamt	19	19	19	24	30	26	137

	T-EV	K-EV	Z-EV	T-FG	K-FG	Z-FG
Vorstrafen (min.)	0	0	0	0	0	0
Vorstrafen (max.)	13,0	15,0	25,0	24,0	29,0	20,0
M	3,8	5,4	5,9	5,9	9,4	5,5
SD	4,2	5,3	7,2	6,0	8,7	5,7

Entlassungsvorbereitung:

- Treatment- und Kontrollgruppe $t(36)$ = -0,98; p = ,33.
- Treatment- und Zwillingsgruppe $t(36)$ = -1,08; p = ,29.
- Kontroll- und Zwillingsgruppe $t(36)$ = 0,26; p = ,80.

Freigang:

- Treatment- und Kontrollgruppe $t(52)$ = -1,70; p = ,09.
- Treatment- und Zwillingsgruppe $t(48)$ = 0,23; p = ,82.
- Kontroll- und Zwillingsgruppe $t(54)$ = 2,0; p = ,06.

Anhang 10
Art des Indexdelikts

	T-EV	K-EV	Z-EV	T-FG	K-FG	Z-FG	gesamt
Vermögensdelikt	5	8	6	11	12	9	51
	26 %	42 %	32 %	46 %	40 %	35 %	37 % (12 %)
Eigentumsdelikt	3	6	4	4	5	6	28
	16 %	32 %	21 %	17 %	17 %	23 %	20 % (23 %)
Straßenverkehrs-delikt	4	1	3	2	5	2	17
	21 %	5 %	16 %	8 %	17 %	8 %	12 % (4 %)
Gewaltdelikt	3	3	4	2	3	2	17
	16 %	16 %	21 %	8 %	10 %	8 %	12 % (33 %)
Verstoß gg. BtMG	1	1	2	2	4	4	14
	5 %	5 %	11 %	8 %	13 %	15 %	10 % (13 %)
Sonstiges[665]	2	0	0	2	1	2	7
	11 %	0 %	0 %	8 %	3 %	8 %	5 % (8 %)
Sexualdelikt	1	0	0	1	0	1	3
	5 %	0 %	0 %	4 %	0 %	4 %	2 % (7 %)
Probanden gesamt	19	19	19	24	30	26	137
	100 %	100 %	~100 %	~100 %	100 %	~100 %	100 %

In Klammern jeweils Deliktsanteile im deutschen Strafvollzug insgesamt, Stand: 31.03.2016[666]

Entlassungsvorbereitung :

- Treatment- und Kontrollgruppe $\chi2$ (6, N = 38)   = 6,5; p = ,37.
- Treatment- und Zwillingsgruppe $\chi2$ (6, N = 38)   = 3,9; p = ,80.
- Kontroll- und Zwillingsgruppe $\chi2$ (4, N = 38)   = 2,2; p = ,71.

Freigang:

- Treatment- und Kontrollgruppe $\chi2$ (6, N = 54)   = 3,0; p = ,81.
- Treatment- und Zwillingsgruppe $\chi2$ (6, N = 50)   = 1,2; p = ,98.
- Kontroll- und Zwillingsgruppe $\chi2$ (6, N = 56)   = 3,1; p = ,80.

---

665 Fahrlässige Körperverletzung (§ 229 StGB), falsche uneidliche Aussage (§ 153 StGB), falsche
Verdächtigung (§ 164 StGB), Verstoß gg. das Arzneimittelgesetz (§ 95 AMG), Verletzung der
Unterhaltspflicht (§ 170 StGB), Bestechung im geschäftlichen Verkehr (§ 299 StGB), Rechts-
beugung (§ 339 StGB).

666 Siehe www.destatis.de/DE/Publikationen/Thematisch/Rechtspflege/StrafverfolgungVollzug/
Strafvollzug2100410167004.pdf?__blob = publicationFile, S. 21 [24.05.2017].

Anhang 11
Sanktion für das Indexdelikt

	T-EV	K-EV	Z-EV	T-FG	K-FG	Z-FG
Freiheitsstrafe	17 (89 %)	16 (84 %)	17 (89 %)	20 (83 %)	23 (77 %)	24 (92 %)
Bewährungsstrafe	2 (11 %)	3 (16 %)	2 (11 %)	4 (17 %)	7 (23 %)	2 (8 %)
Probanden gesamt	19 (100 %)	19 (100 %)	19 (100 %)	24 (100 %)	30 (100 %)	26 (100 %)

Entlassungsvorbereitung:

- Treatment- und Kontrollgruppe $\chi 2$ (1, N = 38)   = 2,3; p = ,63.
- Treatment- und Zwillingsgruppe $\chi 2$ (1, N = 38)   = 0,0; p = 1,0.
- Kontroll- und Zwillingsgruppe $\chi 2$ (1, N = 38)   = 2,3; p = ,63.

Freigang:

- Treatment- und Kontrollgruppe $\chi 2$ (1, N = 54)   = 0,37; p = ,55.
- Treatment- und Zwillingsgruppe $\chi 2$ (1, N = 50)   = 1,0; p = ,33.
- Kontroll- und Zwillingsgruppe $\chi 2$ (1, N = 56)   = 2,52; p = ,11.

Anhang 12
Strafmaß für das Indexdelikt in Monaten

Strafmaß	T-EV	K-EV	Z-EV	T-FG	K-FG	Z-FG	Probanden gesamt
1	0	0	0	0	1	0	1
2	0	0	0	0	3	1	4
3	1	0	1	2	2	0	6
4	1	0	1	2	0	3	7
5	0	1	1	0	3	0	5
6	4	2	2	2	3	3	16
7	0	1	0	1	1	1	4
8	2	1	0	1	0	1	5
9	0	0	1	0	1	0	2
10	0	0	0	1	3	1	5
11	0	1	0	0	0	0	1
12	0	0	0	1	1	1	3

Strafmaß	T-EV	K-EV	Z-EV	T-FG	K-FG	Z-FG	Probanden gesamt
13	1	0	0	0	0	0	1
15	0	2	0	0	0	0	2
16	0	1	0	0	0	0	1
18	0	0	1	0	0	0	1
20	0	0	0	0	0	1	1
22	0	0	0	1	0	0	1
24	1	1	0	1	0	0	3
26	0	0	1	0	0	0	1
27	0	0	1	1	1	1	4
28	0	0	0	0	0	1	1
30	1	3	2	3	0	3	12
32	0	0	0	0	1	0	1
33	0	1	0	1	1	1	4
34	1	1	0	0	2	0	4
36	1	2	3	0	0	1	7
38	0	0	0	1	0	0	1
39	1	0	0	0	1	3	5
40	1	0	0	0	0	0	1
42	0	0	0	1	2	0	3
45	1	0	0	1	0	1	3
46	0	0	0	1	0	0	1
48	1	0	0	1	2	1	5
51	0	0	1	0	1	2	4
54	0	1	1	2	0	0	4
58	0	1	0	0	0	0	1
60	0	0	1	0	0	0	1
63	0	0	0	0	1	0	1
72	1	0	0	0	0	0	1
77	0	0	1	0	0	0	1
fehlende Werte	1	0	1	0	0	0	2
Probanden gesamt	19	19	19	24	30	26	137

	T-EV	K-EV	Z-EV	T-FG	K-FG	Z-FG
Strafmaß (min.)	3	5	3	3	1	2
Strafmaß (max.)	72	58	77	54	63	51
M	23,5	23,8	27,2	24,4	19,9	23,7
SD	19,5	16	21,9	17,7	18,9	16,8

Entlassungsvorbereitung:

- Treatment- und Kontrollgruppe t(36)   = -0,06; p = ,95.
- Treatment- und Zwillingsgruppe t(36)   = -0,55; p = ,59.
- Kontroll- und Zwillingsgruppe t(36)   = -0,53; p = ,60.

Freigang:

- Treatment- und Kontrollgruppe t(52)   = 0,91; p = ,37.
- Treatment- und Zwillingsgruppe t(48)   = 0,16; p = ,87.
- Kontroll- und Zwillingsgruppe t(54)   = 0,80; p = ,43.

Anhang 13
Lockerungen vor der Maßnahme

Lockerungen	T-EV	K-EV	Z-EV	T-FG	K-FG	Z-FG
ja	16 (84 %)	17 (89 %)	14 (74 %)	23 (95 %)	22 (73 %)	13 (50 %)
nein	3 (16 %)	2 (11 %)	5 (26 %)	1 (5 %)	8 (27 %)	13 (50 %)
gesamt	19 (100 %)	19 (100 %)	19 (100 %)	24 (100 %)	30 (100 %)	26 (100 %)

Entlassungsvorbereitung:

- Treatment- und Kontrollgruppe χ^2 (1, N = 38)   = 0,23; p = ,63.
- Treatment- und Zwillingsgruppe χ^2 (1, N = 38)   = 0,63; p = ,43.
- Kontroll- und Zwillingsgruppe χ^2 (1, N = 38)   = 1,58; p = ,21.

Freigang:

- Treatment- und Kontrollgruppe χ^2 (1, N = 54)   = 4,86; p = ,027.
- Treatment- und Zwillingsgruppe χ^2 (1, N = 50)   = 11,44; p = ,001.
- Kontroll- und Zwillingsgruppe χ^2 (1, N = 56)   = 2,3; p = ,13.

Anhang 14
Vorzeitige Entlassung

Vorzeitige Entlassung	T-EV		K-EV		Z-EV		T-FG		K-FG		Z-FG	
ja	18	(95 %)	16	(84 %)	15	(79 %)	22	(92 %)	21	(67 %)	17	(65 %)
nein	1	(5 %)	3	(16 %)	4	(21 %)	2	(8 %)	9	(33 %)	12	(35 %)
Probanden gesamt	19 (100 %)		19 (100 %)		19 (100 %)		24 (100 %)		30 (100 %)		26 (100 %)	

Entlassungsvorbereitung:

- Treatment- und Kontrollgruppe $\chi2$ (1, N = 38)   = 6,03; p = ,11.
- Treatment- und Zwillingsgruppe $\chi2$ (1, N = 38)   = 9,8; p = ,02.
- Kontroll- und Zwillingsgruppe $\chi2$ (1, N = 38)   = 16,74; p = ,001.

Freigang:

- Treatment- und Kontrollgruppe $\chi2$ (1, N = 53)   = 4,15; p = ,25.
- Treatment- und Zwillingsgruppe $\chi2$ (1, N = 50)   = 5,81; p = ,12.
- Kontroll- und Zwillingsgruppe $\chi2$ (1, N = 55)   = 0,99; p = ,80.

Anhang 15
Beschäftigungssituation

Entlassungsvorbereitung:

- Treatment- und Kontrollgruppe $\chi2$ (1, N = 38)   = 0,23; p = ,63.
- Treatment- und Zwillingsgruppe $\chi2$ (1, N = 38)   = 3,64; p = ,06.
- Kontroll- und Zwillingsgruppe $\chi2$ (1, N = 38)   = 2,17; p = ,14.

Freigang:

- Treatment- und Zwillingsgruppe $\chi2$ (1, N = 50)   = 5,27; p = ,022.
- Treatment- und Kontrollgruppe $\chi2$ (1, N = 54)   = 0,69; p = ,41.
- Kontroll- und Zwillingsgruppe $\chi2$ (1, N = 56)   = 2,58; p = ,11.

Anhang 16
LSI:R-SV Risikoeinschätzung

Score	T-EV		K-EV		T-FG		K-FG	
0	3	15,80 %	2	12,50 %	2	9,10 %	3	16,70 %
1	3	15,80 %	7	43,80 %	6	27,30 %	2	11,10 %
2	4	21,10 %	3	18,80 %	4	18,20 %	7	38,90 %
3	5	26,30 %	3	18,80 %	2	9,10 %	2	11,10 %
4	2	10,50 %	0	0,00 %	4	18,20 %	3	16,70 %
5	1	5,30 %	1	6,30 %	2	9,10 %	0	0,00 %
6	1	5,30 %	0	0,00 %	2	9,10 %	0	0,00 %
7	0	0,00 %	0	0,00 %	0	0,00 %	1	5,60 %
8	0	0,00 %	0	0,00 %	0	0,00 %	0	0,00 %
Probanden gesamt (fehlend)	19 (0)	100 %	16 (3)	100 %	22 (2)	100 %	18 (12)	100 %

Anhang 17
Logistische Regression (Entlassungsvorbereitung)

Variable	Koef.	SD	Odds Ratio	p	Pseudo-R^2	AIC	BIC
K-EV	-0,17	± 1,07	0,85	0,876	0,31	31,09	36,00
Lockerungen in Haft	-3,67	± 1,27	0,03	**0,004**			
cons	1,45	± 1,21	4,28	0,228			
K-EV	-0,27	± 0,94	0,76	0,772	0,19	35,33	40,25
Substanzmiss-brauch	2,33	± 0,95	2,33	**0,014**			
cons	-2,39	± 0,85	-2,39	0,005			

Anhang 18
Logistische Regression (Freigang)

Variable	Koef.	SD	Odds Ratio	p	Pseudo-R^2	AIC	BIC
K-FG	1,62	± 0,81	5,05	**0,022**	0,14	68,99	74,96
Alter	-0,10	± 0,04	0,90	**0,015**			
cons	2,23	± 1,32	9,31	0,091			

Variable	Koef.	SD	Odds Ratio	p	Pseudo-R²	AIC	BIC
K-FG	1,22	± 0,69	3,39	**0,074**	0,27	59,03	65,00
Alter bei erster Straftat	-0,16	± 0,05	0,85	**0,002**			
cons	2,90	± 1,22	18,35	0,017			
K-FG	1,61	± 0,74	4,99	**0,03**	0,20	64,78	70,75
Substanzmissbrauch	2,23	± 0,73	9,30	**0,002**			
cons	-2,37	± 0,76	0,09	0,002			
K-FG	0,52	± 0,64	1,69	0,82	0,14	66,97	72,83
Vorzeitige Entlassung (2/3)	-2,12	± 0,87	0,12	**0,014**			
cons	1,08	± 0,92	2,97	0,239			
K-FG	0,60	± 0,62	1,82	0,334	0,13	69,63	75,60
Vorstrafenanzahl	0,11	± 0,04	1,11	**0,015**			
cons	-1,57	± 0,55	0,21	0,005			
K-FG	0,42	± 0,63	1,52	0,51	0,16	67,64	73,61
Lockerungen in Haft	-2,72	± 1,13	0,07	**0,016**			
cons	1,72	± 1,19	5,56	0,15			
K-FG	0,78	± 0,62	2,17	0,214	0,15	68,09	74,06
Strafmaß Indexdelikt	-0,05	± 0,02	0,95	**0,008**			
cons	0,18	± 0,59	1,20	0,756			
K-FG	0,82	± 0,61	2,27	0,179	0,11	71,03	77,00
Arbeit bei Entlassung	-1,41	± 0,62	0,24	**0,022**			
cons	0,04	± 0,6	1,04	0,948			

Anhang 19
Survival Analysis (Log-Rank-Test) – Entlassungsvorbereitung

	beobachtet	erwartet
T-EV	4	3,37
K-EV	3	3,63
Gesamt	7	7,00

$\chi^2(1) = 0,23$ $\qquad$ $Pr > \chi^2 = 0,63$

Anhang 20
Survival Analysis (Log-Rank-Test) – Freigang

	beobachtet	erwartet
T-FG	9	11,76
K-FG	16	13,24
Gesamt	25	25,00

$\chi 2(1) = 1,24$ $Pr > \chi 2 = 0,27$

Anhang 21
Survival Analysis (Wilcoxon-Breslow-Test) – Freigang

	beobachtet	erwartet
T-FG	16	22,34
K-FG	33	26,66
Gesamt	49	49,00

$\chi 2(1) = 3,76$ $Pr > \chi 2 = 0,0524$

Anhang 22
Cox-Regression (Entlassungsvorbereitung [Hausarrest])

Variable	Koef.	SD	Hazard Ratio	p
K-EV	-0,50	± 0,77	0,61	0,130
Lockerungen in Haft	-2,62	± 0,77	0,07	0,001**

Obs.: 38   * p ≤ ,05   ** p ≤ ,005

Anhang 23
Cox-Regression (Entlassungsvorbereitung [Hausarrest])

Variable	Koef.	SD	Hazard Ratio	p
K-EV	-0,23	± 0,77	0,8	0,77
Substanzmissbrauch	2,01	± 0,84	7,5	0,017*

Obs.: 38   * p ≤ ,05

Anhang 24
Cox-Regression (Freigang)

Variable	Koef.	SD	Hazard Ratio	p
K-FG	0,83	± 0,44	2,31	0,05*
Alter	-0,06	± 0,25	0,94	0,009**
K-FG	0,62	± 0,48	1,87	0,19
Alter erste Tat	-0,13	± 0,04	0,88	0,001***
K-FG	1,03	± 0,45	2,80	0,022
Substanzmissbrauch	1,86	± 0,47	6,45	0,000***
K-FG	0,31	± 0,43	1,36	0,47
Vorzeitige Entlassung (2/3-Termin)	-0,6	± 0,22	0,55	0,006 **
K-FG	0,06	± 0,46	1,06	0,895
Vorstrafenanzahl	0,07	± 0,23	1,07	0,004**
K-FG	0,1	± 0,48	1,01	0,983
Lockerungen in Haft	-1,5	± 0,51	0,22	0,003**
K-FG	0,34	± 0,42	1,40	0,422
Strafmaß Indexdelikt	-0,4	± 0,02	0,96	0,004**
K-FG	0,35	± 0,42	1,41	0,41
Arbeit bei Entlassung	-0,89	± 0,41	0,41	0,028*

Obs.: 54   * p ≤ ,05   ** p ≤ ,01   *** p ≤ ,005

Anhang 25
Logistische Regression in der Zwillingsgruppenanalyse (Entlassungsvorbereitung)

Variable	Koef.	SD	Odds Ratio	p	Pseudo-R²	AIC	BIC
Z-EV	-0,65	± 1,02	0,52	0,525	0,050	34,09	39,00
Lockerungen in Haft	-1,22	± 1,05	0,30	0,245			
cons	-0,72	± 1,00	0,49	0,471			
Z-EV	-0,56	± 1,00	0,57	0,574	0,070	33,66	38,57
Substanzmissbrauch	1,28	± 1,00	3,61	0,199			
cons	-2,20	± 0,82	0,11	0,008			

Anhang 26

Logistische Regression in der Zwillingsgruppenanalyse (Entlassungsvorbereitung)

Variable	Koef.	SD	Odds Ratio	p	Pseudo-R^2	AIC	BIC
Z-EV	-0,54	± 1,06	0,58	0,608	0,14	31,57	36,48
Psychologische Behandlung vor Indexhaft	2,37	± 1,18	10,65	**0,046**			
cons	-2,09	± 0,73	0,12	0,004			

Anhang 27

Cox-Regression Endmodell (Entlassungsvorbereitung [Hausarrest])

Variable	Koef.	SD	Odds Ratio	p
Z-EV	-0,77	± 1,06	0,46	0,47
Substanzmissbrauch	1,18	± 1,02	3,26	0,25
Lockerungen in Haft	-1,08	± 1,09	0,34	0,32
cons	-1,30	± 1,18	0,27	0,27

Obs.: 38   * p ≤ ,05   Pseudo-R^2: 0,1   AIC: 34,72   BIC: 41,27

Anhang 28

Logistische Regression (einjähriger Katamnesezeitraum) – Freigang

Variable	Koef.	SD	Odds Ratio	p	Pseudo-R^2	AIC	BIC
K-FG	0,87	± 0,79	2,39	0,273	0,29	45,77	51,38
Alter bei erster Straftat	-0,2	± 0,08	0,82	**0,013**			
cons	3,08	± 1,74	21,79	0,077			
K-FG	0,76	± 0,67	2,15	0,256	0,10	64,80	70,76
Substanz-missbrauch	1,61	± 0,67	5,03	**0,016**			
cons	-2,14	± 0,70	0,12	0,002			
K-FG	0,04	± 0,67	1,04	0,954	0,09	65,43	71,40

Variable	Koef.	SD	Odds Ratio	p	Pseudo-R²	AIC	BIC
Vorstrafen-anzahl	0,10	± 0,04	1,10	**0,023**			
cons	-1,73	± 0,57	0,18	0,002			
K-FG	-0,10	± 0,69	0,90	0,879	0,10	65,11	71,07
Lockerungen in Haft	-2,00	± 0,84	0,14	**0,018**			
cons	0,79	± 0,93	2,19	0,401			

Anhang 29
Logistische Regression in der Zwillingsgruppenanalyse (Freigang)

Variable	Koef.	SD	Odds Ratio	p	Pseudo-R²	AIC	BIC
Z-FG	-1,22	± 0,92	0,30	0,187	0,26	40,99	46,72
Vorstrafen-anzahl	0,23	± 0,08	1,25	**0,006**			
cons	-2,66	± 0,81	0,07	0,001			

Anhang 30
Logistische Regression (einjähriger Katamnesezeitraum) – Freigang

Variable	Koef.	SD	Odds Ratio	p	Pseudo-R²	AIC	BIC
K-FG	-0,17	± 0,90	0,84	0,846	0,33	54,19	64,14
Alter	-0,14	± 0,06	0,87	**0,021**			
Lockerungen in Haft	-2,46	± 1,13	0,09	**0,040**			
Vorstrafen-anzahl	0,22	± 0,78	1,24	**0,010**			
cons	4,36	± 3,61	78,02	0,227			

Anhang 31
Logistische Regression in der Zwillingsgruppenanalyse (Freigang)

Variable	Koef.	SD	Odds Ratio	p	Pseudo-R²	AIC	BIC
Z-FG	-1,22	± 1,13	0,30	0,230	0,35	40,5	50,06
Alter	-0,18	± 0,97	0,84	0,070			
Lockerungen in Haft	-0,25	± 1,19	0,78	0,840			
Vorstrafen-anzahl	0,34	± 0,13	1,41	0,008*			
cons	1,87	± 2,48	6,49	0,450			

* p ≤ ,05

Anhang 32
Führungsaufsichtsfälle im Bundeslandvergleich (2015)[667]

	FA-Fälle gesamt	FA-Fälle / 1 Mio. Einwohner
Baden-Württemberg	2.461	230
Brandenburg	694	282
Schleswig-Holstein	808	285
Hessen	1.849	303
Hamburg	645	366
Niedersachsen	2.887	369
Rheinland-Pfalz	1.791	446
Nordrhein-Westfalen	8.594	487
Saarland	492	497
Thüringen	1.156	536
Sachsen-Anhalt	1.223	547
Mecklenburg-Vorpommern	919	575
Sachsen	2.354	580
Bremen	400	604
Bayern	8.058	635
Berlin	2.687	774
gesamt (2015)	**37.018**	

---

667 www.dbh-online.de/fa/FA-Zahlen-Bundeslaender-2015.pdf [07.10.2016].

Anhang 33

Weisungsanordnungen nach Bundesländern
Januar 2011 – Juli 2015

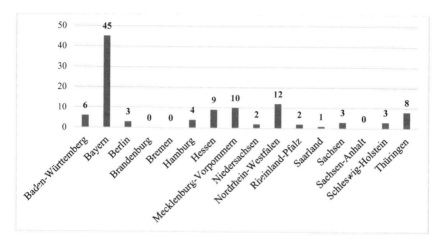

Anhang 34
Interviewleitfaden

Zeit vor Inhaftierung: Wie sah Ihr Leben vor der Inhaftierung aus? Wie kam es zu der Straftat?

- Arbeit
- Wohnung
- Soziale Kontakte
- Freizeit

- Gesundheit
- Suchtverhalten
- Straftat

Inhaftierung: Wie haben Sie die Zeit in Haft erlebt? Wie würden Sie diese bewerten?

- Ablauf
- Maßnahmen während Vollzug
- Lockerungen

- Betreuung
- Belastung

Elektronische Aufsicht: Wie kamen Sie zur elektronischen Fußfessel? Gab es Probleme damit? Wie bewerten Sie die Teilnahme am Modellprojekt?

- Erster Kontakt
- Ablauf
- Erlebte Einschränkungen
- Probleme (technisch, körperlich, psychisch)

- Stigmatisierung
- Betreuung
- Eigene Bewertung

- Empfanden Sie die elektronische Fußfessel eher als Hilfe oder eher als Strafe?
- Denken Sie, dass ohne die Kontrolle durch die Fußfessel eine größere Rückfallgefahr bestanden hätte?
- Empfanden Sie die Möglichkeit des Hausarrests als Chance, die Ihnen von der JVA gegeben wurde?
- Was ist aus Ihrer Sicht der wichtigste Grund für die elektronische Aufsicht?
- Hatte die Zeit der elektronischen Aufsicht auf Sie eine resozialisierende Wirkung?
- Hätten Sie ohne die Fußfessel durch die längere Haft Nachteile erfahren?

Zeit nach Inhaftierung: Wie geht es nach der Inhaftierung weiter? Wird sich etwas verändern?

- Arbeit
- Wohnung
- Soziale Kontakte
- Freizeit

- Gesundheit
- Suchtverhalten
- Legalbewährung

Anhang 35: Kodiersystem MaxQDA

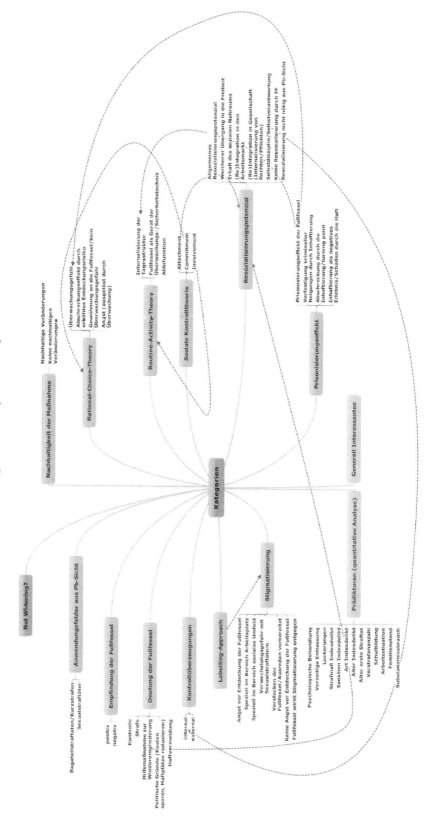

Max-Planck-Institut für ausländisches und internationales Strafrecht

Schriftenreihe des Max-Planck-Instituts für ausländisches und internationales Strafrecht

Die zentralen Veröffentlichungen des Max-Planck-Instituts für ausländisches und internationales Strafrecht werden in Zusammenarbeit mit dem Verlag Duncker & Humblot in den folgenden fünf Unterreihen der „Schriftenreihe des Max-Planck-Instituts für ausländisches und internationales Strafrecht" vertrieben:

- „Strafrechtliche Forschungsberichte",
- „Kriminologische Forschungsberichte",
- „Interdisziplinäre Forschungen aus Strafrecht und Kriminologie"
- „Publications of the Max Planck Partner Group for Balkan Criminology" sowie
- „Sammlung ausländischer Strafgesetzbücher in deutscher Übersetzung".

Diese Publikationen können direkt über das Max-Planck-Institut unter www.mpicc.de oder über den Verlag Duncker & Humblot unter www.duncker-humblot.de erworben werden.

Darüber hinaus erscheinen im Hausverlag des Max-Planck-Instituts in der Unterreihe „research in brief" zusammenfassende Kurzbeschreibungen von Forschungsergebnissen und in der Unterreihe „Arbeitsberichte" Veröffentlichungen vorläufiger Forschungsergebnisse. Diese Veröffentlichungen können über das Max-Planck-Institut bezogen werden.

Detaillierte Informationen zu den einzelnen Publikationen sind unter www.mpicc.de abrufbar.

Research Series of the Max Planck Institute for Foreign and International Criminal Law

The main research activities of the Max Planck Institute for Foreign and International Criminal Law are published in the following five subseries of the "Schriftenreihe des Max-Planck-Instituts für ausländisches und internationales Strafrecht/Research Series of the Max Planck Institute for Foreign and International Criminal Law", which are distributed in cooperation with the publisher Duncker & Humblot:

- "Strafrechtliche Forschungsberichte" (Reports on Research in Criminal Law),
- "Kriminologische Forschungsberichte" (Reports on Research in Criminology),
- "Interdisziplinäre Forschungen aus Strafrecht und Kriminologie" (Reports on Interdisciplinary Research in Criminal Law and Criminology),
- "Publications of the Max Planck Partner Group for Balkan Criminology", and
- "Sammlung ausländischer Strafgesetzbücher in deutscher Übersetzung" (Collection of Foreign Criminal Laws in German Translation).

These publications can be ordered from the Max Planck Institute at www.mpicc.de or from Duncker & Humblot at www.duncker-humblot.de.

Two additional subseries are published directly by the Max Planck Institute for Foreign and International Criminal Law: "research in brief" contains short reports on results of research activities, and "Arbeitsberichte" (working materials) present preliminary results of research projects. These publications are available at the Max Planck Institute.

Detailed information on all publications can be found at www.mpicc.de.

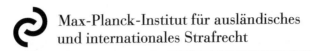

Max-Planck-Institut für ausländisches
und internationales Strafrecht

Auswahl aktueller Publikationen aus der kriminologischen Veröffentlichungs-
reihe K:

K 182 *Hans-Jörg Albrecht, Maria Walsh, Elke Wienhausen-Knezevic* (eds.)
**Desistance Processes Among Young Offenders Following Judicial
Intervention**
Berlin 2019 • 165 Seiten • ISBN 978-3-86113-271-4   € 32,-

K 181 *Maria Walsh*
Intensive Beährungshilfe und junge Intensivtäter
Eine empirische Analyse des Einflusses von Intensivbewährungshilfe
auf die kriminelle Karriere junger Mehrfachauffälliger in Bayern
Berlin 2018 • 210 Seiten • ISBN 978-3-86113-269-1   € 35,-

K 180 *Linn Katharina Döring*
Sozialarbeiter vor Gericht?
Grund und Grenzen einer Kriminalisierung unterlassener staatlicher
Schutzmaßnahmen in tödlichen Kinderschutzfällen in Deutschland
und England
Berlin 2018 • 441 Seiten • ISBN 978-3-86113-268-4   € 42,-
Ausgezeichnet mit der Otto-Hahn-Medaille der Max-Planck-Gesellschaft

K 179 *Michael Kilchling*
Opferschutz innerhalb und außerhalb des Strafrechts
Perspektiven zur Übertragung opferschützender Normen aus dem
Strafverfahrensrecht in andere Verfahrensordnungen
Berlin 2018 • 165 Seiten • ISBN 978-3-86113-267-7   € 32,-

K 177 *Tillmann Bartsch, Martin Brandenstein, Volker Grundies, Dieter
Hermann, Jens Puschke, Matthias Rau* (Hrsg.)
**50 Jahre Südwestdeutsche und Schweizerische Kriminologische
Kolloquien**
Berlin 2017 • 312 Seiten • ISBN 978-3-86113-265-3   € 35,-

K 175 *Michael Kilchling*
Täter-Opfer-Ausgleich im Strafvollzug
Wissenschaftliche Begleitung des Modellprojekts Täter-Opfer-
Ausgleich im baden-württembergischen Justizvollzug
Berlin 2017 • 218 Seiten • ISBN 978-3-86113-262-2   € 35,-

K 172 *Julia Kasselt*
Die Ehre im Spiegel der Justiz
Eine Untersuchung zur Praxis deutscher Schwurgerichte
im Umgang mit dem Phänomen der Ehrenmorde
Berlin 2016 • 495 Seiten • ISBN 978-3-86113-255-4   € 42,-

K 171 *Rita Haverkamp, Harald Arnold* (Hrsg.)
Subjektive und objektivierte Bedingungen von (Un-)Sicherheit
Studien zum Barometer Sicherheit in Deutschland (BaSiD)
Berlin 2015 • 384 Seiten • ISBN 978-3-86113-254-7   € 38,-

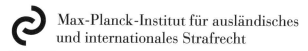 Max-Planck-Institut für ausländisches
und internationales Strafrecht

Auswahl aktueller Publikationen aus der kriminologischen Reihe BC und der interdisziplinären Reihe I:

BC 2   *Sunčana Roksandić Vidlička*
Prosecuting Serious Economic Crimes as International Crimes
A New Mandate for the ICC?
Berlin 2017 • 530 Seiten • ISBN 978-3-86113-264-6   € 44,-

BC 1   *Anna-Maria Getoš Kalac, Hans-Jörg Albrecht, Michael Kilchling* (eds.)
Mapping the Criminological Landscape of the Balkans
A Survey on Criminology and Crime
with an Expedition into the Criminal Landscape of the Balkans
Berlin 2014 • 540 Seiten • ISBN 978-3-86113-248-6   € 44,-

I 25   *Chenguang Zhao*
The ICC and China
The Principle of Complementarity and National
Implementation of International Criminal Law
Berlin 2017 • 245 Seiten • ISBN 978-3-86113-266-0   € 35,-

I 24   *Ulrich Sieber* (Hrsg.)
Strafrecht in einer globalen Welt
Internationales Kolloquium zum Gedenken an Professor Dr.
Hans-Heinrich Jescheck vom 7. bis 8. Januar 2011
Berlin 2016 • 200 Seiten • ISBN 978-3-86113-259-2   € 30,-

I 23   *Hans-Jörg Albrecht* (Hrsg.)
Kriminalität, Kriminalitätskontrolle, Strafvollzug und Menschenrechte
Internationales Kolloquium zum Gedenken an Professor Dr.
Günther Kaiser am 23. Januar 2009
Berlin 2016 • 176 Seiten • ISBN 978-3-86113-258-5   € 30,-

I 22   *Claudia Carolin Klüpfel*
Die Vollzugspraxis des Umweltstraf- und Umweltordnungs-widrigkeitenrechts
Eine empirische Untersuchung zur aktuellen Anwendungspraxis
sowie Entwicklung des Fallspektrums und des Verfahrensgangs
seit den 1980er Jahren
Berlin 2016 • 278 Seiten • ISBN 978-3-86113-257-8   € 35,-

I 21   *Tanja Leibold*
Der Deal im Steuerstrafrecht
Die Verständigung gemäß § 257c StPO in der Systematik des formellen
und materiellen Rechts
Berlin 2016 • 254 Seiten • ISBN 978-3-86113-256-1   € 35,-